PARENTALIDADE
CONSCIENTE

Copyright © 2014 by Daniel J. Siegel, M.D., and Mary Hartzell, M. Ed. Licença exclusiva para publicação em português brasileiro cedida à nVersos Editora. Todos os direitos reservados. Publicado originalmente na língua inglesa sob o título Parenting from the Inside Out. *Publicado por Jeremy P. Tarcher / Penguin. Published by the Penguin Group.*

Todos os detalhes de identificação, inclusive os nomes, foram modificados, exceto aqueles pertencentes aos membros das famílias dos autores. Este livro não tem a intenção de substituir o aconselhamento de profissionais treinados.

Diretor Editorial e de Arte _____
Julio César Batista

Produção Editorial e Capa _____
Carlos Renato

Preparação _____
Mariana Silvestre de Souza

Revisão _____
Maria Dolores Delfina Sierra Mata
e Rafaella de A. Vasconcellos

Editoração Eletrônica _____
Matheus Pfeifer

Dados Internacionais de Catalogação na Publicação (CIP)
(Câmara Brasileira do Livro, SP, Brasil)

Siegel, Daniel J.
Parentalidade consciente: como o autoconhecimento nos ajuda a criar nossos filhos / Daniel J. Siegel e Mary Hartzell; tradução Thaïs Costa. - São Paulo: nVersos, 2020.
Título original: *Parenting from the inside out: how a deeper self-understanding can help you raise children who thrive*

ISBN 978-85-54862-44-2
1. Autopercepção 2. Pais e filhos 3. Parentalidade I. Hartzell, Mary. II. Título.
Índices para catálogo sistemático:
20-33024   CDD-649.1

1. Filhos : Criação : Vida familiar 649.1
Cibele Maria Dias - Bibliotecária - CRB-8/9427

1ª edição – 2020
1ª reimpressão – 2020
2ª reimpressão – 2022

Esta obra contempla o Acordo Ortográfico da Língua Portuguesa
Impresso no Brasil – *Printed in Brazil*

nVersos Editora
Rua Cabo Eduardo Alegre, 36 – 01257-060 – São Paulo – SP
Tel.: 11 3995-5617
www.nversos.com.br
nversos@nversos.com.br

PARENTALIDADE CONSCIENTE

COMO O AUTOCONHECIMENTO NOS AJUDA A CRIAR NOSSOS FILHOS

DANIEL J. SIEGEL, M.D. E MARY HARTZELL, MEd.

Tradução
Thaïs Costa

nVersos

Para os nossos filhos,
pela alegria e sabedoria que trazem às nossas vidas,
e em reconhecimento a nossos pais
pelo precioso dom da vida e por tudo que aprendemos com eles.

SUMÁRIO

9 PREFÁCIO PARA A EDIÇÃO DO 10º ANIVERSÁRIO

11 INTRODUÇÃO

23 CAPÍTULO 1: COMO NOS LEMBRAMOS: AS EXPERIÊNCIAS MOLDAM QUEM SOMOS

53 CAPÍTULO 2: COMO PERCEBEMOS A REALIDADE: CONSTRUINDO NOSSAS HISTÓRIAS DE VIDA

73 CAPÍTULO 3: COMO SENTIMOS: A EMOÇÃO NAS ESFERAS INTERNAS E INTERPESSOAIS

99 CAPÍTULO 4: COMO NOS COMUNICAMOS: ESTABELECENDO CONEXÕES

123 CAPÍTULO 5: COMO NOS APEGAMOS: RELACIONAMENTOS ENTRE AS CRIANÇAS E OS PAIS

151 CAPÍTULO 6: COMO ENTENDER O SENTIDO DE NOSSAS VIDAS: APEGO ADULTO

189 CAPÍTULO 7: COMO MANTEMOS A INTEGRIDADE E COMO DESABAMOS: CAMINHO ALTO E CAMINHO BAIXO

225 CAPÍTULO 8: COMO NOS DESCONECTAMOS E RECONECTAMOS: ROMPIMENTO E REPARAÇÃO

263 **CAPÍTULO 9**: COMO DESENVOLVEMOS A *MINDSIGHT*: COMPAIXÃO E DIÁLOGOS REFLEXIVOS

297 **REFLEXÕES**

301 **UMA ESPIADA NO CÉREBRO ADOLESCENTE**

309 **AGRADECIMENTOS**

PREFÁCIO PARA A EDIÇÃO DO 10º ANIVERSÁRIO

É um prazer dar as boas-vindas a esta edição do 10º aniversário de *Parentalidade Consciente*. Quando criamos esta abordagem, estávamos inspirados por descobertas científicas recentes que revelaram que o melhor indicador da segurança do apego de uma criança por um cuidador é a maneira com que o adulto entende o sentido das próprias experiências na infância. Nós queríamos criar uma aplicação prática dessa importante descoberta, para que pais em todo o mundo pudessem se beneficiar dela diretamente. Ao longo da década passada, mais de dez mil indivíduos e seus filhos em diversas culturas e situações sociais e econômicas foram estudados, e as descobertas dessa pesquisa corroboraram, revelando que o princípio de dentro para fora é crucial para a parentalidade: entender o sentido da sua vida é a melhor dádiva que se pode dar a um filho ou a si mesmo.

O apego seguro é uma das peças do grande quebra-cabeça do desenvolvimento, o qual inclui muitos fatores que influenciam a trajetória de nossos filhos durante a adolescência e a vida adulta. Embora o apego seguro apoie o desenvolvimento da resiliência e do bem-estar nas crianças, vários outros fatores, como genética, pares e experiências na escola e na sociedade em geral, influenciam como os filhos irão se conduzir na vida. Ainda assim, o apego é um fator que nós, como pais, podemos influenciar diretamente na vida dos filhos em razão dessa ideia crucial de dentro para fora: o fator crítico não é o que aconteceu com você em sua infância — e sim como você enxerga o efeito dessas experiências sobre sua vida. Conhecendo essa poderosa descoberta científica, nós criamos uma abordagem passo a passo que pais e outros cuidadores podem usar para melhorar não só seus relacionamentos com as crianças sob sua responsabilidade, como também com outros adultos. Essa situação é benéfica para todos: seus filhos irão florescer, seus relacionamentos interpessoais irão prosperar e até o relacionamento consigo mesmo irá se pacificar regado por mais autocompaixão.

Como nos desenvolvemos ao longo de toda a vida, empreender essa jornada de dentro para fora é útil em qualquer idade. Nós recebemos *feedback* entusiástico tanto de jovens adultos quanto de pessoas na faixa dos 80 e 90 anos! Já que o modo como os filhos se apegam a nós influencia seu desenvolvimento da primeira infância em diante, nunca é tarde demais para se dar conta do sentido de sua vida, a fim de ajudá-los quando pequenos, adolescentes e até adultos. Nós comparamos essa estratégia prática com base científica a um grande abraço de apoio. Nem sempre é fácil dotar sua vida de sentido, então nossa abordagem inclui informações científicas, dicas práticas e conhecimento factual a fim de ajudá-lo. O fato de tantas pessoas de todos os cantos do planeta nos dizerem que esse livro é um de seus "favoritos" sugere que a jornada de dentro para fora vale a pena. Você irá florescer e seus filhos também! O que mais se pode querer ao focar sua energia emocional e seu tempo precioso nesta vida? Bom proveito e nos conte os resultados que colheu!

Dan e Mary

INTRODUÇÃO

UMA ABORDAGEM DE DENTRO PARA FORA PARA A PARENTALIDADE

O sentido que você dá às suas experiências na infância tem um efeito profundo na maneira de criar os filhos. Nesse livro, iremos refletir sobre como o autoconhecimento interfere em sua abordagem ao papel de mãe ou pai. Ter um autoconhecimento mais profundo ajuda a estabelecer um relacionamento mais efetivo e agradável com seus filhos.

À medida que crescemos e nos entendemos, podemos oferecer uma base de bem-estar emocional e segurança para que os filhos floresçam.

Pesquisas na área de desenvolvimento infantil demonstram que a segurança do apego de uma criança pelos pais é altamente correlacionada com a compreensão dos pais a respeito das próprias experiências iniciais na vida. Ao contrário do que muitas pessoas acreditam, as nossas primeiras experiências não determinam nosso destino. Se você extraiu o sentido de suas experiências negativas na infância, não significa que esteja fadado a repetir as mesmas interações negativas com seus filhos. Porém, conforme a ciência mostra, sem autoconhecimento há muito mais chance de a história se repetir, pois padrões negativos de interações familiares são transmitidos ao longo de gerações. Esse livro visa ajudá-lo a entender o sentido de sua vida no passado e como está no momento atual, aumentando sua compreensão de como a infância influencia o presente e afeta seu desempenho no futuro.

Quando nos tornamos pais, temos uma oportunidade incrível para crescer como indivíduos, pois entramos novamente em um relacionamento íntimo entre pais e filhos, mas, desta vez, em um papel diferente. É bastante comum alguns pais dizerem, por exemplo: "Nunca pensei que faria ou diria a meus filhos as mesmas coisas que me magoavam tanto quando era criança. Mesmo assim, acabo fazendo exatamente isso". Pais podem se sentir presos a padrões contraproducentes repetitivos, que não fomentam os relacionamentos acolhedores e cuidadosos que imaginavam quando estrearam em seus papéis parentais. Perceber o sentido da vida pode libertar os pais dos padrões do passado que continuam os aprisionando.

QUEM SOMOS NÓS

Os autores ilustram nesse livro suas experiências profissionais distintas trabalhando com pais e crianças – Dan como psiquiatra infantil e Mary como educadora da primeira infância e de pais. Os filhos de Dan já saíram da adolescência, ao passo que Mary tem filhos adultos e netos.

Mary trabalha como educadora junto a crianças e famílias há mais de 40 anos, dirigindo uma escola maternal; ensinando crianças, pais e professores e dando consultoria individual a pais. Todas essas experiências foram oportunidades para ela participar da vida de famílias e aprender muito sobre as frustrações e alegrias que os pais sentem nessa tarefa, por vezes, assustadora. Ao desenvolver seu curso de educação parental, Mary descobriu que quando tinham oportunidade de refletir sobre as próprias experiências na infância, os pais conseguiam fazer escolhas mais efetivas na criação dos filhos.

Mary e Dan se conheceram quando a filha dele frequentou a escola maternal que ela dirigia. A abordagem da escola incorpora um respeito profundo pela experiência emocional das crianças, e fomenta a dignidade e a criatividade dos pequenos, dos pais e do corpo docente. Nessa época, Dan trabalhava no comitê de educação parental e deu algumas palestras sobre desenvolvimento mental para os pais e o corpo docente. Quando notaram a afinidade de suas abordagens sobre parentalidade, Mary e Dan resolveram trabalhar juntos para criar um seminário integrado.

O interesse de Dan na ciência do desenvolvimento e seu trabalho como psiquiatra infantil ofereciam uma perspectiva diferente, porém complementar. Durante mais de duas décadas, Dan trabalhou para sintetizar uma ampla variedade de disciplinas científicas em uma estrutura desenvolvimental integrada para entender a mente, o cérebro e os relacionamentos humanos. Essa convergência de perspectivas científicas foi denominada "neurobiologia interpessoal" e atualmente é adotada em vários programas educacionais e profissionais que focam em saúde mental e bem-estar emocional.

Quando seu livro *A mente em desenvolvimento* (publicado em 1999 no Brasil pelo Instituto Piaget) foi lançado, ele e Mary estavam ministrando seu curso integrado. O *feedback* empolgado dos pais os inspirou a trabalharem juntos nesse livro. Muitos pais no seminário mencionavam o quanto essas ideias os ajudavam a entender a si mesmos e a formar conexões significativas com seus filhos. "Que tal vocês escreverem algo juntos para que mais pessoas tenham acesso à ciência, sabedoria e energia empolgantes que vocês injetaram nesse seminário?", insistiam numerosos pais.

Estamos emocionados por ter a chance de partilhar essa abordagem com você. Esperamos que esse livro transmita de maneira clara e agradável algumas dessas ideias práticas sobre a arte e a ciência de cultivar relacionamentos e o autoconhecimento, para que você e seu filho sejam fontes de mais alegria recíproca a cada dia.

CONSTRUINDO RELACIONAMENTOS E AUTOCONHECIMENTO

A maneira com que nos comunicamos com os filhos tem um impacto profundo sobre o desenvolvimento deles. A capacidade de manter uma comunicação sensível e recíproca cultiva a sensação de segurança nas crianças, e esses relacionamentos confiáveis e seguros as ajudam a ir bem em muitas áreas da vida. A capacidade de nos comunicarmos de forma efetiva para cultivar a segurança em nossos filhos é maior quando captamos o sentido dos acontecimentos no início de nossas vidas. Enxergar o sentido da própria vida permite entender e assimilar as experiências positivas ou negativas na infância como parte da nossa história de vida. É impossível mudar o que aconteceu no passado, mas podemos encarar esses acontecimentos de maneira diferente.

Pensar sobre nossas vidas de maneira diferente acarreta estar ciente de nossas experiências atuais, incluindo emoções e percepções, e avaliar como o presente é afetado por acontecimentos do passado. Entender como nos lembramos e formamos uma autoimagem como parte do mundo no qual vivemos nos ajuda a ter noção do contínuo impacto do passado em nossas vidas. E como isso ajuda nossos filhos? Ao nos libertarmos dos constrangimentos do passado, podemos oferecer aos filhos os relacionamentos espontâneos e carinhosos que os levam a florescer. Ao aprofundar a capacidade de entender nossa experiência emocional, ficamos mais aptos a nos relacionarmos empaticamente com os filhos e a promover seu autoconhecimento e desenvolvimento saudável.

Na ausência de reflexão, a história tende a se repetir, e os pais correm o risco de transmitir padrões nocivos do passado para as crianças. Entender a própria vida pode nos livrar do perigo, quase previsível, de infligir aos nossos filhos o mesmo dano que sofremos na infância. Pesquisas comprovam claramente que o apego dos filhos por nós é influenciado pelo que aconteceu conosco quando éramos jovens caso não processemos e entendamos essas experiências. Ao enxergar o sentido de nossas vidas, aprofundamos a capacidade de nos autoconhecermos e de darmos coerência à própria experiência emocional, nossas visões de mundo e interações com os filhos.

Naturalmente, o desenvolvimento da personalidade da criança é influenciado por muitos aspectos, incluindo genética, temperamento, saúde física e experiências. O relacionamento com os pais é uma parte muito importante da experiência inicial, pois molda diretamente a personalidade emergente da criança. Inteligência emocional, autoestima, capacidades cognitivas e habilidades sociais são formadas a partir desse relacionamento inicial de apego. A maneira com que os pais refletiram sobre as próprias vidas molda diretamente a natureza desse relacionamento.

Mesmo que consigamos entender bem a nós mesmos, nossos filhos seguirão seus próprios caminhos na vida. Embora possamos lhes dar uma base segura por meio de nosso autoconhecimento mais profundo, nosso papel como pais serve para apoiar o desenvolvimento dos filhos, não garantir seu resultado. Pesquisas sugerem que crianças que tiveram uma conexão positiva na vida têm uma fonte de resiliência maior para lidar com os desafios ao longo de sua trajetória. Estabelecer um relacionamento positivo com os filhos envolve estar aberto ao próprio crescimento e desenvolvimento.

Por meio do processo de reflexão, você imprime coerência à narrativa de sua vida e melhora o relacionamento com seu filho. Ninguém teve uma "infância perfeita" e certas pessoas tiveram experiências ainda mais desafiadoras do que as demais, mas mesmo nesse caso, é possível superá-las e ter um relacionamento gratificante com os filhos. Pesquisas comprovaram a descoberta empolgante de que pais que não tiveram "pais bons o suficiente" ou cujas infâncias foram traumáticas podem achar o sentido de suas vidas e ter relacionamentos saudáveis. Mais importante para os nossos filhos do que meramente o que aconteceu conosco no passado é a maneira como entendemos e assimilamos todo o quadro. A oportunidade de mudar e crescer continua disponível ao longo de toda a vida.

SOBRE ESSE LIVRO

Esse livro é sobre como podemos nos aperfeiçoar. Exploramos novos *insights* sobre parentalidade examinando processos que ocorrem quando nos lembramos, percebemos, sentimos, nos comunicamos, nos apegamos, captamos o sentido, nos desconectamos, reconectamos e refletimos com nossos filhos sobre a natureza de suas experiências internas. Abordamos questões de pesquisas recentes sobre relacionamentos entre pais e filhos e as integramos com novas descobertas da neurociência. Ao examinar a ciência de como vivenciamos e nos conectamos, surge uma nova perspectiva que é útil para aprofundar o autoconhecimento e entender melhor nossos filhos e os relacionamentos com outras pessoas.

Os "Exercícios de Dentro para Fora", no final de cada capítulo, exploram novas possibilidades para o entendimento interno e a comunicação interpessoal. As reflexões estimuladas por esses exercícios ajudam os pais a aprofundarem seu entendimento sobre experiências passadas e atuais e a melhorarem o relacionamento com os filhos.

Anotar suas experiências com esses exercícios em um diário pode estimular a reflexão e o autoconhecimento mais profundo. Escrever pode ajudá-lo a libertar sua mente dos entraves do passado e a se entender melhor. Você pode colocar o que quiser nesse diário, como desenhos, reflexões, descrições e histórias. Algumas pessoas detestam escrever e preferem refletir sozinhas ou conversando com um amigo. Outras gostam de escrever em um diário todo dia ou quando se sentem motivadas por alguma experiência ou emoção. Faça o que preferir. O valor dos exercícios provém de um posicionamento aberto e de reflexões sérias.

As partes destacadas como "Holofote na Ciência", no final de cada capítulo, dão mais informações interessantes sobre vários aspectos e descobertas de pesquisas que são relevantes para a parentalidade. Embora não sejam essenciais, essas partes usam as ideias expostas no decorrer do livro, dando informações em profundidade e propiciando uma discussão acessível sobre a base científica de muitos conceitos no livro. Esperamos que você as ache instigantes e proveitosas. Cada parte de "Holofote na Ciência" se relaciona ao texto principal, mas também pode ser lida de maneira independente. Ler todas as partes do "Holofote" leva a uma visão interdisciplinar de aspectos científicos relevantes para o exercício da parentalidade.

Segundo um ditado dos meios científicos, "o acaso favorece a mente preparada". Ter conhecimento sobre a ciência do desenvolvimento e da experiência humana prepara sua mente para adquirir um entendimento mais profundo de si mesmo e da vida emocional de seus filhos. Independentemente de você ler as partes do "Holofote" depois de terminar cada capítulo ou somente após ler o corpo principal do livro, esperamos que você se sinta à vontade para adotar uma abordagem consonante com seu estilo pessoal de aprendizagem.

UMA ABORDAGEM PARA A PARENTALIDADE

Esse livro estimula as pessoas a criarem uma abordagem para a parentalidade que siga os princípios básicos do entendimento interno e da conexão interpessoal. Os pilares dessa abordagem para o relacionamento entre pais e filhos são: *mindfulness*, aprendizagem ao longo da vida, flexibilidade responsiva, *mindsight* e alegria de viver.

TER ATENÇÃO PLENA

A *mindfulness* está no cerne de todos os relacionamentos acolhedores. Quando temos atenção plena, vivemos no momento presente e estamos cientes dos próprios pensamentos e sentimentos, assim como abertos àqueles de nossos filhos. A capacidade de estar presente com clareza interior permite estar inteiramente presente com os outros, e respeitar a experiência individual de cada um. Nem sequer duas pessoas veem as coisas exatamente da mesma maneira. A *mindfulness* promove o respeito à individualidade da mente singular de cada pessoa.

Quando estamos totalmente presentes como pais e temos atenção plena, isso possibilita que nossos filhos se sintam plenamente no momento.

As crianças aprendem sobre si mesmas conforme a maneira com que nos comunicamos com elas. No momento em que nos preocupamos com o passado ou tememos o futuro, estamos fisicamente presentes com os filhos, porém mentalmente ausentes. As crianças não precisam que estejamos inteiramente disponíveis o tempo todo, mas precisam de nossa presença durante interações que exigem uma conexão real. Ter atenção plena como pai ou mãe significa ter intenção em suas ações. Com a intenção, você escolhe conscientemente seu comportamento, levando em conta o bem-estar emocional da criança. As crianças conseguem detectar prontamente a intenção e florescer quando existem interações bem embasadas com os pais. É nas conexões emocionais dos filhos conosco que eles desenvolvem um senso mais profundo de si mesmos e a capacidade de se relacionarem.

APRENDIZAGEM AO LONGO DA VIDA

Os filhos lhe dão a oportunidade de crescer e o desafiam a examinar questões de sua infância que continuam pendentes. Se você pensar que esses desafios são um fardo, a parentalidade pode se tornar uma tarefa desagradável. No entanto, se tentar considerar esses momentos como oportunidades de aprendizagem, você pode continuar crescendo e se desenvolvendo. A postura de aprender ao longo da vida possibilita exercer a parentalidade com a mente aberta, como uma jornada de descobertas.

A mente continua a se desenvolver no decorrer da vida, pois emana da atividade cerebral; assim, descobertas da neurociência podem embasar nosso autoconhecimento. Segundo pesquisas recentes da neurociência, o cérebro humano continua desenvolvendo novas conexões e até novos neurônios em certas áreas ao longo da vida. As conexões entre os neurônios determinam como os processos mentais são criados. As experiências moldam as conexões neurais no cérebro, portanto moldam a nossa mente. Relacionamentos interpessoais e a autorreflexão fomentam o crescimento contínuo da mente: ser pai ou mãe nos dá a oportunidade de continuar aprendendo, à medida que refletimos sobre nossas experiências a partir de pontos de vista em constante evolução. A parentalidade também dá oportunidade de criar uma atitude de abertura em nossos filhos, à medida que cultivamos sua curiosidade e os apoiamos a explorar cada vez mais o mundo. As interações complexas e, muitas vezes, desafiadoras da parentalidade criam novas possibilidades para o crescimento e desenvolvimento de nossos filhos e de nós mesmos.

FLEXIBILIDADE RESPONSIVA

Ser capaz de responder de maneiras flexíveis é um dos maiores desafios da parentalidade. Flexibilidade responsiva é a capacidade mental de avaliar uma ampla variedade de processos mentais, como impulsos, ideias e sentimentos e dar uma resposta bem embasada. Em vez de apenas reagir automaticamente a uma situação, o indivíduo pode refletir e escolher intencionalmente uma direção apropriada para agir. Flexibilidade responsiva é o contrário de uma "reação automática", pois envolve a capacidade de adiar a gratificação e inibir comportamentos impulsivos. Tal capacidade é um pilar da maturidade emocional e de relacionamentos compassivos.

Sob certas condições, a flexibilidade responsiva pode ficar comprometida. Quando estamos cansados, com fome, frustrados, decepcionados ou raivosos, podemos perder a capacidade de refletir direito e de escolher nossos comportamentos. Dominados pelas emoções, perdemos a perspectiva. Nessas ocasiões, a pessoa não consegue pensar claramente e corre um risco alto de exagerar na reação e causar angústia nos filhos.

As crianças nos desafiam a permanecer flexíveis e a manter o equilíbrio emocional. Pode ser difícil equilibrar flexibilidade com a importância de dar uma estrutura sólida à vida da criança. Pais podem aprender como chegar a esse equilíbrio e cultivar a flexibilidade nos filhos apresentando respostas flexíveis nas próprias interações. Quando somos flexíveis, podemos escolher os comportamentos que devemos demonstrar e qual abordagem e valores parentais devemos reforçar. Temos a capacidade de sermos proativos, não só reativos. A flexibilidade responsiva nos permite conter diversas emoções, e refletir bem como iremos responder após considerar o ponto de vista alheio. Quando os pais têm a capacidade de responder com flexibilidade aos filhos, maior é a probabilidade de as crianças também desenvolverem a flexibilidade.

MINDSIGHT

Mindsight é a capacidade de perceber a própria mente e as mentes dos outros. Nossas mentes criam representações de objetos e ideias. Podemos visualizar mentalmente, por exemplo, a imagem de uma flor ou de um cão, mas não há nenhuma planta ou animal em nossas cabeças, somente um símbolo neuralmente construído, contendo informações sobre aquele objeto. A *mindsight* depende da capacidade de criar símbolos mentais da própria mente. Essa capacidade permite focar em nossos pensamentos, sentimentos, percepções, sensações, lembranças, crenças, atitudes e intenções, assim como nas ações dos outros. Esses são os elementos básicos da mente que conseguimos perceber e usar para entender nossos filhos e a nós mesmos.

É comum pais responderem ao comportamento do filho focando no nível superficial da experiência e não no nível mais profundo da mente. Às vezes, olhamos apenas os comportamentos dos outros e notamos como as pessoas agem sem nos darmos conta dos processos mentais internos que levam às suas ações. No entanto, há um nível mais profundo sob o comportamento e é nele que está a raiz da motivação e da ação. Esse nível mais profundo é a mente. A *mindsight* nos permite focar além do nível superficial da experiência. Pais que focam no nível da mente dos filhos cultivam o desenvolvimento da compreensão emocional e da compaixão. Conversar com as crianças sobre os pensamentos, lembranças e sentimentos delas fornece as experiências interpessoais necessárias para o autoconhecimento e a formação de suas habilidades sociais.

A *mindsight* permite que os pais "vejam" as mentes dos filhos por meio dos sinais básicos que são perceptíveis. Informações verbais, ou seja, as palavras que as pessoas usam, são apenas uma parte de como conseguimos entender os outros. As mensagens não verbais como contato visual, expressão facial, tom de voz, gestos, toque, postura corporal e o momento e a intensidade da resposta também são elementos extremamente importantes na comunicação. Esses sinais não verbais revelam melhor nossos processos internos do que nossas palavras. Ser sensível à comunicação não verbal ajuda a entender melhor nossos filhos, a considerarmos o ponto de vista deles e a nos relacionarmos com compaixão.

ALEGRIA DE VIVER

Apreciar seu filho e compartilhar a admiração dele ao descobrir o que significa estar vivo em um mundo extraordinário são dois fatos cruciais para o desenvolvimento da autoimagem positiva da criança. Quando somos respeitosos e compassivos conosco e com os filhos, adquirimos uma nova perspectiva que pode enriquecer o prazer da convivência. Rememorar e refletir sobre as experiências da vida cotidiana promovem um senso profundo de estar conectado e ser compreendido.

Os pais podem aceitar o convite da criança para desacelerarem e apreciarem a beleza e a conexão que a vida nos oferece a cada dia. Quando estão sob pressão em rotinas agitadas, os pais podem se sentir sobrecarregados para dar conta de todos os detalhes da rotina familiar. As crianças precisam ser amadas e valorizadas, não administradas. É comum focarmos nos problemas da vida, e não nas possibilidades disponíveis de deleite e aprendizagem. Quando estamos ocupados demais fazendo coisas para os nossos filhos, esquecemos o quanto é importante simplesmente estar com eles. É preciso valorizar a oportunidade de estar com nossos filhos na experiência formidável de crescermos juntos. Aprender a partilhar a alegria de viver está no cerne de um relacionamento gratificante entre pais e filhos.

Quando nos tornamos pais, muitas vezes nos vemos como professores dos filhos, mas logo descobrimos que eles também são nossos professores. No decorrer desse relacionamento íntimo, nosso passado, presente e futuro adquirem um novo significado enquanto partilhamos experiências e criamos lembranças que enriquecem muito nossas vidas em conjunto. Nós esperamos que você ache este livro benéfico para apoiar seu crescimento e desenvolvimento como pessoa e como pai ou mãe, para que o relacionamento com seus filhos possa continuar sempre se aprofundando.

1
COMO NOS LEMBRAMOS: AS EXPERIÊNCIAS MOLDAM QUEM SOMOS

INTRODUÇÃO

Quando nos tornamos pais, questões pendentes do passado influenciam a forma com que criamos os filhos. Experiências não totalmente processadas geram questões irresolvidas, que podem ser facilmente desencadeadas no relacionamento entre pais e filhos, assim influenciando nossa relação com as crianças. Quando isso acontece, as respostas aos filhos frequentemente assumem a forma de reações emocionais fortes, comportamentos impulsivos, percepções distorcidas ou sensações corporais. Esses estados de espírito intensos prejudicam as habilidades de pensar com clareza e se manter flexível, o que afeta as interações e os relacionamentos com os filhos. Nessas ocasiões, não agimos como os pais que gostaríamos de ser e pensamos por que o papel da parentalidade, às vezes, parece "extrair o que há de pior em nós". Mesmo quando não estamos cientes de suas origens, questões enraizadas no passado impactam nossa realidade atual e afetam diretamente o que sentimos e como interagimos com os filhos.

No papel da parentalidade se imiscui nossa bagagem emocional, que pode interferir imprevisivelmente no relacionamento com os filhos. Questões pendentes, traumas e perdas irresolvidas envolvem temas importantes do passado advindos de experiências frequentes no início da vida que foram emocionalmente difíceis. Tais questões, se não houvermos refletido sobre elas e as integrado em nosso autoconhecimento, podem continuar nos afetando no presente. Por exemplo, se sua mãe saía de casa muitas vezes sem se despedir porque não queria ouvi-lo chorar, seu senso de confiança pode ter ficado abalado, sobretudo pelo temor de uma possível separação. Você se sentia inseguro e cheio de dúvidas. Após ela sair sem avisar, você a procurava e ficava transtornado com sua ausência. A situação ficava ainda mais estressante se o adulto de plantão insistisse para que você não chorasse. Além de se sentir traído e aflito pela ausência de sua mãe, como nenhum adulto responsável o confortou ouvindo suas queixas, se solidarizando com seus sentimentos e dando a impressão de estar conectado e ser compreendido, foi impossível você processar sua angústia. Se sua história foi assim, após se tornar pai ou mãe, experiências de separação podem evocar diversas respostas emocionais, desencadeando seu senso de desamparo e deixando-o apreensivo por se afastar de seu filho. Esse desconforto é percebido pela criança, a qual sente insegurança e angústia, o que só aumenta seu desconforto quando tem de sair. Dessa maneira, a cascata de emoções é liberada em uma reação em cadeia que reflete sua história no início da vida. Naturalmente, sem reflexão e autoconhecimento, essa cascata de reações só seria experimentada no aqui e agora como aspectos "normais" da dificuldade com a separação. O autoconhecimento pode abrir o caminho para resolver essas questões pendentes.

Questões pendentes muitas vezes afetam a parentalidade e causam frustrações e conflitos desnecessários entre nós e os filhos. Aqui está uma questão que afetou Mary tanto como mãe quanto em sua infância.

COMPRANDO SAPATOS

Como mãe, descobri várias questões pendentes da minha infância que estavam afetando meu relacionamento com os filhos e nos privando de experiências que poderiam ser agradáveis. Comprar sapatos era uma delas. Descobri que me apavorava ao ver os pares de tênis surrados dos dois meninos, pois isso significava que eu teria de levá-los à loja de sapatos. Eles adoravam ganhar sapatos novos e inicialmente ansiavam por essa saída com empolgação, como é comum para a maioria das crianças. Havia a possibilidade de uma saída dessas ser muito prazerosa, já que as crianças geralmente gostam de escolher sapatos novos, mas nunca era assim.

Meus filhos escolhiam os sapatos que queriam, conforme eu os estimulava verbalmente. Embora ficassem bem entusiasmados com suas escolhas, começava a estragar a ocasião com minhas dúvidas sobre a cor, o preço, o tamanho dos sapatos ou qualquer outro aspecto tangível que surgisse em minha mente. A empolgação deles com suas escolhas começava a murchar e dava lugar a uma atitude conciliatória, tipo "concordo com o que você decidir, mamãe". Eu vacilava e reconsiderava as vantagens de um par de sapatos em relação a outro e, após muita controvérsia, saíamos todos exaustos da loja com nossas compras. A empolgação por ganhar sapatos novos era enterrada pelas lembranças desagradáveis daquela saída.

Eu não queria agir desse jeito, mas repetia isso muitas vezes, em geral pedindo desculpas aos meninos depois que saíamos da loja. Sempre acabava tendo um conflito emocional. "Que ridículo, por causa de sapatos", me repreendia. Por que continuava repetindo um padrão que claramente queria mudar?

Certo dia, após outra saída decepcionante para fazer compras, meu filho de seis anos, obviamente desanimado, perguntou: "Quando era criança, você não gostava de ganhar sapatos novos?". Um "não" avassalador invadiu meu corpo, pois me lembrei dos dias repletos de frustração na minha infância quando havia saídas para comprar sapatos.

Éramos nove filhos. Com tantos sapatos para comprar, minha mãe sempre ia a liquidações, de preferência quando eram grandes, e quando as lojas ficavam apinhadas de consumidores e os preços eram do agrado dela. Nunca ia sozinha a essas compras com minha mãe, pois sempre havia três ou quatro de nós que precisavam de sapatos ao mesmo tempo. Então, em uma liquidação lotada de gente, eu procurava meu próximo par de sapatos tendo emoções confusas. Eu sabia que era improvável ganhar o que queria. Por falta de sorte, meus pés tinham um tamanho bem comum, para o qual havia sempre poucas opções durante as liquidações. Diante da limitação de escolhas geralmente gostava de algum modelo novo que não estava em oferta, e certamente seria recusado por minha mãe.

Minha irmã mais velha sempre tinha permissão para comprar o que queria, pois seus pés eram "especialmente" estreitos. Ficava com raiva e me sentia negligenciada, mas me diziam que devia ser grata por ser fácil achar sapatos para meus pés. Após atender toda a filharada, minha mãe ficava extremamente exausta e muito irritada. Sua indecisão para fazer escolhas e a preocupação por gastar dinheiro tornavam-se evidentes, e me preocupava muito com seu comportamento. Perdida em um mar de emoções, só queria ir para casa e evitar todo aquele desgaste com as compras. A potencial aventura de escolher algo sozinha fora arruinada.

Tantos anos depois, continuava com um modelo mental de compras de sapatos que causava a mesma ansiedade que sentia na infância em meus filhos. Minha mãe ficava muito ocupada de olho em todos nós e nas compras até chegarmos ao carro, de maneira que não ouvia nada nem notava minha aflição na loja de sapatos. Como a pergunta do meu filho despertou minha atenção consciente para isso, consegui relembrar minhas experiências e ansiedade de antigamente, que agora estavam afetando o meu comportamento com os meninos e me impedindo de tornar essa experiência agradável. Não eram as saídas atuais para comprar sapatos, mas as muitas do passado, que estavam influenciando meu comportamento. Estava reagindo a questões pendentes.

Questões mal resolvidas são semelhantes a questões pendentes, contudo mais extremas, pois exercem uma influência mais desagregadora sobre a vida interna e os relacionamentos interpessoais. Experiências profundamente avassaladoras, talvez envolvendo um senso profundo de impotência, desespero, perda, pavor e até traição, muitas vezes, estão na raiz de situações irresolvidas. Por exemplo: podemos usar novamente a questão da separação, mas desta vez sob uma circunstância mais extrema. Se uma criança fica em um rodízio de cuidadores porque sua mãe tem depressão e está internada há muito tempo no hospital, ela sentirá essa perda com um desespero profundo. A separação pode continuar gerando ansiedade, e futuramente afetar sua habilidade para ter momentos de separação saudável dos próprios filhos. Como mãe, também pode ter dificuldade de se conectar com os filhos, pois seu próprio apego foi rompido abruptamente e não recebeu apoio. Quando a criança cresce e tem filhos, mas não processou e entendeu o sentido dessas experiências atemorizantes do passado, lembranças emocionais, comportamentais, perceptivas e corporais podem continuar se imiscuindo em sua vida. Tais questões mal resolvidas podem prejudicar profundamente o relacionamento entre pais e filhos.

Em momentos de estresse, pais e mães ficam especialmente suscetíveis a reagir com base em questões que os afetou no passado. Vejamos a seguir a história de uma questão irresolvida da qual Dan se deu conta logo após se tornar pai.

PARE COM ESSA CHORADEIRA!

Costumava ter uma sensação estranha quando meu filho era bebê e ficava inconsolável quando chorava. Ficava surpreso com o pânico que sentia à medida que ficava tomado por um senso de pavor. Em vez de ser um pilar de calma, paciência e *insight*, ficava medroso e impaciente.

Tentava achar algo dentro de mim que ajudasse a entender essas sensações. Pensava na possibilidade de que me deixavam chorando por longos períodos em minha infância. Não conseguia relembrar esse fato de forma direta, mas sabia que o processo normal de amnésia na primeira infância me impediria de ter acesso de modo consciente a uma lembrança autobiográfica tão antiga. Não conseguia ter qualquer outra interpretação plausível para esse pânico.

Então, tentei essa narrativa: "Sim, eu devia ficar apavorado com meu próprio choro quando era pequeno. Provavelmente, tive que me adaptar à sensação de que estava sendo abandonado. Agora, quando meu filho chora, isso reativa minhas emoções de medo e sinto o pânico associado". Pensei muito sobre isso. Eu não tinha sentimentos sobre a precisão dessa história, tampouco imagens, sensações, emoções ou impulsos comportamentais. Ou seja, essa narrativa não evocava lembranças não verbais. A explicação também foi inútil para acabar com o pânico, mas isso não significava que fosse necessariamente inverídica. Apenas não foi útil naquela época para compreender o problema.

Certo dia, estava com meu filhinho quando ele começou a chorar. Me senti impotente para consolá-lo, e comecei a sentir aquela estranha sensação de pânico e de necessidade de fuga. Então uma imagem veio à minha mente, primeiro como uma sensação de plenitude na cabeça. O pânico passou a ficar centrado e menos disseminado. Comecei a ver algo internamente que competia com o que estava vendo externamente. Digo "internamente" e "externamente" agora, mas naquele momento ambos pareciam semelhantes, como se eu estivesse vendo um videoteipe com dupla exposição. Fechei os olhos. A visão externa desapareceu e a interna ficou clara.

Vi uma criança berrando em uma mesa para exames, com um olhar de pavor no rosto comprimido e avermelhado. Meu parceiro na residência em pediatria estava segurando o corpo da criança. Fazia o possível para não escutar os gritos da criança e nem ver seu rosto, mas conseguia ver o lugar. Era a sala de tratamento da ala de pediatria do hospital, lugar onde levávamos as crianças que precisavam obter exames de sangue. Já era madrugada, estávamos de plantão e haviam nos acordado para que descobríssemos por que aquele menininho tinha febre. Ele estava ardendo de febre e nós tínhamos que extrair seu sangue para fazer um exame em busca de alguma infecção.

Como em qualquer hospital universitário, as crianças no Centro Médico da UCLA estavam muito doentes. Muitas eram veteranas de internações hospitalares, mas isso não diminuía o medo — as extrações frequentes de sangue só o perpetuavam e acabavam destruindo suas veias. Meu parceiro e eu tínhamos de tirar sangue toda noite quando estávamos de plantão. Agora era minha vez de fazer isso.

Quando as veias nos braços de uma criança estão tão cheias de cicatrizes que impedem a extração de sangue, é preciso achar outra, o que, às vezes, implica muitas tentativas em diversas partes do corpo. Nós nos alternávamos para manejar a seringa e segurar a criança. Nós tínhamos de bloquear os ouvidos e endurecer nossos corações. Tínhamos de ignorar o medo no rosto da criança, não sentir suas lágrimas rolando em nossas mãos e não ouvir os gritos ecoando em nossos ouvidos.

Mas, agora, conseguia ouvir os gritos. Nenhum sangue saiu e tinha de achar outro lugar. "Só mais uma vez", disse à criança, que não podia me ouvir e, se pudesse, não conseguiria entender. Ela estava doente, febril, apavorada, se sacudindo, gritando e inconsolável.

Abri os olhos. Estava suando e minhas mãos tremiam. Meu filho de seis meses ainda estava chorando. Eu também.

Fiquei chocado com o *flashback*. Não havia pensado muito naquele ano na residência em pediatria, exceto de que havia sido "um bom ano" e que fiquei feliz quando terminou. Nos dias logo após o *flashback*, pensei muito sobre aquelas imagens e falei com alguns amigos próximos e colegas sobre minha experiência. Quando começava a falar sobre as noites de plantão, tinha uma sensação de enjoo no estômago. Minhas mãos doíam e parecia que estava ficando gripado. Conforme as imagens vinham, ficava desesperado, amedrontado e tomado pela cena daquelas crianças pequenas. Afundava na minha memória: "Eu não posso olhar a criança, pois preciso conseguir a amostra de sangue". Tentava desviar o olhar, tanto na memória quanto ao falar com meus amigos. Me sentia envergonhado e culpado por infligir dor. Lembrava-me da sensação de pânico que tive de dominar quando o *pager* parou de funcionar à noite. Não havia tempo para conversar sobre o quanto essas crianças sofriam nem sobre o medo que tinham de nós. Não havia oportunidades para refletir sobre o quanto estávamos sobrecarregados e amedrontados. Nós precisávamos seguir em frente; dar uma pausa para refletir tornaria tudo ainda mais doloroso.

Por que esse "trauma" de anos anteriores não veio à tona como um *flashback*, emoção, comportamento ou sensação antes do nascimento do meu filho? Essa dúvida suscita questões sobre a recuperação de lembranças, e a configuração singular de lembranças traumáticas irresolvidas. Vários fatores tornam a recuperação de uma certa lembrança mais provável, incluindo as associações ligadas à recordação, o tema ou âmago da experiência, a fase de vida da pessoa que está se lembrando, seu contexto interpessoal e estado de espírito na época de codificar e de relembrar.

Sou o caçula na minha família e, como não convivia com crianças pequenas antes do nascimento do meu filho, nunca estive com uma criança chorando inconsolavelmente após o tempo da residência em pediatria. Quando me vi com um bebê chorando com tamanha persistência, comecei a ter uma reação emocional de pânico. O pânico pode ser uma lembrança emocional não verbal, que é ativada pelo contexto de estar com uma criança chorando. Ao senti-lo, minha mente procurou inicialmente uma memória autobiográfica, mas não encontrou. Naquela época, não havia uma memória narrativa temática que pudesse ser ligada ao ano da residência em pediatria. Aquele ano foi "divertido e acabou" e não costumava refletir muito sobre ele. Então houve o *flashback*.

Muitas vezes, há uma razão para experiências traumáticas não serem processadas de maneira que as torne prontamente disponíveis para recuperação posterior. Durante o trauma, a adaptação para sobreviver pode incluir desviar a atenção dos aspectos apavorantes daquela experiência. Também é possível que o estresse e a secreção hormonal excessiva, durante um trauma, danifiquem diretamente o funcionamento de partes do cérebro necessárias para armazenar lembranças autobiográficas. Após o trauma, a lembrança daqueles detalhes codificados apenas de forma não verbal provavelmente evocará emoções aflitivas, que podem ser profundamente perturbadoras.

Minha conexão empática com o pavor das crianças no hospital era avassaladora. Aquele ano foi tão intenso, o trabalho tão absorvente, o número de pacientes tão alto, as reviravoltas tão rápidas e as doenças tão graves que minhas habilidades para enfrentar tudo isso entraram em alerta máximo. Eu tinha sentimentos de vergonha e culpa por ser a fonte de sofrimento e medo das crianças. Quando minha residência acabou, suponho que poderia ter pensado, "certo, agora vou tentar me lembrar de todo o sofrimento que causei àquelas crianças muito doentes", porém, não refleti sobre aquele ano na pediatria e passei a estudar traumas.

Como residentes, tentamos evitar ter a consciência acabrunhante sobre a situação passiva, impotente e vulnerável dos pacientes, e nos identificamos apenas como trabalhadores ativos, empoderados e invulneráveis da medicina. A vulnerabilidade infantil era uma ameaça ao nosso esforço ativo, mas inconsciente, de evitar nossos sentimentos de vulnerabilidade e impotência. Em retrospecto, a vulnerabilidade das crianças se tornou a inimiga. Muitas vezes, podíamos fazer muito pouco para curar suas doenças devastadoras, e a incapacidade para ajudá-las aumentava a tristeza e o desespero que sentíamos.

Nós estávamos lutando contra doenças, e contra a dura realidade da morte e do desespero durante aquele ano implacável e insone. A sensação de impotência tinha de ser afastada da nossa consciência para não desmoronarmos. A vulnerabilidade se tornou o alvo de nossa ira contra o vilão das doenças que não conseguíamos derrotar.

Essa questão irresolvida se apresentou para mim como pai estreante e vulnerável, tinha reações emocionais intensas e vergonhosas aos choros e à fragilidade do meu filho — achando-os quase intoleráveis —, assim como ao meu senso de impotência para acalmá-lo. Afortunadamente, por meio de uma autorreflexão dolorosa, consegui enxergar isso como uma questão minha mal resolvida, não como um defeito do meu filho. Esse entendimento me permite imaginar facilmente como a intolerância emocional e a impotência podem nos levar a comportamentos parentais que miram a insuficiência das crianças e as atacam por isso. Mesmo com amor e as melhores intenções, velhas defesas presentes em nós podem tornar intoleráveis certas experiências com os filhos. Essa pode ser a origem da "ambivalência parental".

Quando suas vidas nos causam a emoção intolerável, nossa incapacidade de enxergar isso conscientemente e de entender seu sentido em nossas próprias vidas pode nos tornar incapazes de tolerar certas coisas nos filhos. Essa intolerância pode assumir a forma de fazer vista grossa ou ignorar as emoções das crianças, o que lhes dá um senso de irrealidade e as desconecta dos próprios sentimentos. Nossa intolerância também pode levar a um ato mais assertivo como irritabilidade ou a um ataque direto, embora não conscientemente pretendido, ao estado emocional de vulnerabilidade e impotência da criança. Assim, a criança se torna o alvo de respostas hostis que se imiscuem em seu senso interno de identidade e prejudicam diretamente suas habilidades para tolerar essas mesmas emoções em si mesma.

Se tivermos questões irresolvidas ou pendentes, é crucial reservar um tempo para refletir sobre nossas reações emocionais aos filhos. Ao entendermos o que se passa conosco, damos aos filhos a chance de desenvolverem o senso de vitalidade e a liberdade de vivenciar seus mundos emocionais sem restrições nem medo.

FORMAS DE MEMÓRIA

Por que temos questões irresolvidas e pendentes? Por que acontecimentos do passado influenciam o presente? Como as experiências de fato impactam a mente humana? Por que acontecimentos antigos continuam influenciando nossas percepções atuais e moldam como construímos o futuro?

O estudo da memória propicia respostas empolgantes para essas questões fundamentais. Desde o início da vida, o cérebro humano responde a experiências alterando as conexões entre os neurônios, os blocos básicos de construção do cérebro. Essas conexões constituem a estrutura do cérebro, que as utiliza para rememorar experiências. A estrutura cerebral molda o funcionamento do cérebro. Por sua vez, a função cerebral cria a mente. Embora informações genéticas também determinem aspectos fundamentais da anatomia do cérebro, são nossas experiências que criam as conexões singulares e moldam a estrutura básica do cérebro de cada indivíduo. Dessa maneira, nossas experiências moldam diretamente a estrutura do cérebro e, dessa maneira, criam a mente que define quem somos.

A memória é a maneira com que o cérebro reage às experiências e cria novas conexões cerebrais. As conexões são feitas principalmente mediante as duas formas de memória: implícita e explícita. A memória implícita resulta na criação de determinados circuitos do cérebro que são responsáveis por gerar emoções, reações comportamentais, percepção e provavelmente a codificação de sensações físicas. A memória implícita é uma forma de memória não verbal que está presente desde o nascimento e continua ao longo da vida. Outro aspecto importante da memória implícita são os chamados modelos mentais, por meio dos quais a mente humana cria generalizações de experiências frequentes. Por exemplo, caso se sinta consolado e acalmado quando a mãe responde à sua aflição, o bebê irá generalizar a experiência, de modo que a presença materna lhe dá um senso de bem-estar e segurança. Quando sentir angústia no futuro, seu modelo mental do relacionamento com a mãe será ativado e isso o acalmará. Os relacionamentos de apego afetam como vemos os outros e a nós mesmos. Por meio de experiências frequentes com figuras de apego, nossa mente cria modelos que afetam nossa visão sobre os outros e sobre nós mesmos. No exemplo anterior, o bebê via sua mãe como segura e responsiva e se via capaz de impactar seu ambiente e de ter suas necessidades atendidas. Esses modelos criam um filtro que padroniza o modo de canalizar nossas percepções e de construir nossas respostas ao mundo. Por meio desses modelos de filtragem, desenvolvemos maneiras características de ver e ser.

A característica fascinante da memória implícita é que, quando ela é recuperada, não há uma sensação interna de que algo está sendo "recordado" e o indivíduo nem está ciente de que essa experiência interna está sendo gerada por algo do passado. Assim, emoções, comportamentos, sensações físicas, interpretações perceptivas e o viés de certos modelos mentais inconscientes podem influenciar nossa percepção e comportamento atuais sem que tenhamos a menor ideia de que estamos sendo moldados pelo passado. O que é particularmente surpreendente é que o cérebro humano pode codificar a memória implícita sem passar pela rota da atenção consciente. Isso significa que podemos codificar elementos na memória implícita sem sequer precisar recorrer conscientemente a eles.

Após o primeiro aniversário da criança, o desenvolvimento da parte do cérebro chamada hipocampo estabelece um novo conjunto de circuitos que possibilita o início da segunda forma de memória, a memória explícita. Há dois componentes na memória explícita: a memória semântica, ou factual, que se torna disponível por volta de um ano e meio de idade, e a memória autobiográfica, que começa a se desenvolver algum tempo depois do segundo aniversário. Antes de a memória autobiográfica estar disponível, há um período denominado amnésia infantil, que é um fenômeno presente em todas as culturas. Essa amnésia não tem relação com traumas, mas parece ter a ver com o fato de que a maturação de certas estruturas no cérebro ainda não teve início. Em contraste com a memória implícita, quando a memória explícita é relembrada, ela causa a sensação interna de lembrança. Para ambas as formas de memória explícita, a atenção consciente é requerida para o processo de codificação.

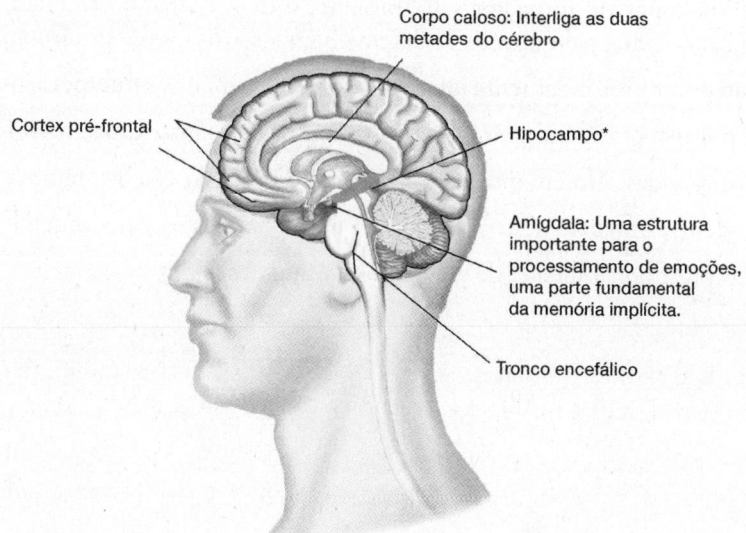

FIGURA 1. Diagrama do lado direito do cérebro humano. Certas estruturas-chave envolvidas na memória são visíveis, incluindo a amígdala cerebral (processamento da memória emocional implícita), o hipocampo (formas explícitas de memória) e o córtex pré-frontal (memória autobiográfica explícita). Histórias coerentes de vida, conforme descritas no próximo capítulo, podem envolver a integração de informações entre os hemisférios por meio do corpo caloso.

*A área sombreada representa a localização do hipocampo no outro lado do tronco encefálico nesse diagrama. À frente do hipocampo está a amígdala, que processa emoções. Essas duas estruturas integram o lobo temporal medial que se situa nas laterais da figura.

Uma particularidade da memória autobiográfica é a possibilidade de envolver um senso do *self* e do tempo. A memória autobiográfica requer que uma parte do cérebro amadureça o suficiente por volta do segundo aniversário para que esse tipo de lembrança ocorra. Esta parte do cérebro é o córtex pré-frontal, que fica à frente da parte frontal da camada mais alta do cérebro, o neocórtex. O córtex pré-frontal é extremamente importante para uma ampla variedade de processos, incluindo memória autobiográfica, autoconsciência, flexibilidade responsiva, *mindsight* e a regulação de emoções. Aliás, esses processos são moldados pelo apego. O desenvolvimento do córtex pré-frontal parece ser profundamente influenciado por experiências interpessoais. É por isso que os primeiros relacionamentos têm tanto impacto sobre nossas vidas. No entanto, essa importante parte do cérebro também pode continuar se desenvolvendo ao longo da vida, de modo que há sempre a possibilidade de crescermos e mudarmos.

TABELA I. FORMAS DE MEMÓRIA

MEMÓRIA IMPLÍCITA

- Presente no nascimento;
- Nenhum senso de rememoração quando lembranças são recordadas;
- Inclui memória comportamental, emocional, perceptiva e possivelmente corporal;
- Inclui modelos mentais;
- Não requer atenção consciente para codificação;
- Não envolve o hipocampo.

MEMÓRIA EXPLÍCITA

- Desenvolve-se durante o segundo ano de vida e nos seguintes;
- Senso de rememoração quando as lembranças são recordadas;
- Se for autobiográfica, há um senso do *self* e do tempo;
- Inclui memória semântica (factual) e episódica (autobiográfica);
- Requer atenção consciente;
- Envolve o hipocampo;
- Se for autobiográfica, também envolve o córtex pré-frontal.

ACHANDO A RESOLUÇÃO

Após mostrar como o cérebro codifica a memória, vamos ver como solucionar questões irresolvidas. No caso de Dan, criar uma história plausível sobre a amnésia infantil não teve impacto emocional, e foi inútil para alterar sua experiência. Experiências durante aquele período inicial da vida estavam inacessíveis para ele explicitamente, mas talvez tenham moldado de maneira implícita a intensidade emocional do ano de residência médica. Sem reflexão constante, o pânico e a irritação poderiam ter continuado dominando o estilo de parentalidade de Dan, mantendo-o incapaz de acalmar a aflição do filho. Inconscientemente, pode ter começado a se sentir ameaçado pela vulnerabilidade e impotência. Esse processo emocional irrefletido poderia ter se tornado um tema recorrente nos relacionamentos de Dan, levando-o a desestimular a dependência normal do filho e forçá-lo a um funcionamento autônomo prematuro. A racionalização dessas experiências teria gerado a ideia firme de que "crianças indiferentes que choram demais são mimadas e carentes". Sem reflexão, ele teria ignorado sua questão irresolvida e continuaria a se irritar com o filho.

A ambivalência parental se apresenta de diversas formas, muitas vezes derivadas de questões irresolvidas. Pais podem estar repletos de sentimentos conflitantes que prejudicam sua habilidade de se manterem abertos e carinhosos com os filhos. Com defesas rigidamente construídas na própria infância e posteriormente, os pais podem ficar congelados e não se adaptarem ao novo papel de cuidar dos filhos de maneira clara e consistente. Aspectos normais das crianças como emotividade, impotência, vulnerabilidade e dependência dos pais podem parecer ameaçadores e se tornar intoleráveis.

Dan continua sua história: embora quisesse estar conectado com meu filho durante os momentos de aflição, minha ambivalência criava um conflito entre a resposta desejada e o comportamento real. Em vez de ser receptivo e pacificador, eu era a fonte de impaciência e irritabilidade. Assim que tive plena consciência dessa questão, consegui fazer algo a esse respeito.

Conversei com amigos sobre meu *flashback* e as lembranças daquele ano de residência médica. Escrevi em meu diário, ciente de que pesquisas demonstraram que anotar o material sobre experiências emocionalmente traumáticas pode levar a mudanças psicológicas e fisiológicas profundas associadas à resolução. As conversas, caminhadas e escritos deixaram claro o quanto o que me acontecia era duro e atemorizante. Eu tinha reações viscerais, me sentia doente, meus braços tremiam e as mãos doíam.

No princípio, quando meu filho chorava, continuava entrando em pânico e ficando irritado, mas dizia a mim mesmo: "Esse é um sentimento ligado à época da minha residência médica, não ao meu filho". O pânico permanecia, mas de alguma forma me sentia um pouco melhor. Com o passar dos dias e mais conversas e anotações sobre o tempo da residência médica, consegui sentir a importância de reconhecer, aceitar e respeitar a vulnerabilidade e a fraqueza — minhas e do meu filho. O pânico e a irritação diminuíram bastante. Eu precisava me lembrar de que não era a causa do choro dele e que é normal uma criança ser vulnerável e carente. Entender meu passado me libertou para aceitar o choro do meu filho pequenininho, assim como meus sentimentos de vulnerabilidade ao aprender a acalmá-lo e a me tornar seu pai.

O *flashback* jamais retornou nem aquele pânico debilitante. A configuração de uma lembrança apenas implícita agora também é feita de maneira explícita. A mudança ocorreu por meio do processamento consciente das lembranças implícitas, à medida que elas se integraram a uma narrativa autobiográfica explícita maior daquele ano. Minha história de vida teve de admitir as travas emocionais com vulnerabilidade e impotência no cerne daquela experiência, a fim de chegar a uma resolução.

SEGUINDO EM FRENTE

Quando não assumem responsabilidade por suas questões pendentes, os pais perdem a oportunidade não só de se tornarem pais melhores, mas também de continuarem se desenvolvendo. Pessoas que permanecem sem saber as origens de seus comportamentos e respostas emocionais intensas não percebem suas questões irresolvidas e a ambivalência parental que criam.

Há muitas ocasiões na vida em que temos de nos adaptar rapidamente e fazer o melhor possível diante de situações difíceis. A maioria de nós tem questões irresolvidas ou pendentes que nos desafiam regularmente. Uma questão irresolvida pode nos tornar muito inflexíveis com os filhos, e até mesmo incapazes de escolher respostas que seriam proveitosas para o desenvolvimento deles. Não escutamos verdadeiramente nossos filhos porque nossas experiências internas são tão ruidosas que abafam todos os outros sons. Estamos desligados deles e provavelmente continuaremos agindo de maneiras malogradas e insatisfatórias para nós e para as crianças, visto que estamos presos a respostas reativas baseadas em nossas experiências passadas.

Quando estamos sobrecarregados e ficamos imersos em lembranças implícitas de acontecimentos dolorosos ou perdas irresolvidas, é difícil estar presente com os filhos. Nossas adaptações automáticas a essas experiências passadas então se tornam "quem somos" e nossa história de vida passa a ser escrita para nós, não por nós. As intrusões de questões irresolvidas podem influenciar diretamente nosso autoconhecimento e como interagimos com nossos filhos. Quando questões irresolvidas estão escrevendo nossa história de vida, não somos os autobiógrafos; somos meramente escrivães de como o passado continua, muitas vezes sem que tenhamos consciência disso, imiscuindo-se em nossa experiência atual e moldando as direções futuras. Deixamos de fazer escolhas sensatas sobre a criação dos filhos e reagimos com base em experiências do passado. É como se perdêssemos a habilidade de escolher nossa direção e delegássemos essa tarefa ao piloto automático, sem sequer saber para onde ele está nos levando. Tentamos muitas vezes controlar os sentimentos e o comportamento dos filhos, mas, na verdade, é nossa experiência interna que está desencadeando os sentimentos perturbados em relação ao comportamento deles.

Se prestarmos atenção a nossas experiências internas quando ficamos transtornados com o comportamento dos filhos, podemos começar a aprender como nossas ações interferem no relacionamento carinhoso que queremos ter com eles. Com a resolução das nossas questões vêm mais escolhas e flexibilidade na maneira de responder aos filhos. Ademais, podemos começar a integrar lembranças em nossas histórias de vida para dar sentido a nossas experiências e apoiar nosso desenvolvimento saudável e dos nossos filhos.

EXERCÍCIOS DE DENTRO PARA FORA

1. Escreva em seu diário quando suas emoções estão reativas e se inflamando. Você pode notar que certos padrões de interação com seu filho desencadeiam essas experiências emocionais. Por ora, apenas note-os — não tente ainda mudar sua reação, só observe.

2. Expanda suas observações e inclua reflexões sobre a possível natureza implícita de suas reações com seu filho. Reflita sobre os elementos implícitos da memória e sobre o fato de que eles não dão a sensação de serem "lembranças". Explicitar o implícito e focar a atenção nesses elementos mais automáticos do passado são partes importantes no aprofundamento de seu entendimento sobre si mesmo e de sua habilidade para se conectar com seu filho.

3. Pense em uma questão em sua vida que está prejudicando sua habilidade para se conectar flexivelmente com seu filho. Foque nos aspectos passados, presentes e futuros dessa questão.

> Alguns temas ou padrões gerais de interações passadas vêm à mente? Quais emoções implícitas e sensações físicas surgem quando essa questão passa por sua mente no presente? Você teve esses sentimentos em outras ocasiões? Há elementos de seu passado que podem contribuir para isso? Como esses temas e emoções influenciam seu senso do *self* e suas conexões com seu filho? Como eles moldam sua expectativa quanto ao futuro?

HOLOFOTE NA CIÊNCIA

CIÊNCIA E CONHECIMENTO

As pessoas têm interesse em entender o mundo desde o início dos registros da história. Com os avanços da tecnologia científica, os tipos de pergunta que as pessoas fazem e tentam responder se tornaram mais sofisticados, as ferramentas disponíveis são mais complexas e técnicas, e os domínios de exploração do conhecimento se diversificaram. Há milhares de publicações profissionais e um número enorme de subespecialidades, com dezenas de campos acadêmicos buscando ativamente entender o mundo em que vivemos.

Nesse livro, usamos uma abordagem interdisciplinar para ganhar conhecimento, conforme explorado por Dan Siegel em *A Mente em Desenvolvimento*, que se baseia na crença de que há uma "realidade" sobre o mundo, incluindo a experiência humana, que, através de estudos meticulosos, pode ser entendida em profundidade. No entanto, qualquer abordagem isolada para entender tudo isso é limitada; como na antiga fábula indiana em que homens cegos ficam tateando as partes do elefante, a experiência ou perspectiva de uma pessoa isoladamente só pode revelar uma parcela da realidade maior. Quando cada cego expôs o que captou sobre o animal, uma ideia geral do elefante inteiro começou a surgir.

Uma visão interdisciplinar visa achar a convergência entre campos independentes para que surja uma unidade de conhecimento. Em seu livro *Consiliência – A Unidade do Conhecimento*, o biólogo evolucionista E. O. Wilson escreveu que essa unidade de conhecimento não é facilmente obtida nos meios acadêmicos devido às separações entre as disciplinas científicas. No entanto, uma abordagem interdisciplinar supera essas separações e permite que a ciência progrida.

Cada disciplina de pesquisa e fonte de conhecimento tem sua própria abordagem, conceitos, vocabulário e maneiras de fazer perguntas. Uma abordagem interdisciplinar respeita igualmente todos os colaboradores, reconhecendo que a cooperação interdisciplinar é uma maneira de aprofundar a visão da realidade maior que buscamos entender. Tal abordagem requer humildade e abertura por parte de todas as disciplinas, em um esforço para saber como o elefante realmente é.

As ciências recorrem à antropologia, psicologia, neurociência, psiquiatria, linguística e educação para o estudo de comunicações e sistemas complexos. Uma instituição que adota essa abordagem colaborativa é o Mindsight Institute. Aqui, damos o treinamento e a formação a interessados nesse processo interdisciplinar, incluindo pais, educadores, clínicos e o público em geral, a fim de cultivar uma nova abordagem que promova o bem-estar de indivíduos, famílias, comunidades e organizações.

APEGO, MENTE E CÉREBRO: NEUROBIOLOGIA INTERPESSOAL

Há milênios as pessoas tentam entender a essência do ser humano. A psique humana, definida como a alma, o intelecto e a mente, é uma entidade operante e acredita-se que é um processo que, em parte, se deve à atividade do cérebro. Este, um sistema integrado ao corpo, vem sendo minuciosamente explorado nas novas descobertas da neurociência. Ela explora como os processos mentais são criados pela atividade dos neurônios disparando impulsos nervosos no cérebro.

Ao mesmo tempo, o campo independente da psicologia vem explorando questões humanas em várias dimensões, incluindo a memória, o pensamento, as emoções e o desenvolvimento. O entendimento sobre o desenvolvimento infantil se expandiu muito graças à teoria do apego. As pesquisas sobre apego ampliaram o entendimento de que a maneira com que os pais interagem com os filhos influencia o desenvolvimento posterior das crianças. Está comprovado que os relacionamentos interpessoais e os padrões de comunicação das crianças com seus cuidadores influenciam diretamente o desenvolvimento de processos mentais.

É possível aliar o conhecimento de como o cérebro desencadeia processos mentais (neurociência) com o conhecimento de como os relacionamentos moldam os processos mentais (pesquisas sobre apego). Essa convergência é a essência de nossa abordagem científica, intitulada "neurobiologia interpessoal", e propicia uma estrutura a partir da qual podemos entender a experiência cotidiana das crianças e seus pais.

A abordagem da neurobiologia interpessoal em relação ao desenvolvimento se baseia nos seguintes princípios básicos:

• A mente é um processo que envolve o fluxo e a regulação de energia e informações;

• Esse fluxo da mente ocorre no sistema nervoso e na comunicação nos relacionamentos — a mente é incorporada e entranhada em nós;

• A mente se desenvolve à medida que a maturação geneticamente programada do cérebro responde a experiências em andamento, incluindo aquelas que temos em relacionamentos sociais e nos processos reflexivos.

Embora cientistas acreditem que é o padrão de disparo das redes que dá origem à "mente" — gerando processos como atenção, emoção e memória —, não se sabe exatamente como a atividade cerebral produz a experiência mental subjetiva. Por outro lado, como a mente humana é moldada pela comunicação social, a mente pode ser considerada um processo relacional dependente do sistema nervoso, incluindo o cérebro. Uma maneira de entender a relação entre cérebro e mente é considerar a mente como um processo que envolve o fluxo de energia e informações. Por exemplo, a energia observada na mente seria a propriedade física do volume de sua voz, o estado de alerta ou sonolência neste momento, ou a intensidade de seu nível de comunicação com outra pessoa. Um neurocientista examinaria quanta energia está sendo utilizada em várias partes do cérebro, usando uma tomografia cerebral (mostrando onde várias substâncias químicas são consumidas ou onde o fluxo sanguíneo é maior, conforme determinado pelo metabolismo maior em certas regiões) ou um eletroencefalograma (revelando padrões de ondas elétricas cerebrais). O fluxo de informações na mente seria o sentido dessas palavras que você está lendo — o sentido, não a tinta na página nem o som das palavras. Conforme Mark Twain sugeriu em relação a entender bem as palavras, há uma grande diferença entre um raio e um vaga-lume. O sentido é um aspecto poderoso das informações processadas na mente. A maneira com que simbolizamos o mundo influencia diretamente como formamos a percepção da realidade. Para o cérebro, informações são criadas por padrões de descargas neuronais em vários circuitos. A localização determina o tipo de informação (visão *versus* audição); o padrão específico determina a informação específica (visualizar a torre Eiffel, não a ponte Golden Gate).

Ao nascer, os humanos estão entre os seres mais imaturos; os bebês humanos nascem com cérebros pouco desenvolvidos e, por isso, dependem dos cuidados dos adultos. O desenvolvimento da complexidade necessária no cérebro em crescimento da criança depende tanto de informações genéticas quanto de experiências. Ou seja, em razão da imaturidade do cérebro infantil, as experiências terão um papel importante na determinação das características singulares das conexões cerebrais emergentes. As experiências moldam até as estruturas cerebrais que permitirão a percepção dessas experiências a serem entendidas e lembradas.

O cuidado constante a cargo dos adultos cultiva o desenvolvimento de ferramentas mentais essenciais para a sobrevivência. Essas experiências de apego permitem que as crianças floresçam e adquiram uma capacidade altamente flexível e adaptativa para equilibrar emoções, pensamentos e conexões empáticas com os outros. A neurociência demonstra que essas capacidades mentais emanam da integração de certos circuitos no cérebro; descobertas independentes de pesquisas sobre o apego indicam quais tipos de experiências de relacionamento uma criança precisa ter para florescer e desenvolver bem esses processos mentais. Juntando as peças da mesma forma que os homens cegos que tateiam o elefante, uma abordagem da neurobiologia interpessoal sugere que relacionamentos de apego provavelmente promovem o desenvolvimento das capacidades integrativas do cérebro ao permitir a aquisição dessas habilidades emocionais, cognitivas e interpessoais.

MEMÓRIA, CÉREBRO E DESENVOLVIMENTO:
COMO AS LEMBRANÇAS MOLDAM QUEM NOS TORNAMOS

A ciência da memória é uma área empolgante, que tem produzido uma explosão de novos *insights* sobre as maneiras com que as experiências moldam a mente e o cérebro. Atualmente, sabemos que as experiências moldam o cérebro ao longo da vida por meio da alteração das conexões entre os neurônios. Para um cérebro, "experiência" significa o disparo de neurônios enquanto os íons fluem por essas longas células básicas do cérebro, no qual há mais de 3.218.688 quilômetros de fibras neuronais. Cada um dos 100 bilhões de neurônios do cérebro é conectado em média a outros 10.000 neurônios. Isso perfaz uma rede incrivelmente complexa de trilhões de sinapses, ou conexões neuronais, no cérebro. Alguns calculam que o número de padrões de disparo no cérebro — possíveis perfis ligados/desligados da ativação cerebral total — seja dez vezes dez um milhão de vezes, ou dez à milionésima potência. Acredita-se que o cérebro humano é a coisa mais complexa no universo artificial ou natural.

A ciência demonstrou que a memória atua por meio de mudanças nas conexões entre neurônios. Quando os neurônios ficam ativos ao mesmo tempo, ocorrem encadeamentos associacionais, de maneira que se um cachorro lhe morde quando você está ouvindo fogos de artifício, sua mente pode passar a associar cachorros e fogos de artifício a dor e medo. Segundo o axioma criado há meio século pelo médico e psicólogo canadense Donald Hebb, esses encadeamentos são feitos porque os "neurônios que disparam juntos reforçam suas conexões". O psiquiatra e neurocientista Eric Kandel ganhou o prêmio Nobel por demonstrar que quando neurônios disparam (são ativados) constantemente, o material genético dentro desses núcleos de neurônios se torna "ligado", de maneira que novas proteínas são sintetizadas, o que permite a criação de novas conexões sinápticas neuronais. O disparo neural (experiência) liga o maquinário genético que permite que o cérebro mude suas conexões internas (memória).

O desenvolvimento do cérebro também se dá quando os neurônios crescem e criam novas interconexões, e é por isso que a ciência diz que a memória e o desenvolvimento são processos sobrepostos: a experiência molda a estrutura em desenvolvimento do cérebro. Os genes determinam muito como os neurônios se interligam, mas igualmente importante é que a experiência ativa os genes para influenciar esse processo de encadeamento. É infrutífero contrapor esses processos interdependentes em debates simplistas, como experiência *versus* biologia ou natureza *versus* ambiente e cultura. O fato é que a experiência molda a estrutura cerebral. Experiência é biologia. A maneira de tratarmos nossos filhos muda quem eles são e como se desenvolvem. O cérebro precisa do envolvimento parental. A natureza precisa da educação, do ambiente e da cultura. O cérebro geralmente toma conta do desenvolvimento dos alicerces básicos para o desenvolvimento normal — nós só precisamos propiciar as experiências interativas e reflexivas necessárias para o cérebro social infantil em crescimento, não um excesso de bombardeio sensorial ou de estímulos físicos. Pais são os escultores ativos dos cérebros em crescimento dos filhos. O cérebro imaturo da criança é tão sensível à experiência social que pais adotivos também deveriam ser chamados de pais biológicos, pois as experiências em família que eles criam moldam a estrutura biológica dos cérebros dos filhos. Ser pai ou mãe biológico é apenas uma maneira de moldar biologicamente as vidas dos filhos.

EXPERIÊNCIA E O DESENVOLVIMENTO DA MEMÓRIA E DO *SELF*

É por meio da memória que a experiência molda conexões neuronais, de modo que os padrões presentes e futuros de descarga neuronal no cérebro sejam alterados de certas maneiras. Se você nunca ouviu falar da ponte Golden Gate, ler essas palavras lhe causará uma reação diferente daquela de alguém que mora em San Francisco e pode visualizar facilmente a ponte e ter sensações, emoções e outras associações relacionadas à ponte. As duas formas principais de memória, implícita e explícita são muito diferentes. Como a criança pequena tem o conjunto de circuitos neurais disponível em uma forma ainda incompleta, porém já funcional, de memória implícita (modalidades emocional, comportamental, perceptiva e corporal), esse tipo de memória é disponível desde o nascimento ou provavelmente até antes. A memória implícita também inclui a maneira através do qual o cérebro cria resumos de experiências em forma de modelos mentais.

A memória explícita utiliza mecanismos codificadores de memória implícita básica, mas também processa essa informação por meio de uma região integrativa chamada hipocampo e é dependente da maturação dessa região do cérebro, após um ano e meio de vida. Até então, a memória explícita não está totalmente disponível. Com o desenvolvimento do hipocampo, a mente consegue fazer conexões entre os elementos díspares da memória implícita e criar um mapeamento contextual das representações neurais integradas da experiência. Essa é a base fundamental das formas factuais e depois autobiográficas da memória explícita. Portanto, o hipocampo faz um "mapeamento cognitivo", criando encadeamentos associacionais de representações ao longo do tempo e de modalidades de percepção (visão, audição, tato) e de concepção (ideias, noções, teorias).

No segundo aniversário, o desenvolvimento das regiões pré-frontais do cérebro já permite que um senso do *self* e do tempo comece a se desenvolver, sinalizando o início da memória autobiográfica. Antes desse progresso desenvolvimental, a criança está na primeira fase da "amnésia infantil", na qual a memória implícita está presente, mas a memória autobiográfica explícita ainda está indisponível. Mesmo após o início de formas autobiográficas de memória explícita, as crianças ainda têm dificuldade de relembrar explicitamente de maneira contínua o que aconteceu em suas vidas antes dos cinco anos de idade.

Ninguém sabe ainda por que isso acontece. Uma possibilidade é que a maneira de consolidar lembranças e de integrar o conjunto vasto de coisas no armazenamento da memória só amadureça na maioria das pessoas durante os anos da escola primária. A memória explícita sai do armazenamento inicial na memória de curto prazo e depois de longo prazo com a atividade do hipocampo. No decorrer do tempo, essas lembranças de longo prazo se tornam permanentes mediante um processo chamado consolidação cortical. Um aspecto da consolidação da memória é que precisamos da fase do Movimento Rápido dos Olhos (REM) no sono, para que a memória saia do armazenamento de longo prazo para uma forma permanente, onde ela se liberta do importante hipocampo para recuperação. A fase REM do sono é quando sonhamos. Talvez sonhar, ação que envolve a integração de emoção e memória e o processamento nos hemisférios direito e esquerdo, requeira certos circuitos integrativos que ainda não amadureceram o suficiente na criança na fase pré-escolar para facilitar posteriormente o acesso a lembranças explícitas e autobiográficas. Crianças na fase pré-escolar de fato sonham e se recordam de lembranças explícitas de experiências vividas, mas o processo de consolidação pode estar imaturo nessa idade e não permitir que essas lembranças autobiográficas de longo prazo assumam um caráter permanente. Se a imaturidade da consolidação cortical for o fator limitante, é possível entender porque a maioria das pessoas além dos anos pré-escolares tem dificuldade para acessar constantemente períodos anteriores de suas vidas.

Crianças pequenas processam suas experiências vividas também pela fabulação. Ao criar cenários de experiências vividas e imaginadas, conseguem praticar novas habilidades e assimilar os complexos entendimentos emocionais dos mundos sociais nos quais vivem. Criar histórias por meio de brincadeiras, e, presumivelmente, por meio de sonhos, talvez sejam meios para a mente tentar "dar sentido" a nossas experiências e consolidar esse entendimento em um quadro de nós mesmos no mundo.

Após os anos pré-escolares, a maturação do corpo caloso e das regiões pré-frontais pode permitir um processo de consolidação que dê sentido ao *self* ao longo do tempo e crie o arcabouço de autoconhecimento que chamamos de "memória autobiográfica". Essa maturação neurobiológica pode explicar o atraso no início de um acesso contínuo a lembranças autobiográficas durante esse período do desenvolvimento. Com a consolidação, possivelmente criamos o senso autobiográfico do *self* — algo que é moldado pela experiência e continua se desenvolvendo ao longo da vida.

Experiências estressantes podem impactar a memória de maneira diferente da dos acontecimentos não traumáticos. Um trauma irresolvido pode bloquear o processamento normal da memória ao interferir na progressão normal da codificação e armazenamento da memória. Por exemplo, uma experiência acabrunhante pode bloquear a codificação, inibindo o processamento de um *input* no hipocampo e permitindo o processamento implícito, mas bloqueando o processamento explícito. Isso pode ocorrer em virtude de uma descarga excessiva de neurotransmissores, ou do hormônio do estresse durante o acontecimento apavorante que bloqueia os mecanismos codificadores do hipocampo. Outro mecanismo para o bloqueio inclui a divisão da atenção, quando a consciência fica focada em um aspecto não traumatizante do ambiente durante a experiência. Essa situação também permitiria a codificação implícita enquanto o hipocampo é bloqueado, o qual precisa da atenção consciente para a codificação explícita. Qualquer dos mecanismos resultaria em traços da memória apenas implícita que, quando recuperados, inundariam a mente da pessoa sem que ela tivesse noção de que qualquer forma de memória estava sendo lembrada. Além disso, lembranças implícitas não têm os encadeamentos associacionais forjados pelo hipocampo, o que as situaria em um contexto de entendimento. Lembranças implícitas sem processamento explícito podem ser a fonte de *flashbacks* no caso extremo; de forma mais comum, isso dá origem a modelos mentais implícitos rígidos que bloqueiam a habilidade parental para se manter flexível e sintonizado com uma criança.

PARA SABER MAIS

HOWE, M. L.; CICCHETTI, D.; TOTH, S.L. Children's Basic Memory Processes, Stress, and Maltreatment. *Development and Psychopathology*. v. 18, n. 3, p. 759-769, 2006.

KANDEL, E. R. Psychiatry, Pshychoanalysis, and the New Biology of Mind. *Arlington.*: American Psychiatric Publishing, 2005.

LEDOUX, J. Rethinking the Emotional Brain. Neuron, v. 73, n. 4, p. 653-676, 2012.

SIEGEL, D. J. Memory: An Overview with Emphasis on the Developmental, Interpersonal, and Neurobiological Aspects. *Journal of the American Academy of Child and Adolescent Psychiatry.* v.40, p. 997-1011, 2001.

———. *Mindsight:* The New Science of Personal Transformation. Nova York: Bantam, 2010.

———. *A Mente em Desenvolvimento:* Para Uma Neurobiologia da Experiência Interpessoal. São Paulo: Instituto Piaget do Brasil, 2004, Capítulos 1 e 2.

———. *Norton Series on Interpersonal Neurobiology.* Uma série de mais de 30 livros publicada pela Norton Professional Books e de vários autores, incluindo Louis Cozolino (sobre psicoterapia), Allan Schore (sobre regulação dos afetos), Daniel Stern (sobre o momento atual), Onno van der Hart (sobre dissociação), Connie Lillas (sobre infância), Diana Fosha e Marion Solomon (sobre emoção), Stephen Porges (sobre estresse e envolvimento social), Pat Ogden (sobre corpo e trauma), Jaak Panksepp (sobre neurociência afetiva) e Ed Tronick (sobre relacionamentos no início da vida). Esses livros para profissionais exploram em profundidade as aplicações práticas dessa nova abordagem interdisciplinar e sua aplicação ao processo de entender o desenvolvimento humano e ajudar os indivíduos a amadurecerem.

WILSON, E. O. *Consiliência* – A Unidade do Conhecimento. São Paulo: Editora Campus, 1999.

2
COMO PERCEBEMOS A REALIDADE: CONSTRUINDO NOSSAS HISTÓRIAS DE VIDA

INTRODUÇÃO

Histórias servem para dar sentido aos acontecimentos em nossas vidas. Individual ou coletivamente, contamos histórias para entender o que aconteceu conosco e criar significado para essas experiências. A contação de histórias é fundamental para todas as culturas humanas, e nossas histórias partilhadas criam uma conexão com os outros que forma um senso de pertencimento a uma certa comunidade. As histórias de uma determinada cultura moldam como seus membros percebem o mundo. Dessa maneira, histórias são criadas por nós e moldam quem somos, sendo essenciais para a experiência humana individual e coletiva.

Todos temos histórias individuais, as narrativas de experiências pessoais com as quais aprofundamos o autoconhecimento e desenvolvemos um entendimento maior sobre nós mesmos e sobre os relacionamentos com os outros. Narrativas autobiográficas tentam dar sentido às nossas vidas — tanto aos fatos que aconteceram conosco quanto às experiências internas que criam a rica textura do senso subjetivo de cada indivíduo em relação à vida. Ao aprofundar o autoconhecimento, explorando os eventos e processos mentais de nossas vidas, as histórias autobiográficas crescem e evoluem.

As crianças tentam entender e dar sentido às suas experiências. Contar a seus filhos a história de uma experiência pode ajudá-los a integrar os fatos e o conteúdo emocional daquele acontecimento. Essa interação com você pode ajudá-los a entender o sentido do que aconteceu com eles e dotá-los das ferramentas empíricas para se tornarem pessoas reflexivas e com bom discernimento. Sem a compreensão emocional de um adulto carinhoso, uma criança pode sentir angústia e até vergonha.

Annika tinha três anos e só falava finlandês quando entrou na escola maternal de Mary. Sua família iria morar dois anos nos Estados Unidos, pois seu pai era palestrante visitante na UCLA. Durante a fase inicial na escola, a mãe permaneceu junto à filha até a menina ficar à vontade com o ambiente e os professores. Ela era uma criança muito meiga e extrovertida que adorava brincar com as outras crianças, e a barreira idiomática quase não a atrapalhava na fruição das atividades e interações.

Após várias semanas nas quais a mãe de Annika não precisava mais ficar com ela na escola, houve um incidente que enfatizou o quanto uma história pode ser importante para ajudar uma criança a processar a angústia. Annika brincou durante a manhã inteira até que caiu e esfolou um joelho. Como a maioria das crianças quando se machuca, chorou querendo a presença da mãe. Ela não aceitava o consolo da professora e continuava muito aflita. A professora pediu à auxiliar do escritório que tentasse achar a mãe de Annika pelo telefone e continuou tentando acalmar a menina. Geralmente, recontar a história, incluindo o conteúdo e as emoções do acontecimento, ajuda muito uma criança a entender as experiências e se sentir confortada por um adulto que demonstra empatia. Como a professora não falava finlandês e Annika não dominava bem o inglês, adiantou pouco contar a história. A professora então pegou rapidamente alguns brinquedos e começou a recontar a história com o uso de várias bonecas e um telefone de brinquedo. Uma boneca pequena representava Annika e foi usada pela professora para reencenar a experiência da menina. A contação de uma história envolve a narração de uma série de eventos e as experiências das personagens envolvidas. Primeiro, a boneca representando Annika estava brincando, então levou um tombo. A professora fez sons de choro para simbolizar Annika chorando. Annika parou de chorar e ficou atenta à continuação da história. A "boneca professora" falava gentilmente com a "boneca Annika", então a menina começou a soluçar novamente. Quando a "boneca professora" pegou o telefone de brinquedo para ligar para a "boneca mama", Annika parou de chorar, observou e escutou.

Usando as bonecas, a professora encenou várias vezes a história do joelho esfolado e a ligação telefônica pedindo para a mãe vir à escola buscar Annika. Então a menina entendeu "mama" e o próprio nome e, com a repetição da história e os adereços visuais, começou a entender o que havia acontecido e o que ia acontecer. Cada vez que a história era recontada, a aflição de Annika diminuía. Pouco tempo depois, ela saiu do colo da professora e voltou a brincar toda feliz, aparentemente com a certeza de que sua mama viria buscá-la. Quando a mãe chegou, Annika levou as bonecas e o telefone para a professora, pois queria ouvir a história novamente e partilhar com a mãe a experiência da angústia com o joelho esfolado.

Contar a história confortou Annika e possibilitou que compreendesse o que aconteceu e previsse a chegada da mãe em breve. Adultos geralmente contam histórias com palavras. No entanto, crianças, mesmo aquelas que entendem o idioma falado, beneficiam-se muito com o uso de bonecas, marionetes e desenhos para entender suas experiências. Quando as crianças entendem o que aconteceu e o que pode acontecer com elas, sua angústia normalmente diminui muito.

Possivelmente existem experiências de sua infância que você não entendeu na época, pois não havia um adulto carinhoso para ajudá-lo a compreendê-las. Desde o início da vida, a mente da criança tenta entender o sentido do mundo e regular seu estado emocional por meio do relacionamento com os pais. Os pais ajudam as crianças a regularem seus estados internos e a enxergar o sentido das experiências. Conforme crescem, as crianças desenvolvem a capacidade de criar uma narrativa autobiográfica com base nessas experiências. A habilidade de contar histórias reflete como a criança passou a dar sentido ao mundo e a regular seus estados emocionais.

A maneira de contar nossas histórias de vida revela como passamos a entender o que aconteceu conosco. Qual é a sensação quando você fala sobre os eventos de sua vida? Você acha que descreve suas experiências mantendo uma distância emocional ou as revive emocionalmente? Certas questões parecem emocionalmente intensas e irresolvidas, embora tenham acontecido há muito tempo? Você recorda muitos detalhes do passado? Quais sentimentos surgem quando você narra suas experiências pregressas?

Nossas histórias de vida dão pistas sobre como o presente é moldado pelo passado. A maneira de contá-las e a ênfase dada a diversos aspectos de nossas experiências podem revelar como passamos a entender o mundo e a nós mesmos. Por exemplo, você pode pensar nos eventos de sua família sem focar muito na natureza dos relacionamentos entre todos os membros. Algumas famílias se relacionam mais friamente e raramente partilham as emoções, então cada indivíduo tem uma vida emocional autônoma. Nesses casos, os pais e as crianças podem ter dificuldade para construir uma história autobiográfica interessante, já que é difícil recuperar os detalhes e, às vezes, não há emoções. Nessas famílias marcadas pela distância emocional, a comunicação gira mais em torno de eventos externos do que sobre a vida mental de todos os seus membros. A capacidade importante de ter *mindsight*, ou seja, a habilidade de perceber a própria mente e as dos outros, parece mínima nos pais e nas crianças. Histórias são uma tentativa da nossa mente de dar sentido aos nossos ricos mundos interiores e aos dos outros.

MANEIRAS DE SABER

Em parte derivada das atividades do cérebro, a mente tem diferentes modos de processamento. Em nível básico, há os sistemas propiciados pelos cinco sentidos (visão, audição, tato, paladar e olfato). Em outro nível, há várias formas de "inteligência", incluindo linguística, espacial, sinestésica, musical, matemática, intrapessoal e interpessoal. A mente é complexa e se revela em uma miríade de maneiras extraordinárias de perceber e interagir com o mundo. A forma como percebemos influencia diretamente a maneira que nos comportamos. Da mesma forma que um organismo com vias de entrada e saída, o cérebro humano capta dados do mundo, processa-os internamente (cognição) e, então, cria uma reação específica. *Input* – processamento interno – *output*. Essa é a descrição mais básica do papel do cérebro e do sistema nervoso em geral.

O lado esquerdo do cérebro difere do direito em termos de processamento interno dos dados que entram. Os lados direito e esquerdo do cérebro evoluíram ao longo de milhões de anos a partir dos sistemas nervosos assimétricos dos animais mais primitivos e são muito distintos entre si. Os dois lados fisicamente separados do cérebro se conectam por meio de tiras de tecido neural chamadas corpo caloso. Essa separação permite que cada lado do cérebro funcione de modo independente e execute formas bem distintas de processamento. Com a circulação de informações neurais entre os dois hemisférios, há uma forma integrada de processamento que permite que o cérebro atinja níveis mais altos de funcionamento. Cada lado do cérebro percebe de maneira única e processa informações de maneira diferente. A vantagem dessas diferenças é ter mais funções advindas de um único cérebro quando suas partes são especializadas em seu funcionamento. Quando cada lado diferenciado pode contribuir para um todo integrado, somos capazes de obter mais do que os lados individuais obteriam isoladamente.

Se ambos os lados do cérebro fossem iguais, nós seríamos menos complexos e adaptativos.

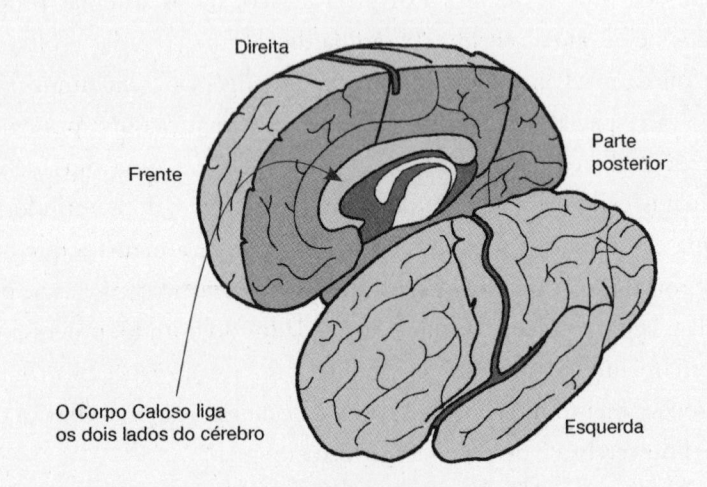

FIGURA 2. Visão lateral do cérebro dividido

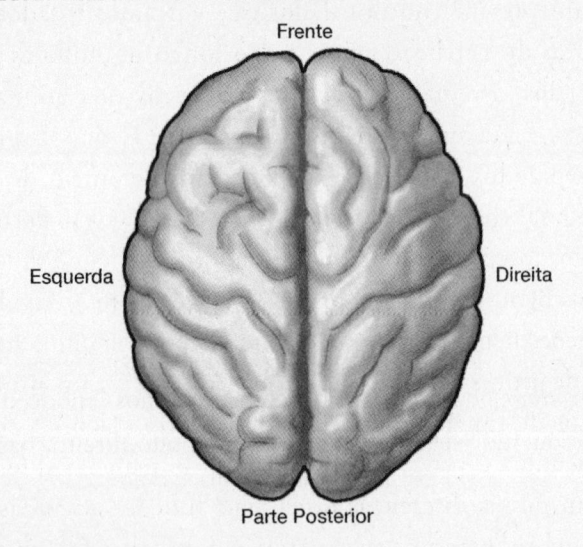

FIGURA 3. Visão superior do cérebro

TABELA II. MODOS DIREITO E ESQUERDO DE PROCESSAMENTO

PROCESSAMENTO NO MODO DIREITO

Não linear
Holístico
Contextual
Especializado em
  Informações autobiográficas
  Envio e percepção de sinais não verbais
  Emoções cruas e espontâneas
  Consciência, regulação e mapa integrado do corpo
  Cognição social e *mindsight* — entender os outros
Pode haver predominância do hemisfério direito do cérebro no processamento

PROCESSAMENTO NO MODO ESQUERDO

Linear
Lógico
Linguístico
Especializado em
  Raciocínio silogístico — procura padrões de causa e efeito
  Análise linguística — uso de palavras para definir o mundo
  Pensamento sobre "certo *versus* errado"
Pode haver predominância do hemisfério esquerdo do cérebro no processamento

Esses dois aspectos distintos de percepção–processamento interno – *output* pode ser referido com os termos "modo direito" e "modo esquerdo" de processamento. O modo direito, basicamente criado pela atividade do hemisfério direito do cérebro, tem uma maneira não linear e holística de processar informações. Esse modo é especializado em captar e processar informações contextuais e espaciais. Dados autobiográficos, o processamento e envio de sinais não verbais, um senso integrado do corpo, modelos mentais do *self*, emoções espontâneas e entendimento social são predominantemente processados no lado direito.

Em contraste, o modo esquerdo de processamento, que ocorre basicamente no lado esquerdo do cérebro, envolve algo bem diferente: o processamento linear, lógico e baseado em linguagem. "Linear" significa que um dado segue o outro em uma linha. "Lógico" significa a busca por relações de causa e efeito como padrões no mundo. O processamento baseado em linguagem utiliza as partículas digitais (sim/não, ligado/desligado) de informações contidas nas palavras, como estas que você está lendo agora.

NARRATIVAS E A MESCLA DOS MODOS ESQUERDO E DIREITO

O livro *A Mente em Desenvolvimento* propõe que narrativas que dão sentido à vida advêm de uma mescla da pulsão do modo esquerdo para explicar e do armazenamento de informações autobiográficas, sociais e emocionais no modo direito. Uma narrativa coerente, que dá sentido a experiências de vida, pode emergir a partir de uma mescla flexível dos modos esquerdo e direito de processamento. Quando a pulsão do modo esquerdo e o processamento não verbal e autobiográfico no modo direito estão livremente integrados, surge uma narrativa coerente.

É importante que os pais enxerguem o sentido de sua vida, pois isso reforça a habilidade de terem conexões emocionais fortes e flexíveis com seus filhos. Ter um senso coerente da própria história de vida permite oferecer os tipos de experiência que ajudam as crianças a entenderem suas vidas. Para entender melhor o sentido de sua vida, vale a pena aprender sobre os modos esquerdo e direito de processamento. Todos nós temos a habilidade de nos distanciarmos das sensações amorfas, incontroláveis e imprevisíveis de nossas experiências emocionais primitivas. Tal distanciamento se trata de um processamento predominante no modo esquerdo que, nesses momentos, está ignorando o *input* do lado direito do cérebro.

Em contraste, há ocasiões em que ficamos cientes de estarmos tomados por sensações que não reconhecemos e nem entendemos logicamente. Pode haver imagens no centro da mente, sensações físicas ou noções que flutuam dentro e fora de nossa consciência. Podemos perder a noção do tempo e sentir uma conexão estreita com o que estamos percebendo, sem nos importarmos muito com as relações de causa e efeito do mundo ao redor. Podemos ficar imersos nos aspectos corporais, emocionais e perceptivos de uma experiência, sendo que todos eles são aspectos do processamento no modo direito.

Quando tentamos tecer uma história sobre nossas vidas com o processamento no modo esquerdo, usamos sua abordagem linear, lógica e baseada em linguagem para entender as relações de causa e efeito. Para contar tal narrativa linear sobre o *self* usando o processamento no modo esquerdo, é preciso extrair informações do modo direito de processamento. Se essas informações não estiverem prontamente disponíveis ou não fluírem como uma onda, seremos incapazes de contar uma história coerente. Questões irresolvidas podem criar essa incoerência. Nesse caso, a história será incoerente por não ter riqueza emocional e autobiográfica ou por não dar sentido a essas contribuições do modo direito. Histórias que dão sentido a nossas vidas necessitam de clareza no que se refere ao pensamento e acesso aos aspectos emocionais e autobiográficos, igualmente importantes em qualquer experiência.

Por exemplo, uma mulher na faixa dos 30 anos, cujo pai morreu quando ela era adolescente, nunca processou bem essa perda. Quando falava sobre sua adolescência, repentinamente ficava extremamente emotiva e era incapaz de continuar contando sua história de vida. Sua última experiência com o pai fora muito tensa, pois ambos discutiram por ele não aprovar o namorado dela e logo após houve o infarto fatal. Somente conseguindo lidar sinceramente com sua culpa, ela poderia sofrer abertamente pela morte dele e integrar essa perda em uma narrativa coerente de sua vida.

Enquanto você continua o processo de autorreflexão, tente reparar como funcionam os modos bastantes distintos de experiência subjetiva. Mesclar esses dois modos talvez seja essencial para a criação de uma coerência mental integrada, e para contar uma história coerente de vida.

COERÊNCIA E INTEGRAÇÃO

Nosso relacionamento entre pais e filhos é fundamentado no compartilhamento de muitas experiências, que desatam em uma ampla variedade de processos internos e parecem promover interações interpessoais bem equilibradas. Quando processos separados e "diferenciados" são reunidos em um todo funcional, o termo apropriado é "integração". Vejamos como o cérebro pode se tornar integrado. Quando o processamento mais complexo, reflexivo e conceitual do córtex cerebral anatomicamente mais elevado é combinado com as pulsões emocionais e motivacionais mais básicas das regiões mais profundas do cérebro, conseguimos responder a partir de um estado integrado, um modo mais elevado e verticalmente integrado de processamento. Quando as funções reflexivas do córtex estão desligadas, nós nos tornamos inflexíveis, pois entramos no "modo mais baixo" e desintegrado de resposta.

Na integração horizontal ambos os lados do cérebro atuam juntos. Essa integração bilateral pode estar no cerne de como criamos as narrativas coerentes que surgem quando sabemos o sentido de nossas vidas. As narrativas coerentes são o melhor indicador de uma criança ter apego seguro por nós, pois esse processo integrativo bilateral pode estar no cerne da habilidade parental para proporcionar a ela um ambiente acolhedor e uma base segura.

A criação de nossas histórias de vida pode depender ainda da integração temporal, que conecta processos ao longo do tempo. Fundamentalmente, as histórias conectam o *self* no passado, no presente e no futuro imaginado. Essa viagem no tempo mental é a característica central das histórias presentes pelo mundo. Relacionamentos saudáveis, e talvez o senso interno de coerência e bem-estar, podem depender de um processo mental integrativo, fluido e ativo. O bem-estar mental pode depender de várias maneiras das camadas de integração que aprofundam o senso de conexão consigo mesmo e com os outros. Promover a integração entre esses diversos domínios faz o autoconhecimento e os relacionamentos interpessoais florescerem e enriquecerem nossas vidas e as de nossos filhos.

Histórias partilhadas entre mentes humanas são uma maneira universal de as pessoas se vincularem. Histórias viabilizam a integração interpessoal. Quando pensamos em pessoas importantes em nossas vidas, frequentemente nos lembramos de momentos de conexão que são expressados nas histórias pessoais que nutrimos sobre nossos relacionamentos. Em casamentos, formaturas, reuniões e enterros, histórias pairam no ar enquanto as pessoas se conectam refletindo sobre o poder da experiência partilhada e prestam testemunho à passagem do tempo.

Enquanto reflete sobre a própria história de vida, você pode aprofundar seu autoconhecimento, integrar suas emoções ao cotidiano e ter respeito por essa forma valiosa de saber. À medida que sua mente muda com a autorreflexão, suas experiências com seu filho também mudam. As experiências moldam a mente e vice-versa. O crescimento pessoal e o autoconhecimento profundo advindos de desenvolver suas histórias de vida podem enriquecer sua capacidade para a *mindsight* e aumentar sua sensibilidade com seu filho.

EXERCÍCIOS DE DENTRO PARA FORA

1. Como um exercício para aumentar sua consciência sobre os diferentes modos de processamento, dê uma olhada na Tabela II na página 59, e escreva ou desenhe em seu diário exemplos de sua experiência com cada um dos elementos de

cada modo. Conforme seu autoconhecimento é aprofundado, você aguça sua sensibilidade aos modos direito e esquerdo de processamento. Preste bastante atenção nas sensações não verbais, ilógicas e, muitas vezes, imprevisíveis do modo direito em você mesmo e em seu filho.

2. Escrever palavras em um diário pode puxar muito pelo modo esquerdo, então apoie e respeite as imagens de seu modo direito não verbal de processamento quando refletir sobre suas experiências. A consciência do modo direito, diversas vezes, é mais sutil do que os pensamentos baseados em linguagem podem expressar adequadamente! Com essas ideias em mente, note as imagens e lembranças que surgem ao tentar contar uma parte da história e dar sentido a uma determinada questão afetando sua conexão com seu filho. Escreva sobre quando começou, como moldou seu desenvolvimento e como afeta o relacionamento atual com seu filho. Que aspectos dessa questão são mais desafiadores para você? Imagine resolver uma questão incômoda pendente. Escreva uma nova história sobre como seria essa cura. Como as coisas seriam diferentes agora e no futuro?

3. Pense em três palavras que descrevem seu relacionamento com seu filho. Essas palavras se parecem com aquelas que você usaria para descrever lembranças de suas experiências na infância com seus pais? Como elas diferem? Essas palavras resumem acuradamente esses relacionamentos? Há partes de suas lembranças desses relacionamentos importantes que não se encaixam bem nessas generalizações? Como essas exceções se encaixam na sua história mais ampla de vida com seus pais e com seu filho?

HOLOFOTE NA CIÊNCIA

A CIÊNCIA DAS HISTÓRIAS

A ciência das histórias abrange uma ampla variedade de disciplinas acadêmicas, incluindo antropologia, o estudo da cultura, psicologia e o estudo de como as pessoas inter-relacionam o conteúdo de suas lembranças. Nossas experiências em família moldam como passamos a perceber o mundo ao nosso redor. A cultura mais ampla na qual vivemos também tem efeitos profundos sobre as maneiras com que nossas mentes passam a processar informações, e a criar sentido para nossas vidas. Descobertas recentes da neurociência também podem contribuir para o entendimento dos papéis importantes das histórias para as vidas humanas.

Essas ciências nos dizem algumas coisas:

• Histórias são universais — estão presentes em todas as culturas humanas no planeta;

• Há histórias em todo o arco da vida humana — elas estão presentes nas interações entre adultos e crianças desde o início da vida e continuam influindo nos relacionamentos na maturidade;

• Histórias aparentemente são uma exclusividade humana — ao que se sabe, nenhum outro animal tem o instinto narrativo e a pulsão pela contação de histórias;

• Histórias envolvem o sequenciamento lógico de eventos, mas também têm papel influente na regulação de emoções; ou seja, histórias são um bom exemplo de como a emoção e o pensamento analítico são interligados;

• Histórias desempenham um papel na comunicação cotidiana, assim como no senso interno do *self*. Essa mescla do interpessoal com o pessoal, tão típica da mente humana, revela o quanto somos criaturas sociais;

- Histórias podem ter um papel vital em processos da memória — uma proposta oriunda do estudo da memória explícita e seu eventual processamento por meio de sonhos até a memória permanente, ou "corticalmente consolidada";

- Histórias são correlacionadas com a função cerebral. O hemisfério esquerdo tem a pulsão de fazer suposições sobre a conexão lógica entre partículas e trechos de informações, ao passo que o hemisfério direito fornece o contexto emocional e os dados autobiográficos necessários para que uma história pessoal de vida faça sentido.

MODELOS MENTAIS: COMO NOSSAS EXPERIÊNCIAS MOLDAM COMO VEMOS, NOS COMPORTAMOS E CRIAMOS NOSSA REALIDADE

A ciência mostrou que o cérebro, inclusive de bebês, é capaz de fazer generalizações, ou modelos mentais, a partir de experiências frequentes. Tais modelos mentais são parte da memória implícita e possivelmente criados nos padrões de disparo neuronal nos cinco sentidos (visão, audição, tato, paladar e olfato), que se acumulam em interações frequentes. O modelo gerado no cérebro é uma espécie de visão, perspectiva ou estado de espírito que influenciará diretamente como iremos perceber e reagir no futuro. Lembranças implícitas, e especialmente os modelos mentais das diversas formas de experiências vividas, provavelmente criam os temas das histórias que contamos e organizam como tomamos decisões na vida.

Modelos mentais são uma espécie de funil onde as informações são filtradas, ou como lentes que nos ajudam a prever o futuro e, portanto, preparar a mente para agir. Sem que suspeitemos de sua existência, essas lentes fora de nossa consciência plena enviesam nossas percepções. Elas são formadas por experiências passadas e ativadas de maneiras específicas, que funcionam rapidamente para moldar nossa visão da realidade, crenças, atitudes e como nos envolvemos com o mundo ao redor.

Por exemplo, se um gato o mordeu quando você era pequeno, encontrar gatos posteriormente na vida pode suscitar uma mudança rápida em seu estado de espírito, a criação instantânea de um estado de medo: vigilância em relação ao felino cruzando seu caminho, foco intenso nos dentes dele, uma sensação de pânico e aprontar-se para reagir rapidamente se o gato vier em sua direção. Essas mudanças em sua percepção, seu estado emocional interno e a ativação das reações de sobrevivência (lutar-fugir-congelar-desmaiar) são automáticas. Elas são moldadas pela habilidade do cérebro de criar rapidamente, sem atenção consciente ou planejamento, um estado de espírito organizado que molda sua percepção e prepara seu corpo para entrar em ação. Basicamente, é assim que os modelos mentais afunilam e filtram informações que estão entrando e criam uma mudança rápida em seu estado de espírito.

Modelos mentais e os estados que eles iniciam são parte fundamental da memória implícita. Como tal, não temos um senso consciente de suas origens, mas podemos ficar muito cientes de seus efeitos (ver um gato e sentir medo). Questões do passado podem nos influenciar no presente e alterar como nos comportaremos no futuro, moldando diretamente nossa percepção do que está acontecendo à nossa volta e dentro de nós. As sombras que modelos mentais implícitos lançam sobre nossas decisões e as histórias que contamos sobre nossa vida poderão ser explicitadas por meio da autorreflexão focada. Esse processo consciente pode aprofundar o autoconhecimento e ser um meio para alterar modelos mentais e abrir a porta para o desenvolvimento constante ao longo da vida. O autoconhecimento, que pode nos libertar dessas sombras aprisionantes do passado, requer nossa reflexão sobre como esses padrões de viés perceptivo e impulsos comportamentais podem ser uma parte fundamental de modelos mentais entranhados e estados de espírito inflexíveis. Reservar tempo para refletir abre a porta para a consciência plena, a qual vislumbra a possibilidade de mudança.

Estudos sobre a codificação da memória sugerem que a maneira de perceber é moldada pelo que a pessoa vivencia; e que a percepção molda como processamos o que vivenciamos. Conforme passamos a nos entender, o conhecimento explícito e a memória implícita podem moldar nossa visão de quem somos e organizar nossas interações com o mundo. Endel Tulving e seus colegas em Toronto descreveram o processo de consciência autonoética, ou autonoese, que emerge de conjuntos de circuitos neurais integrativos das regiões pré-frontais do cérebro. O exame dos próprios pensamentos é realizado pela ligação dos vários elementos da memória armazenados pelo cérebro, uma mescla de situações contrafactuais, elementos do passado, percepções atuais e expectativas quanto ao futuro.

O circuito de *feedback* interativo de experiências que realmente molda como percebemos e passamos a prever o futuro dentro de modelos mentais do mundo significa que somos modeladores ativos da nossa construção da realidade, embora a experiência molde ao mesmo tempo como passamos a construir nossas visões dessa realidade. Experiências que integram as experiências corporais com aquelas que temos nos relacionamentos com outras pessoas que importam podem ser um bloco básico de construção do *self* em desenvolvimento. Paul John Eakin descreve a experiência de Helen Keller (1880-1968), que era cega e surda, como exemplar no sentido de como as pessoas narram suas histórias de vida e ilustrativa desse encadeamento desenvolvimental (EAKIN, 1999, p. 66-67). Para ele, a autobiografia de Helen Keller foi um "relato raro e possivelmente único do surgimento da individualidade que ocorre no momento em que a linguagem é adquirida. Embora Keller dominasse previamente um pequeno vocabulário de palavras soletradas em sua mão por sua professora, Anne Sullivan, foi somente quando esta colocou uma mão da garota na água fria tirada de um poço e soletrou na outra mão a palavra 'água' que Keller obteve simultaneamente um senso da linguagem e do *self*. Foi realmente uma espécie de batismo intelectual e espiritual: 'Então eu soube que "á-g-u-a" significava aquela coisa fresca e maravilhosa que estava escorrendo em minha mão. Aquela palavra viva despertou minha alma'. Eu resumi esquematicamente o resultado final desse episódio da seguinte maneira: basicamente, essa análise do episódio com Keller se enquadra na perspectiva construtivista social sobre formação da identidade. Meu relato que congela um quadro esquemático (*self*/linguagem/outro) reflete o fato de que uma passagem inteira da história desenvolvimental, que normalmente requer muitos meses, é comprimida, no caso de Keller, no espaço de um momento revelado. Keller enfatiza tanto a dimensão relacional do episódio (o papel decisivo da 'professora') quanto o aterramento da experiência inteira em seu corpo".

As regiões pré-frontais do cérebro, especialmente o córtex orbitofrontal, são cruciais para mediar a comunicação interpessoal, as representações do corpo e a consciência autobiográfica. A abertura para o crescimento do córtex pré-frontal ao longo da vida ajuda a entender como aprofundar o autoconhecimento pode alterar a convivência com os outros e consigo mesmos. Já que nos desenvolvemos ao longo da vida, pode ser que as experiências com os outros e com nossos corpos formem a base para o senso emergente do *self* que aumenta constantemente.

Reservar tempo para refletir sobre as experiências internas e interpessoais nos permite crescer por meio do autoconhecimento e consciência mais profundos. Um autoconhecimento mais profundo também é formado com uma autonoese coerente — entender o sentido do passado, do presente e como imaginamos o futuro. A mensagem é que podemos nos tornar os autores ativos das autobiografias e assim ajudar os filhos a aprenderem a ser os modeladores ativos das maneiras com que percebem e criam suas vidas!

LÓGICA E HISTÓRIA, MENTE E CÉREBRO

O psicólogo desenvolvimental Jerome Bruner descreve dois modos básicos da mente processar informações. Um é o modo dedutivo "paradigmático", no qual vários fatos linearmente relacionados são conectados por inferências lógicas quanto a relações entre causa e efeito. Ele é semelhante ao modo de cognição lógico, linear e baseado em linguagem, que é localizado no lado esquerdo do cérebro. O outro modo de processar informações sugerido por Bruner é o narrativo, no qual a mente processa dados criando histórias. Esse modo, que se desenvolve mais cedo e é presente em todas as culturas, é um processo distinto de criar um mundo de possibilidades, não só realidades. Na visão de Bruner, histórias suscitam a narração de uma sequência de eventos e da vida mental interna das personagens de uma história. Esses processos narrativos nos permitem penetrar profundamente nos mundos subjetivos das pessoas.

O modo narrativo de pensar não tem um lócus facilmente definido no cérebro. No entanto, estudos sobre processos relacionados, como lembrança autobiográfica e fabulação (construir relatos fictícios que pareçam verdadeiros), apontam algumas possibilidades instigantes. O hemisfério esquerdo do cérebro parece ter uma pulsão para contar histórias sobre eventos, já que é especializado no raciocínio lógico-dedutivo que tenta explicar como as coisas se inter-relacionam no mundo. Repleto de fatos, linguagem, processamento linear e uma pulsão para criar categorias, o hemisfério esquerdo tem o que o cientista cognitivo Michael Gazzaniga denominou de função de intérprete. No entanto, quando desconectado do lado direito do cérebro, o lado esquerdo inventa histórias, mas lhe falta o contexto para dar sentido ao que vê. Por mais estranho que pareça, ele parece não se importar em apenas enfileirar fatos tentando que pareçam coesos, mesmo que não se encaixem no sentido maior ou no contexto de uma situação. Dessa maneira, as histórias podem ser coesas (de certa maneira lógicas em suas conexões), mas não coerentes (sem fazer sentido de uma maneira emocionalmente contextual e sensorial).

Como isso é possível? Uma forma de explicar essa descoberta é examinar o papel do hemisfério direito como fornecedor de contexto social e emocional. O hemisfério direito assume um papel frontal e central no processamento de sinais não verbais. Esse lado do cérebro é mais diretamente conectado ao conjunto de circuitos límbicos do cérebro que cria emoção e estados motivacionais. Por algumas razões, a habilidade para entender a vida subjetiva de outra pessoa, perceber seus sinais e captar seu sentido parece depender do funcionamento do hemisfério direito.

Informações sociais, emocionais, não verbais e contextuais são a matéria bruta para a *"mindsight"* — a capacidade de perceber a própria mente e a dos outros.

Histórias contam sequências de eventos e a vida interna das personagens durante tais eventos. A vida interna é captada e entendida basicamente pelo lado direito do cérebro. Para "fazer sentido" — incorporando os sentidos subjetivo/social/emocional da vida interna das personagens —, uma história deve incluir o processamento no hemisfério direito. Por isso, é possível conjecturar que, para a mente contar uma história coerente, que faça sentido em relação à vida da própria pessoa ou às vidas dos outros, é preciso que o hemisfério esquerdo se integre com o hemisfério direito. Assim, histórias coerentes provavelmente resultam da integração inter-hemisférica bilateral.

PARA SABER MAIS

BOTZUNG, A.; DENKOVA, E.; MANNING, L. Experiencing Past and Future Personal Events: Functional Neuroimaging Evidence of the Neural Bases of Mental Time Travel. *Brain and Cognition*, v. 66, n. 2, p. 202-212, 2008.

BRUNER, J. S. *Making Stories*: Narrative in Law, Literature, and Life. Nova York: Farrar, Straus and Giroux, 2002

JBRUNER J. S.; HASTE, H. (ed.). *Making Sense:* The Child's Construction of the World. Nova York: Routledge, 2011.

DEVINSKY, O. Right Cerebral Hemisphere Dominance for a Sense of Corporeal and Emotional Self. *Epilepsy and Behavior*, v. 1, p. 60-73, 2000

EAKIN, P. J. *How Our Lives Became Stories*: Making Selves. Ithaca: Cornell University Press, 1999

EAKIN, P. J. *Living Autobiographically*: How We Create Identity in Narrative. Ithaca: Cornell University Press, 2008.

MCGILCHRIST, I. *The Master and His Emissary*: The Divided Brain and the Making of the Western World. New Haven Yale University Press, 2009.

MARKOWITSCH, H. J.; STANILOIU, A. Memory, Autonoetic Consciousness, and the Self. *Consciousness and Cognition*, v. 20, n. 1, p. 16-39, 2011

OCHS, E.; CAPPS, L. *Living Narrative*. Cambridge: Harvard University Press, 2001.

SIEGEL, D. J. *A Mente em Desenvolvimento*: Para Uma Neurobiologia da Experiência Interpessoal. São Paulo: Instituto Piaget do Brasil, 2004, cap. 5.

SIEGEL, D. J.; NURCOMBE, B. The Development of Perception, Cognition, and Memory. In: LEWIS, Mel (ed.). *Child and Adolescent Psychiatry*: A Comprehensive Textbook. 3. ed. Baltimore: Lippincott, 2002, p. 228-238

SPRINGER, S. P.; DEUTSCH, G. *Left Brain, Right Brain*. 5. ed. Nova York: Freeman, 1998.

WHEELER, M. A.; STUSS, D. T.; TULVING, E. Toward a Theory of Episodic Memory: The Frontal Lobes and Autonoetic Consciousness. *Psychological Bulletin*, v. 121, p. 331-354, 1997.

3
COMO SENTIMOS: A EMOÇÃO NAS ESFERAS INTERNAS E INTERPESSOAIS

INTRODUÇÃO

Como pais, queremos ter relacionamentos afetuosos, duradouros e significativos com os nossos filhos. Para que isso aconteça, é crucial entender o papel das emoções em nossas interconexões, pois é partilhando emoções que as formamos. A comunicação que envolve a consciência das próprias emoções, a habilidade de partilhá-las respeitosamente e um entendimento empático das emoções de nossos filhos formam a base para construir relacionamentos inquebrantáveis com eles.

As emoções moldam nossas experiências internas e interpessoais e dão à mente um senso do que tem sentido. Quando estamos cientes das nossas próprias emoções e conseguimos dividi-las com os outros, a vida cotidiana é enriquecida, pois é compartilhando emoções que aprofundamos as conexões com os outros.

Como pai ou mãe, sua habilidade para se comunicar em relação a emoções ajuda seu filho a desenvolver um senso de vitalidade e empatia, que é importante para cultivar relacionamentos íntimos sólidos ao longo da vida. Relacionamentos acolhedores envolvem partilhar e amplificar as emoções positivas e acalmar e reduzir as negativas. Sentimentos são o processo e o conteúdo da conexão interpessoal entre pais e filhos desde os primeiros dias de vida.

Imagine que seu filho entra em casa após brincar no quintal, todo empolgado com os besouros coloridos que está colecionando em um pequeno pote de vidro aberto. "Veja o que encontrei, mamãe! Eles não são lindos?". Mas você só vê a possibilidade de os besouros se espalharem pela casa. "Tire imediatamente essas coisas nojentas daqui", diz você severamente. O menino começa a protestar: "Mas, mamãe, você nem olhou! As asas deles são verdes e brilhantes".

Você dá uma olhada de soslaio no pote, e arrasta o filho pelo braço até a porta, dizendo que: "bichos vivem do lado de fora e é lá que precisam ficar".

Nessa situação a experiência emocional da criança foi completamente ignorada. Sua alegria e deleite não foram compartilhados e, provavelmente, ele ficou confuso com o sentido e o valor de sua experiência. Ele se sentia "bom" e empolgado por sua descoberta, e entrou em casa para partilhar esses sentimentos, mas a mãe reagiu como se ele fosse "mau". Uma conexão emocional significativa teria valorizado essa experiência e a mãe teria compartilhado de sua empolgação e descoberta. Isso não significa que você tenha que viver com bichos dentro de casa, só quer dizer que é importante se sintonizar com a experiência emocional da criança antes de mudar o comportamento externo. Sintonizar-se com as emoções de seu filho implica se colocar no nível dele, tendo uma postura aberta e receptiva, olhando o que ele trouxe para lhe mostrar e demonstrando curiosidade e entusiasmo em seu tom de voz. "Uau, quero ver! Como esses besourinhos são coloridos, não é mesmo? Obrigada por me deixar vê-los. Onde você os achou? Acho que eles ficariam mais felizes morando lá fora." Além de nutrir seu relacionamento com a criança, isso também faria o menino se sentir mais forte, pois teria captado que as próprias ideias e emoções eram valorizadas pela mãe.

Quando o pai ou a mãe repercutem as emoções da criança, ela se sente "boa". Conexões emocionais criam sentido para a criança e afetam seu entendimento sobre si mesmo e os pais.

O que exatamente é uma emoção? Sabemos o que é uma emoção quando a sentimos, mas é difícil explicar a experiência. Os *insights* das ciências são úteis para entender o que são emoções e seu papel central em nossas vidas. Esse conhecimento deve ser usado para aprofundar o autoconhecimento, e melhorar seus relacionamentos com os filhos e outras pessoas.

É comum rotularmos as próprias emoções e aquelas que percebemos nos outros com palavras como: tristeza, raiva, medo, alegria, surpresa, aversão e vergonha. Essas emoções facilmente categorizadas estão presentes em todas as culturas humanas mundo afora, mas esse é apenas um aspecto de seu papel importante na vida humana.

Apresentamos, porém, outra perspectiva sobre a ideia geral relativa a emoções. Por ora, vamos deixar de lado suas categorias e abrir a mente para uma nova possibilidade. Emoção pode ser considerada um processo que integra entidades distintas em um todo funcional. Estados emocionais "positivos" podem envolver aumentos na integração, ao passo que estados "negativos" podem diminuí-la. Alegria, empolgação, amor e satisfação podem envolver aumentos na junção de muitos aspectos pessoais em um todo funcional. Isso é integração. Estados desconfortáveis ou nocivos, como raiva prolongada, tristeza ou medo, podem constringir a coordenação e equilíbrio de muitos aspectos em nós. Mais integração causa um senso de harmonia; menos integração torna as pessoas rígidas ou caóticas por longos períodos de tempo. Como isso pode parecer muito abstrato, vamos tentar infundir mais clareza a esse ponto de vista e examinar suas aplicações práticas.

A emoção como um processo fundamental de integração é um aspecto de praticamente todas as funções do cérebro humano. Como uma quantidade imensa de células neurais capazes de disparar de modo caótico, o cérebro precisa de um processo de integração para ajudá-lo a atingir maior equilíbrio e autorregulação. Emoção é o processo de integração que traz auto-organização para a mente. Conforme mencionamos anteriormente, a integração pode estar no cerne do senso de bem-estar interno e nos relacionamentos interpessoais. O modo de sentir e comunicar a emoção é fundamental para a maneira com que passamos a ter um senso de vitalidade e significado em nossas vidas.

Mais básica do que as categorias emocionais, a emoção primária pode ser descrita da seguinte maneira: em princípio, o cérebro responde a um sinal interno ou externo dando uma orientação inicial que ativa a mente para focar a atenção. Essa orientação inicial basicamente diz: "Preste atenção agora! Isso é importante!". A seguir, o cérebro responde avaliando se o sinal é "bom" ou "ruim". Depois, ativa mais circuitos neurais que elaboram ou expandem essa ativação nas regiões cerebrais associadas. Esse processo de avaliação/estímulo equivale aos impulsos fundamentais de energia na mente, que acompanham o processamento de informações. É mediante esses processos elaborados de avaliação que o cérebro cria sentido na mente. Emoção e um senso de sentido são criados pelos mesmos processos neurais. Conforme veremos, esses mesmos circuitos do cérebro também processam a comunicação social. Emoção, sentido e conexão social andam lado a lado.

Essas emoções primárias iniciais são a primeira avaliação do cérebro sobre a importância e o teor bom ou ruim de uma experiência. Por meio da emoção, a mente humana se organiza e prepara o corpo para entrar em ação. Uma avaliação boa leva a uma aproximação; uma avaliação ruim leva a uma retirada. Quando indagadas como se sentem, é comum crianças responderem com "bem" ou "mal". Essas palavras simples, que os pais frequentemente não aceitam pelo valor de face, são na verdade expressões bem diretas desses processos emocionais primários.

Emoções primárias são muito presentes em expressões não verbais. Expressões faciais, contato visual, tom de voz, gestos e toques, postura, e momento e intensidade da resposta revelam os impulsos de estímulo e ativação, os perfis do fluxo de energia pela mente, que são a essência de como a pessoa está se sentindo. Emoções primárias são a "música da mente".

Conectar-se com os estados emocionais primários é o meio de nos sintonizarmos com os sentimentos uns dos outros. Essas emoções primárias existem o tempo todo. Geralmente, ficamos mais conscientes emocionalmente quando tais emoções primárias depois se canalizam para as respostas mais diferenciadas das emoções categóricas. Lamentavelmente, podemos achar que "ser emotivo" é apenas a expressão da emoção categórica que pode nos fazer esquecer do processo profundamente importante de nos conectarmos com os estados emocionais primários uns dos outros. Relacionar-se no nível das emoções primárias permite integrar nossas experiências com as dos outros. Sintonizar-se com os estados internos dos outros cria laços em um estado de ressonância emocional, que permite que cada pessoa "se sinta sentida" pela outra. Nesse tipo de conexão, duas pessoas influenciam mutuamente seus estados internos. Essa sintonia, essa ressonância que conecta, dá o sentimento de união.

TABELA III. TIPOS DE EMOÇÃO

EMOÇÃO PRIMÁRIA: IMPULSOS NO FLUXO DE ENERGIA PELA MENTE

Orientação inicial: "Preste atenção agora!"

Avaliação e estímulo: "Bom ou ruim?"

EMOÇÃO CATEGÓRICA: MODOS CARACTERÍSTICOS DE EXPRESSÃO PRESENTES EM TODAS AS CULTURAS

Emoções básicas como tristeza, medo, raiva, alegria, surpresa, aversão e vergonha.

CONEXÃO DEBAIXO D'ÁGUA

Um homem na faixa dos 40 anos foi se consultar com Dan porque estava preocupado por "não sentir coisa alguma". Sua mãe estava doente e prestes a morrer e um colega dele de trabalho acabara de ser diagnosticado com uma doença gravíssima, mas o homem "nada sentia em relação a isso". Ele insistia que toda sua vida era preenchida movendo-se "pelo espaço", trabalhando, fazendo o que precisava fazer, mas pouca coisa parecia significativa.

Ele queria mudar, pois desejava se relacionar melhor com sua família e achava errado ser tão insensível, já que sua mãe e o colega estavam muito doentes. "Eu só fico racionalizando por que provavelmente vai dar tudo certo, ou por que não importa se a situação piorar. Tenho certeza de que isso não está certo, mas o fato é que fico insensível", disse ele. Com frequência, sentia-se isolado nas interações cotidianas com as pessoas e sua vida lhe dava uma sensação de vazio.

Não tinha depressão e sofria pouco com preocupações, ansiedades ou qualquer outra manifestação de um transtorno psiquiátrico que pudesse ser diagnosticado e tratado. Com uma carreira acadêmica excelente, ganhava honrarias dos colegas e era muito solicitado no trabalho. Era uma pessoa ética e justa, e seus sócios e alunos iam bem sob sua liderança.

Esse homem tinha de examinar suas antigas experiências de vida, a fim de obter uma estrutura para depositar as informações sobre suas experiências subjetivas desde o presente até as lembranças mais remotas. Tinha poucas lembranças do relacionamento com os pais, a não ser que ambos eram muito "intelectuais" e nunca falavam sobre o que pensavam ou sentiam. Ambos eram focados em realizações e em "comportamentos certos e errados", mas jamais no lado subjetivo da vida. Quando o pai morreu, ele era adolescente, mas sua mãe e ele nunca falaram sobre a perda.

Uma das qualidades de sua esposa que o atraia era a intensidade emocional. O casal tinha três filhos. A mais velha estava entrando na adolescência e ele queria ficar mais próximo dela, assim como das duas crianças muito pequenas. Quando indagado sobre como se sentia em relação aos filhos, seus olhos ficaram marejados enquanto falava sobre o nascimento da primeira filha. Disse que tivera o sentimento mais intenso até então: ficou totalmente apaixonado pela bebê e, ao mesmo tempo tão apavorado por ser responsável pelo bem-estar dela, que mal conseguia tolerar os sentimentos.

Na infância, ele era bem artístico e interessado no valor estético das coisas — como era a aparência delas, como os objetos eram posicionados, que cores combinavam bem. Pensava em se tornar arquiteto, mas acabou escolhendo uma carreira de pesquisador acadêmico.

Uma explicação possível para esse caso é que o hemisfério direito do homem era subdesenvolvido e não se encaixava em sua grande sensibilidade artística. No entanto, sua falta de conexão empática, a deficiência na utilização de sua capacidade para a "*mindsight*" e seu senso geral de desconexão do próprio mundo interno sugeriam uma deficiência na integração de seus modos direito e esquerdo de processamento.

Na terapia, foi estimulado a manter um diário, pois a escrita autorreflexiva requer inerentemente a colaboração dos hemisférios direito e esquerdo. Em suas sessões semanais, a fim de intensificar a tentativa de fazer uma conexão entre os hemisférios direito e esquerdo, os focos eram em suas sensações físicas e imagens visuais, e em explorar o que essas experiências não verbais podiam significar.

Após fazer terapia por vários meses, teve uma nova experiência ao se relacionar com a filha. Durante uma viagem ao Havaí, os dois foram mergulhar usando máscaras e, enquanto procuravam peixes no recife de coral, nadaram juntos e se comunicaram com gestos e contato visual. O homem descreveu que teve um sentimento avassalador de conexão com a filha durante essa exploração conjunta do mundo submarino, e foi tomado por uma sensação de alegria. Fez então a seguinte reflexão: "Aposto que isso teve a ver com nossa comunicação não verbal. Penso tanto sobre o que devo dizer ou sobre o que minha filha está dizendo que me desligo totalmente do que realmente está acontecendo". Dessa maneira, ficava preso ao conteúdo das mensagens, com seu processamento no modo esquerdo dominando o processamento no modo direito, e teria bloqueado a consciência das sensações emocionais primárias que criavam sentido e conexão. Enquanto estavam debaixo d'água, pai e filha se libertaram do domínio do lado esquerdo, o que permitiu o surgimento de um senso poderoso de conexão por meio do intercâmbio de sinais não verbais.

Por volta dessa época, a garota disse ao pai: "Papai, você está ficando divertido. Muito divertido mesmo!". Muito satisfeito com essa observação, ele disse posteriormente que começou a ter uma nova consciência corporal — sensações nos intestinos e sentimentos no peito. Ficou mais ciente de imagens mentais que não tinham conexão com certos pensamentos baseados em palavras. Descreveu que se sentia "à vontade" e conectado com sua família, mais no presente e menos preocupado com os próprios pensamentos. Com a conexão crescente de seus modos direito e esquerdo de processamento, talvez ele esteja preparado para explorar os elementos em seus sentimentos irresolvidos acerca da perda do pai e se tornar ciente de seus sentimentos sobre as doenças da mãe e do colega.

Admitir a necessidade de se conectar com os outros muitas vezes requer o reconhecimento penoso do quanto somos frágeis e vulneráveis. Com a terapia, esse homem teve consciência de que o entendimento das próprias experiências fora prejudicado, já que suas emoções primárias haviam sido desligadas devido à sua vida familiar inicial. Uma avaliação inata inicial de que relacionamentos são importantes e "bons" teve que ser desconectada adaptativamente do resto de sua mente em consequência de suas experiências com os pais. Essa adaptação no mecanismo de defesa era crucial para reduzir a torrente de sentimentos de anseio e decepção que o teriam incapacitado naquele deserto emocional. Esse processo de desligamento em sua infância foi tão eficiente que bloqueou a elaboração de seus sistemas de avaliação/estímulo no sentido de criar emoções mais intensas ou categóricas. Restou a ele o senso de entorpecimento e de falta de sentido. A comunicação emocional fria de seus pais fez com que se desconectasse dos próprios processos que dariam sentido à sua vida. Com a terapia e a escrita autorreflexiva, seus relacionamentos e experiências internas emergentes agora poderão reforçar uma nova maneira de viver integrada que dê mais sentido à sua vida.

COMUNICAÇÃO EMOCIONAL

"Sentir-se sentido" requer sintonizar-se com as emoções primárias próprias e de terceiros. Quando as emoções primárias de duas mentes estão conectadas, é criado um estado de alinhamento no qual os dois indivíduos têm um senso de junção. A música da mente, ou seja, as emoções primárias, torna-se intimamente influenciada pela mente de outra pessoa, à medida que nos conectamos com seus estados emocionais primários. Se a comunicação se limita a focar apenas nas raras emoções categóricas, perdemos a oportunidade de ter os momentos mágicos de conexão que estão disponíveis diariamente.

A ressonância ocorre quando alinhamos nossos estados, ou emoções primárias, mediante o partilhamento de sinais não verbais. Até quando estamos fisicamente separados da outra pessoa, é possível continuar sentindo as reverberações daquela conexão. Essa experiência sensorial da outra pessoa se torna parte da nossa "memória dela", a tal ponto que o outro ser se torna uma parte de nós. Quando relacionamentos têm ressonância, pode haver um senso tremendamente revigorante de junção. Essa junção não é apenas momentânea: nós continuamos sentindo a conexão com o outro por meio da ressonância, a qual assume a forma de lembranças, pensamentos, sensações e imagens do outro e de nosso relacionamento com ele ou ela. Esse senso constante de conexão mostra como nossas mentes se tornaram ligadas. Além disso, o encadeamento revela a integração de duas mentes.

Grande parte do que acontece em relacionamentos tem a ver com um processo de ressonância, no qual o estado emocional de uma pessoa reverbera no da outra. Conexões sintonizadas criam ressonância. Outro fator central para a criação de ressonância podem ser os "neurônios-espelhos". Foi descoberto que o sistema de neurônios-espelhos é constituído por um tipo específico de neurônios que ligam diretamente a percepção à ação. Esse sistema pode ser a base inicial para uma mente criar internamente o estado mental de outra.

Os neurônios-espelhos estão em várias partes do cérebro e ligam a ação motora à percepção. Por exemplo, um certo neurônio irá disparar se um sujeito vê um ato intencional de alguém, como erguer uma xícara, e também irá disparar se o próprio sujeito ergue uma xícara. Esses neurônios não disparam meramente em reação a qualquer ação vista em outra pessoa. O comportamento deve ter uma intenção subjacente. Acenar com as mãos de maneira aleatória diante do sujeito não ativa um neurônio-espelho. Executar uma ação visando um resultado ativa o sistema dos neurônios-espelhos. Dessa maneira, neurônios-espelhos revelam que o cérebro é capaz de detectar a intenção de outra pessoa. Isso evidencia não só um possível mecanismo antigo de imitação e aprendizagem, mas também a criação da *mindsight*, a habilidade de criar uma imagem do estado interno da mente de outra pessoa.

Os neurônios-espelhos também podem ligar a percepção de expressões emocionais à criação daqueles estados internos do observador. Dessa maneira, quando percebemos as emoções de outra pessoa, esse estado é automático e inconscientemente criado dentro de nós.

Por exemplo, podemos começar a chorar ao vermos alguém chorando. Sabemos como alguém está se sentindo nos colocando "no lugar do outro" — percebemos como os outros estão se sentindo conforme nosso próprio corpo/mente reage. Verificamos nosso estado para saber o estado de espírito de outra pessoa. Essa é a base da empatia.

No cerne de se sentir unido com alguém está a comunicação emocional empática. Uma mente se torna interligada com outra mediante o partilhamento dos impulsos de energia que são nossas emoções primárias. Quando as crianças têm sensações positivas, como nos momentos de alegria e vitória, os pais podem partilhar esses estados emocionais, refleti-los e amplificá-los entusiasticamente com os filhos.

Da mesma maneira, quando crianças têm sensações negativas ou desconfortáveis, como nos momentos de decepção ou dor, pais podem se solidarizar com seus sentimentos e oferecer uma presença calmante que console os filhos. Esses momentos de junção permitem que a criança sinta que é sentida, e que existe na mente dos pais.

Quando sentem uma conexão sintonizada com um adulto empático e responsivo, as crianças se sentem bem consigo mesmas, pois suas emoções receberam ressonância e reflexão. Talvez uma história dê mais clareza a esse conceito de sintonia.

SINTONIA NO SICÔMORO

Mary observou essa interação entre uma menininha e em uma professora no *playground* da escola. Sara tinha quatro anos e meio e era muito cautelosa, social e fisicamente, hesitando muito para tentar novas experiências. Os professores estavam trabalhando muito para lhe infundir confiança, propiciando apoio, estímulos e oportunidades de aprendizagem.

Esse semestre era na primavera e Sara estava começando a ficar mais ousada. No *playground*, um sicômoro grande, que havia caído muitos anos atrás e tinha três metros de comprimento, era usado como uma ponte natural. As crianças adoravam andar no tronco e isso era uma grande proeza. Sara, porém, nunca havia tentado andar sobre ele até que um dia, em meados de maio, com sua confiança brotando como os lilases, pisou no tronco e caminhou até a outra ponta. Assim que Sara desceu do tronco, a professora, que havia observado tudo, explodiu em felicitações e aplausos, pois estava muito feliz com a proeza da menina. "Bravo! Parabéns! Você arrasou! Você é a maior!", exclamou a moça em voz alta, dando pulos e agitando os braços com empolgação. Sara olhou timidamente para a professora e, com a postura rígida, deu apenas um sorriso sem graça. Nas semanas seguintes, Sara evitou o tronco e foi preciso encorajá-la muito para que tentasse novamente.

O que deu errado nessa interação? Certamente a professora vibrou com a façanha de Sara, mas não se sintonizou com a experiência da menina. Sua reação refletiu o próprio orgulho e empolgação, não tendo a ver com a experiência de Sara de criar coragem e assumir um grande risco. A essência da experiência de Sara não foi refletida nos comentários da professora, que na verdade foram acachapantes para a menina e não a apoiavam para voltar a se arriscar andando no tronco. "Talvez eu não consiga fazer isso tão bem novamente. É melhor nem tentar, pois eu posso cair", provavelmente foi o que Sara pensou. "Arrasar" é um termo muito forte para uma criança cautelosa, de modo que optou por se manter segura e não se deslumbrou com sua façanha inicial.

O que a professora poderia ter dito para cultivar a autoconfiança emergente que Sara estava demonstrando? Como poderia ter encorajado a menina de maneira respeitosa em relação àquela experiência? Como a reação da professora poderia ter estimulado Sara a refletir sobre a própria proeza e a ganhar mais confiança?

Se a professora tivesse reagido de modo calmo e carinhoso ao que viu Sara fazer, a menina poderia ter se visto refletida naquela reação. A professora poderia ter dito: "Sara, eu vi você colocar atentamente um pé diante do outro e andar pelo tronco inteiro até o fim. Você fez isso muito bem! Fiquei com um pouco de medo, pois era sua primeira vez, mas você continuou indo em frente. Isso é muito bom! Você está mesmo aprendendo a confiar no seu corpo".

Esses comentários teriam sido uma reflexão da professora sobre a atividade de Sara. Porém, a reação real da professora diz mais sobre sua própria experiência do que sobre a da menina. A mensagem reflexiva que ela poderia ter passado permitiria a Sara integrar a experiência e se fortalecer com a proeza. Essa seria uma resposta de conexão sintonizada. Essa colaboração envolve a reflexão sobre seus comportamentos externos e um entendimento de seus processos mentais internos, passando um reflexo autêntico das experiências que Sara está tendo. A fim de enriquecer um autoconhecimento coerente, as crianças precisam contar com as reflexões alheias de modo que complemente sua experiência interna e externa. Quando a comunicação com os filhos é sintonizada, nós os apoiamos para que desenvolvam uma história integrada e coerente de suas vidas.

A comunicação sintonizada estimula o surgimento de um *self* mais autônomo e de autorregulação flexível. A comunicação emocional permite uma forma de junção, que é um verdadeiro processo de integração e promove a vitalidade e o bem-estar nos pais e nos filhos. Essa experiência de junção ajuda as crianças a desenvolverem um senso mais forte de si mesmas e enriquece sua capacidade de ter autoconhecimento e compaixão.

Isso não significa que temos sempre essa experiência ou que temos que escutar e refletir o tempo todo a experiência dos filhos. Na verdade, o foco intenso e constante dos pais na criança pode até parecer muito intrusivo para ela. Em relacionamentos entre pais e filhos há necessidades cíclicas de conexão e separação. É importante que os pais sejam sensíveis às ocasiões em que a criança precisa de solidão ou de junção. Pais sintonizados respeitam a oscilação natural das necessidades de conexão ou solidão das crianças. Afinal, não somos programados para estarmos o tempo todo em alinhamento. Relacionamentos sintonizados respeitam o ritmo cambiante dessas necessidades.

POR QUE O ENTENDIMENTO EMOCIONAL É TÃO DESAFIADOR?

O entendimento emocional requer consciência plena de nosso estado interno, assim como estar aberto a esse entendimento e respeitar o estado de espírito dos filhos. É preciso ver a situação pelo ponto de vista deles e do nosso, o que é muito difícil quando não estamos cientes de nossas emoções ou estamos paralisados por questões pendentes e as reações emocionais resultantes. Conforme mencionado anteriormente, é comum questões irresolvidas e pendentes nos fazerem reagir de maneiras "automáticas" que podem frustrar a oportunidade de manter a sintonia com os filhos.

Muitas vezes, não temos consciência do próprio estado emocional primário e negamos até as emoções categóricas, só nos dando conta disso quando um comportamento projeta nossos sentimentos e magoa nossos filhos. Por isso, é importante tentar nos matermos cientes dos próprios processos emocionais e respeitarmos seu papel central para as vidas internas e interpessoais. Crianças são particularmente vulneráveis a se tornarem os alvos da projeção de nossas emoções inconscientes e questões irresolvidas. Adaptações defensivas criadas anteriormente na vida podem restringir a habilidade para sermos receptivos e empáticos em relação à experiência interna dos filhos. Sem um processo constante de autoconhecimento reflexivo, esses padrões parentais de reação defensiva podem gerar distorções na maneira de uma criança se relacionar e enxergar a realidade.

Por exemplo, uma mulher recentemente divorciada, cujo marido partira abruptamente, ficava furiosa com as demandas de tempo de seu filho de três anos. Ainda incapaz de lidar com seu senso de solidão e desamparo, essa mãe achava ameaçadores "os comportamentos insistentes" do menino, o qual estava apenas expressando sua necessidade de se conectar com ela. Passou a ser o alvo de sua raiva, pois ela projetava nele seu incômodo com a própria carência.

Sentindo-se rejeitada e sozinha, o que evocava as experiências na própria infância, era incapaz de ser receptiva às necessidades de conexão do menino. É assim que uma criança cai na armadilha do turbilhão emocional das questões irresolvidas dos pais. À medida que essa mãe processava o sofrimento com o divórcio e integrava essa mudança significativa a seu entendimento da própria infância, sua história emergente de vida lhe permitiu abandonar as reações defensivas e a deixar de ficar irracionalmente raivosa com o filho. Ou seja, percebeu que suas questões irresolvidas haviam prejudicado a habilidade de reagir calorosamente ao desejo saudável do filho de ter proximidade com ela.

A autorreflexão é um entendimento dos processos internos e permite escolher entre uma variedade maior de respostas ao comportamento dos filhos. A consciência cria a possibilidade de escolha. Quando conseguimos escolher nossas respostas, deixamos de ser controlados por reações emocionais nem sempre diretamente ligadas aos filhos: essas reações exageradas são mais impulsionadas por nosso estado emocional do que pela comunicação emocional com o filho naquele momento. A integração de nosso autoconhecimento facilita a abertura ao processo de se tornar emocionalmente conectado com os filhos. Autoconhecimento coerente e junção interpessoal andam lado a lado.

Quando a experiência interna impede a conexão com os filhos, nossa emoção intensa pode estimular um estado emocional defensivo neles. Quando isso acontece, o relacionamento deixa de ser colaborativo e cada pessoa se isola em seu mundo interno sentindo-se sozinha. Quando o autêntico *self* interno de pais e filhos se esconde por trás das muralhas mentais da defesa psicológica, nenhum deles se sente conectado nem compreendido. Quando sentem essa solidão, os filhos podem expressar seu medo ou incômodo com essa desconexão comportando-se agressivamente ou se isolando cada vez mais. O comportamento das crianças, então, passa a ser o foco de nossa atenção e nossa própria sensação de isolamento pode nos impedir de fazer tentativas significativas para a reconexão com os filhos. Dessa maneira, nossas questões emocionais podem criar reações nos filhos que prejudicam ainda mais nossa habilidade de entendê-los emocionalmente e a nós mesmos.

Sem entendimento emocional, é difícil se sentir conectado. O entendimento emocional abre a porta para a comunicação integrativa colaborativa, na qual possa ocorrer um diálogo que permita nos interconectarmos. Todos os relacionamentos, especialmente aqueles entre pais e filhos, são construídos com comunicação colaborativa sintonizada que respeita a dignidade e singularidade da música da mente de cada indivíduo.

COMUNICAÇÃO INTEGRATIVA

Conectar-se com os filhos pode ser uma das experiências mais desafiadoras e gratificantes. Os pais têm a possibilidade de construir relacionamentos significativos permanentes com os filhos quando aprendem a desenvolver um senso de junção por meio da comunicação integrativa. Quando nos alinhamos com os filhos, iniciamos um processo no qual os elementos básicos de nossas mentes se tornam integrados. Esse encadeamento de mentes nos dá um senso vital de estar com eles. A comunicação integrativa acontece ao longo do nosso relacionamento com os filhos. Por meio do senso de ressonância que começa a surgir, mantemos a outra pessoa conosco, mesmo quando estamos fisicamente distantes. Quando os filhos sentem essa ressonância conosco, eles se sentem confortados mesmo em nossa ausência. Sentem-se sentidos por nós, sabendo que estão em nossas mentes, e estamos entremeados no senso do *self* que eles estão desenvolvendo. Esse sentimento de conexão dá segurança às crianças para explorarem suas emoções e o mundo ao redor. A comunicação emocional constrói a base do nosso relacionamento com os filhos, assim como o relacionamento deles com os outros.

TABELA IV. PRÁTICAS DE COMUNICAÇÃO INTEGRATIVA

1. Consciência: Dê atenção plena a seus sentimentos e reações corporais, assim como aos sinais não verbais dos outros;

2. Sintonia: Permita que seu estado de espírito se alinhe com o outro;

3. Empatia: Abra a mente para entender a experiência e o ponto de vista do outro;

4. Expressão: Comunique suas respostas internas com respeito; externalize aquilo que é interno;

5. Junção: Partilhe abertamente no intercâmbio da comunicação verbal e não verbal;

6. Clarificação: Ajude a entender o sentido de uma experiência do outro;

7. Individualidade: Respeite a dignidade e singularidade da mente de cada indivíduo.

As práticas mencionadas na tabela IV são úteis para que a comunicação fomente um senso de junção.

Integração é um processo no qual partes separadas são unidas em um todo funcional. Por exemplo, uma família integrada permite que os membros sejam bem diferentes entre si e os estimula a respeitar essas diferenças, enquanto se unem para tornar a experiência familiar coesa. A comunicação em uma família integrada tem uma vitalidade que reflete o grau elevado de complexidade adquirida pela mescla de dois processos fundamentais: diferenciação (pessoas que são indivíduos separados e singulares) e integração (pessoas reunidas em prol da união). Essa mescla de diferenciação e integração permite que a família crie algo maior do que a soma das partes individuais. A comunicação integrativa intensifica a individualidade de pais e filhos, pois ambos se unem como um "nós" que intensifica o senso de conexão com o mundo.

EXERCÍCIOS DE DENTRO PARA FORA

1. Pense em alguma vez em que você e sua filha tiveram reações diferentes à mesma experiência. Agora, tente ver os eventos pelo ponto de vista de sua filha. Como você avaliou de outro modo o sentido de uma experiência? Como você acha que sua filha reagiria se você explicasse como entendeu uma experiência através dos olhos dela?

2. Reflita sobre as práticas de comunicação integrativa mostradas na tabela IV. Observe suas interações com seu filho e pense como esses sete elementos podem passar a fazer parte de sua comunicação. Tente desenvolver essas práticas em suas futuras interações com o filho. Ele pode se sentir sentido por você? Como seu senso de junção com seu filho evolui?

3. Pense em maneiras para utilizar essas sete práticas ao se comunicar com seu *self*. Como você pode sentir se tem abertura com os próprios estados internos e emoções primárias? Fique ciente das sensações, pensamentos e imagens internos que permitem um senso mais profundo e centrado de *mindfulness*. Enquanto você deixa esses processos internos flutuarem na consciência, solidarize-se com eles sem julgar nem tentar se corrigir.

HOLOFOTE NA CIÊNCIA

A EVOLUÇÃO DA EMOÇÃO

A ciência das emoções é um campo complexo que abrange o estudo da cultura, de processos mentais e do funcionamento do cérebro.

Estudos sobre animais sugerem que os humanos não são os únicos seres que têm sentimentos: as reações dos animais ao perigo evocam reações fisiológicas e comportamentais de lutar, congelar ou fugir, que parecem ser bem "emocionais". No reino animal, porém, mamíferos parecem ser um grupo singular no que tange à evolução de um meio complexo de comunicar seu estado interno a outros membros da espécie. Nesse sentido, a emoção é um reflexo de processos internos e pode ser comunicada externamente aos outros. Em paralelo a essa realização comportamental, houve a evolução dos sistemas cerebrais correspondentes que mediam emoção e motivação: as estruturas límbicas do cérebro.

Paul MacLean cunhou o termo "cérebro trino" para sua visão do cérebro, segundo a qual consiste em três partes separadas, porém interconectadas: a parte profunda, que é o tronco encefálico; a parte do meio, que é límbica; e a região mais alta, que é o neocórtex. As áreas do tronco encefálico são consideradas estruturas "primitivas" e também chamadas de cérebro reptiliano. À medida que os animais evoluíram, a camada seguinte, os circuitos límbicos, se tornou parte do legado mamífero. Estruturas límbicas incluem a amígdala cerebral (media as emoções importantes do medo e provavelmente raiva e tristeza); o cingulado anterior (uma espécie de diretor operacional que exerce funções de controle executivas para o direcionamento da atenção); o hipocampo (media a memória explícita e serve de mapeamento cognitivo para dar contexto à memória); o hipotálamo (a sede do processamento neuroendócrino que liga o corpo ao cérebro mediante o equilíbrio hormonal); e o córtex pré frontal e orbitofrontal (integra diversos processos, incluindo a regulação das emoções e a memória autobiográfica).

Aparentemente, essa região límbica não tem limites exatos, mas seus circuitos parecem partilhar tipos de neurotransmissores e um legado evolutivo comum. O impacto da atividade límbica é disseminado na própria região, desce até as regiões do tronco encefálico e sobe para a terceira área do cérebro, o neocórtex.

A área límbica não só regula o tronco encefálico, como também coordena estados internos, incluindo funções corporais e interações com o ambiente, especialmente o ambiente social. Indubitavelmente, a atividade da região límbica ajuda a explicar por que a maioria dos mamíferos é interessada no mundo social: interações sociais ajudam a regular suas funções corporais! Coordenar o próprio mundo interno com o mundo interno dos outros é uma especialidade dos mamíferos e nos torna seres sociais refinados e curiosos.

Enquanto os primatas evoluíam na classe vasta dos mamíferos, o cérebro mudou ainda mais. Evolução não é meramente o acréscimo de novas estruturas, pois envolve a adaptação de velhos circuitos para novas funções. Assim, as camadas superiores da região límbica, as regiões orbitofrontal e do cingulado anterior, também são consideradas integrantes da parte neocortical em evolução no cérebro.

O neocórtex é mais evoluído em nossa espécie, a *Homo sapiens*. Os humanos são capazes de percepção, concepção e raciocínio altamente abstratos em virtude das dobras complexas do neocórtex. Processos neocorticais, especialmente nas regiões frontais, permitem pensar flexivelmente, refletir sobre ideias abstratas como liberdade e futuro, e usar palavras para descrever esses pensamentos complexos para os outros. Embora limitadas para simbolizar exatamente o que queremos dizer, as palavras permitem que nos distanciemos das amarras da realidade física. Essa liberdade nos permite criar — ou destruir. A linguagem é um poderoso sistema simbólico para manipular o mundo e os outros ao redor. Palavras também possibilitam a comunicação além dos limites de tempo e espaço que, geralmente, separam uma mente da outra. O poeta grego Aristófanes escreveu que "através das palavras a mente ganha asas". O neocórtex viabiliza a civilização e facilita a evolução da cultura humana.

Nessa composição "trina" dos níveis profundos, límbicos e neocorticais do cérebro, o aparente chefão é o neocórtex, sede do raciocínio abstrato e responsável pela civilização. Mas a situação não é tão simples. Está provado que o raciocínio é profundamente influenciado por processos emocionais e somáticos — corporais; a atividade do neocórtex é diretamente moldada pelos processos neuronais da região límbica e do tronco encefálico. Emoções e estados corporais influenciam o raciocínio. O neocórtex "mais elevado" e mais evoluído não manda em tudo sozinho. O processamento social, emocional e corporal das outras áreas do cérebro molda diretamente as percepções e os raciocínios abstratos do neocórtex.

O CÉREBRO E A VIDA SOCIAL

Quase todos os mamíferos têm laços sociais, e aqueles entre mãe e bebê são especialmente fortes. As regiões límbicas do cérebro mamífero permitem a convergência de dois processos fundamentais:

(a) manter o equilíbrio das funções corporais e mentais mais primitivas, como pulsação cardíaca, respiração e ciclos de sono-vigília;

(b) captar informações do mundo exterior — especialmente, do mundo social de outros mamíferos.

A amígdala cerebral é crucial para a percepção e expressão externa de respostas faciais, assim como para a regulação dos estados emocionais. Essa função interna e externa dupla também gera uma preocupação exclusiva dos mamíferos: o foco nos estados internos dos outros — especificamente dos pais em seus filhos. Esse foco dos pais nos filhos lhes permite desenvolver uma maneira equilibrada de regular os estados internos das crianças. Isso se aplica a ratos, macacos e outros primatas como nós. Por sua vez, répteis, anfíbios e peixes, que não têm esse conjunto evoluído de circuitos límbicos, não se preocupam muito com os estados internos de seus parentes nem têm a mesma forma de vida social emocionalmente sintonizada dos mamíferos. Em contraste, os humanos têm conexões emocionais com outras pessoas e também com outros mamíferos, a exemplo do cachorro que talvez esteja sentado neste momento a seus pés.

NEURÔNIOS QUE ESPELHAM OUTRAS MENTES

Todos os mamíferos têm um conjunto evoluído de circuitos límbicos para "ler" os estados internos dos outros; além disso, os primatas aparentemente desenvolveram a capacidade singular de criar um estado interno parecido com o dos outros. Primatas respondem aos estados mentais alheios revelados por comportamentos externos intencionais. Humanos, com seu desenvolvimento formidável do neocórtex e da função da linguagem, não só ficam cientes e sintonizados com estados mentais, como também são capazes de presumir a perspectiva da outra pessoa. Alguns dos mecanismos neurais que viabilizam funções sociais tão incríveis estão começando a ser desvendados.

Os "neurônios-espelhos" foram descobertos em macacos na década de 1990 e mais recentemente em humanos. Essa descoberta fascinante de neurocientistas gerou um conjunto empolgante de questões sobre a natureza da empatia, da cultura e dos relacionamentos humanos. No Centro para Cultura, Cérebro e Desenvolvimento na UCLA, Marco Iacoboni, um dos pesquisadores que descobriram os neurônios-espelhos em humanos, e seus colegas estão explorando algumas ideias sobre como os neurônios-espelhos podem funcionar na transmissão de aspectos da vida emocional e social em diferentes culturas.

Neurônios-espelhos dão mais indícios de como o cérebro humano evoluiu para ser profundamente relacional. Como somos animais inerentemente sociais que sobreviveram ao longo da evolução graças à habilidade de ler as expressões externas uns dos outros como sinais de estados internos, os neurônios-espelhos talvez nos permitam responder pronta e acuradamente às intenções dos outros. Conseguir "ler mentes" em um meio social para determinar o *status* do outro como amistoso ou adversário tem grande importância para a sobrevivência. Assim, aqui estamos nós com um legado de empatia e a capacidade para *mindsight* que está enraizada em nossa evolução.

As ramificações de tal sistema para nos ajudar a entender a experiência social são poderosas. Metaforicamente, empatia é se colocar no lugar mental da outra pessoa. Nós podemos aprender a entender os estados internos dos outros por meio dos estados criados em nós pelos sistemas dos neurônios-espelhos. O entendimento emocional dos outros é diretamente ligado à nossa consciência e entendimento de nós mesmos.

Em relacionamentos entre as crianças e os pais, parece que adultos com *mindsight*, assim podendo expressar sua consciência dos eventos internos para si mesmos e os outros, têm a coerência mental correlacionada ao fato de ser pais de uma criança que floresce. Neste estágio inicial do conhecimento, não se sabe como o sistema dos neurônios-espelhos pode ser influenciado por experiências ótimas ou boas de pais e filhos que permitem que as crianças cresçam bem ou tenham entraves em seu desenvolvimento. Ainda se desconhece também o possível papel desse sistema nas interações empáticas cotidianas entre pais e filhos ou nas maneiras com que adultos passam a entender o sentido das próprias vidas e a contação de suas histórias de vida. Essas são áreas de pesquisa nesse campo emergente tão empolgante, que certamente irá gerar muitas descobertas.

EMOÇÃO COMO UM PROCESSO INTEGRATIVO

Uma ideia emergente em várias disciplinas acadêmicas que exploram a emoção é que esse processo evasivo tem uma função integrativa. Alguns autores afirmam que a emoção liga processos fisiológicos (corporais), cognitivos (processamento de informações), subjetivos (sensoriais internos) e sociais (interpessoais). Outros escrevem sobre a relação entre o aspecto regulatório e regulado das emoções: regulam a mente e são reguladas pela mente.

Às vezes, clínicos pensam em círculos quando tentam descrever a emoção: emoção é o que acontece quando a pessoa sente algo forte; sentimentos são gerados quando a pessoa está emotiva.

Talvez esses pesquisadores e observadores clínicos da emoção humana caiam nesses redemoinhos conceituais quando consideram as emoções humanas por estarem descrevendo partes de um quadro maior — a velha história dos homens cegos e do elefante. O quadro maior é que a emoção tem algo a ver com a integração neural. Integração é a união de componentes separados de um sistema maior. Integração neural é como os neurônios conectam a atividade de uma região do cérebro e o corpo com outras regiões. No cérebro, as chamadas "zonas de convergência" têm neurônios que se estendem para áreas distintas, para reunir o *input* de diversas zonas em um todo funcional. Essas zonas, que incluem o córtex pré-frontal e o hipocampo, integram a atividade neural em diversas áreas. Outra atividade neural é integrada pelo corpo caloso, as tiras de tecido neural que retransmitem mensagens neurais entre os dois hemisférios do cérebro. O cerebelo também pode interligar áreas amplamente distribuídas. A amígdala cerebral também tem fibras extensas de *input* e *output* que interconectam vários elementos da percepção, ação motora, reação corporal e interação social.

Considerar a emoção como um resultado de mudanças na integração neural permite imaginar o amplo impacto da emoção sobre o funcionamento de uma pessoa. Isso também mostra como a disfunção emocional pode ocorrer quando os processos normalmente integrativos do cérebro, que propiciam o funcionamento equilibrado, estão danificados. O resultado é a desintegração e uma tendência a estados de rigidez ou caos. No nível interpessoal, passamos a nos sentir emocionalmente conectados quando nossa mente se integra com a mente de outra pessoa. Esses encadeamentos de uma mente junto a outra ocorrem quando o estado subjetivo de uma pessoa é respeitado e correspondido pela outra. Sentimos que nossa mente existe na mente da outra pessoa. Isso também pode ser considerado como a integração da atividade dos dois cérebros: integração neural e estilo interpessoal.

PARA SABER MAIS

CIOMPI, L. Affects as Central Organizing and Integrating Factors: A New Psychosocial/Biological Model of the Psyche. *British Journal of Psychiatry*, v. 159, p. 97-105, 1991

DAMASIO, A. *O Erro de Descartes*: Emoção, Razão e o Cérebro Humano São Paulo: Companhia das Letras, 2012.

_____. *Self Comes to Mind*: Constructing the Conscious Brain. Nova York: Random House, 2010.

FREDRICKSON, B. L. Fredrickson. *Love 2. 0*: How Our Supreme Emotion Affects Everything We Feel, Think, Do, and Become. Nova York: Hudson Street Press/Penguin, 2013.

FOSHA, D.; SIEGEL, D. J.; SOLOMON M. (ed.). *The Healing Power of Emotion*. Nova York: W. W. Norton, 2009.

GROSS, J. J.; THOMPSON, R. A. Emotion Regulation: Conceptual Foundations. In: GROSS, J. J. (ed.). *Handbook of Emotion Regulation*. Nova York: Guilford Press, 2007, p. 3-26.

IACOBONI, M. *Mirroring People*. Nova York: Picador, 2009.

_____. Imitation, Empathy, and Mirror Neurons. *Annual Review of Psychology*, v. 60, p. 653-670, 2009.

LEDOUX, J. Rethinking the Emotional Brain. *Neuron*, v. 73, n. 4, p. 653-676, 2012.

LEWIS, M. D. The Emergence of Human Emotions. In: LEWIS, M. D.; HAVILAND JONES, J. M.; BARRETT, L. F. (ed.). *Handbook of Emotions*. 3. ed. Nova York: Guilford Press, 2008, p. 304-319.

LEWIS, M. D.; TODD, R. The Self-Regulating Brain: Cortical-Subcortical Feedback and the Development of Intelligent Action. *Cognitive Development*, v. 22, n. 4, p. 406-430, 2007.

PANKSEPP, J.; BIVEN, L. *The Archaeology of Mind*: Neuroevolutionary Origins of Human Emotions. Nova York: W. W. Norton, 2013.

ROLLS, E. T.; GRABENHORST, F. The Orbitofrontal Cortex and Beyond: From Affect to Decision-Making. *Progress in Neurobiology*, v. 86, n. 3, p. 216-244, 2008.

SIEGEL, D. J. *A Mente em Desenvolvimento*: Para Uma Neurobiologia da Experiência Interpessoal. São Paulo: Instituto Piaget do Brasil, 2004, cap. 4.

SIEGEL, D. J.; BRYSON, T. P. *O Cérebro da Criança*: 12 Estratégias Revolucionárias para Nutrir a Mente em Desenvolvimento do Seu Filho e Ajudar sua Família a Prosperar. São Paulo: Editora nVersos, 2014.

THOMPSON, R.; LEWIS, M.; CALKINS, S. Reassessing Emotion Regulation. *Child Development Perspectives*, v. 2, n. 3, p. 124-131, 2008.

4
COMO NOS COMUNICAMOS: ESTABELECENDO CONEXÕES

INTRODUÇÃO

Aprender a se comunicar e a ouvir de forma empática é uma parte vital da parentalidade. No cerne dessa abertura está a presença parental — o estado receptivo no qual captamos os sinais dos filhos e temos compaixão e bondade em nossas interações. A comunicação carinhosa apoia o desenvolvimento de um apego saudável, especialmente importante para construir um relacionamento de confiança entre pais e filhos. Estudos realizados em muitas culturas sugerem que o elemento comum em apegos saudáveis é a habilidade de pais e filhos de manterem um intercâmbio recíproco de sinais. Ele recebe o nome de comunicação contingente e significa que os sinais enviados pela criança são diretamente percebidos, entendidos e respondidos ou pela mãe ou pelo pai em uma dança comunicativa que envolve colaboração mútua. Pais e filhos se sentem bem quando as interações são respeitosas e receptivas para cada indivíduo. A comunicação contingente dá um senso animador de conexão que está no cerne de relacionamentos acolhedores ao longo da vida. É assim que nos sentimos "sentidos" por outra pessoa, o portal para um "eu" se juntar a outro e se tornar parte de um "nós".

A comunicação colaborativa ou contingente permite expandir a mente aceitando os pontos de vista alheios, e vendo o nosso ponto de vista refletido nas respostas dos outros. Desde o início da vida, a criança precisa de comunicação colaborativa para poder crescer. Quando um bebê sorri e emite sons suaves, pais acolhedores respondem retribuindo o sorriso e imitando alguns de seus sons, depois fazem uma pausa enquanto espera que o bebê responda novamente. Esse diálogo que é iniciado diz ao bebê: "Eu vejo você, estou escutando você e lhe devolverei um reflexo de você mesmo que é valorizado, para que possa se ver e se valorizar também. Gosto de você do jeitinho que você é". Esse diálogo simples estabelece uma conexão por meio do intercâmbio de sinais que cria um senso de junção. O bem-estar emocional da criança é fortalecido nessa dança íntima de comunicação.

Na comunicação contingente, o destinatário de uma mensagem escuta com a mente aberta e todos os sentidos. Sua reação depende do que foi realmente comunicado, não de um modelo mental pré-determinado e rígido do que era esperado. O intercâmbio ocorre no momento presente, sem preocupação com eventos internos do passado. A comunicação contingente é repleta de possibilidades para conexão porque, em vez de responder automaticamente, os pais respondem aos sinais enviados de fato pela criança. Na comunicação contingente, os pais prezam o ato de escutar. É frequente pais não escutarem uma mensagem que a criança expressa por estarem preocupados com os próprios pensamentos e sentimentos. A verdadeira mensagem de uma criança nem sempre é prontamente evidente, e os pais têm de "decodificar" a mensagem para entendê-la. É importante lembrar que mesmo que as mensagens dos filhos não façam sentido imediatamente para você, eles estão tentando da melhor maneira possível ter suas necessidades atendidas nessa fase de vida.

Como exemplo, vejamos o caso de uma mãe que volta para casa após o trabalho e, assim que entra pela porta, vê seu filho de um ano e dez meses correndo entusiasticamente para recebê-la. Ele quer se reconectar com ela após aquele dia que passaram separados. A mãe, porém, tem outros planos. Ela quer se desfazer do papel profissional e assumir o maternal, então dá um abraço rápido e distraído na criança enquanto se encaminha para o quarto para trocar de roupa, e diz: "Eu volto em um minuto". Essa conexão rápida seguida de uma separação não satisfaz a criança, que vai chorando atrás da mãe pedindo colo. A mãe tenta se desvencilhar do filho para terminar o que está fazendo, então a criança fica transtornada, chora mais alto, se joga no chão e começa a chutar a parede. Isso irrita a mãe cansada, que não quer ouvir o barulho dos chutes nem ter de lavar as marcas na parede. A mãe acha que o menino está sendo irracional e exigente demais, então diz com severidade: "Só vou brincar se você parar imediatamente com esse chilique!". Ao ouvir isso, o menino sente uma desconexão ainda maior devido à raiva da mãe, fica mais transtornado e dá um murro nela. Agora, a mãe não quer dar nem um pouco de atenção, porque acha que ele está reagindo mal e não pretende reforçar esse "mau comportamento". A mensagem do filho sobre o quanto era importante se reconectar com a mãe após um dia longo de separação não foi entendida, e ele começou a aprontar em virtude dessa frustração. Ou seja, continuou buscando estabelecer a conexão, porém de maneiras negativas.

Se houvesse entendido o sinal inicial, a mãe poderia ter optado por se sentar no sofá durante alguns minutos para falar com o filho e acariciá-lo ou ler um livro para ele antes de ir ao quarto para trocar de roupa. Sabendo que a reconexão após uma separação é muito importante para uma criança pequena, os pais devem criar expectativas mais realistas e evitar uma frustração desnecessária para ela e para si mesmos. A comunicação contingente levaria a mãe a uma escolha diferente que poderia ter mudado a interação com o filho, com ambos se sentindo conectados e tendo uma noite agradável. Quando uma criança não se sente compreendida, pequenos acontecimentos podem se tornar problemas enormes.

CONTINGÊNCIA E COERÊNCIA

Por que a comunicação contingente colaborativa é tão importante? A partir de uma perspectiva biológica, a maneira com que a comunicação interpessoal molda as estruturas neurais que criam o senso do *self* pode ser descrita do seguinte modo: quando a pessoa envia um sinal, seu cérebro fica receptivo às respostas dos outros. As respostas recebidas ficam gravadas nos mapas neurais do senso do *self*. Uma representação neural do *self*-conforme-mudado-pelo-outro é criado no cérebro e se torna um aspecto central do senso de identidade da pessoa. Se as respostas dos outros para nós são contingentes, o maquinário neural cria um senso interno de coerência em uma conexão entre o nosso *self* e o da outra pessoa. Há uma relação coerente entre o *self* antes de o sinal ser enviado, e o *self* após o sinal ser respondido.

Como acontece?

Há uma resposta contingente quando a qualidade, intensidade e sincronização dos sinais do outro refletem claramente os sinais que foram enviados. Com interações interpessoais contingentes, criamos um senso neural de consolidação e empoderamento em um mundo social de conexões. Esses tipos de conexões criam uma forte coerência interna do *self*.

Quando há comunicação contingente em nossas interações, nosso senso do *self* com aquela pessoa é positivo, pois nos sentimos compreendidos. Temos a sensação de que não estamos sozinhos no mundo, pois nosso *self* está conectado a algo maior do que os limites da epiderme. No decorrer do tempo, padrões frequentes de comunicação contingente também permitem o desenvolvimento do *self* autobiográfico coerente que conecta o passado, o presente e o futuro imaginado. Tanto o aqui e agora quanto as formas autobiográficas reflexivas da consciência plena moldam nossa experiência interna em relação ao mundo.

A comunicação contingente colaborativa nos permite expandir o senso do *self*. Sentindo-nos conectados com os filhos, podemos nos tornar mais receptivos a eles. Essa é a essência da comunicação colaborativa. As respostas dos outros não são meramente espelhos de nossos sinais, pois também incorporam a essência da visão das outras pessoas, o que dá sentido à nossa comunicação. Dessa maneira, as crianças passam a se sentir sentidas, pois percebem que suas mentes existem nas mentes dos pais.

A aprendizagem acontece em um contexto social. Por meio dessa junção, as crianças constroem o conhecimento social e um entendimento do *self* que jamais seriam adquiridos no isolamento. Esse processo se chama co-construção. Em parte, o autoconhecimento é um processo co-construtivo, e as crianças aprendem sobre si mesmas por meio da comunicação e das conexões que têm com os pais e com terceiros.

Vejamos o tipo de experiência que uma bebê, que está chorando porque está com a fralda molhada, pode ter com a mãe. Em uma situação ideal, a mãe ouve a bebê chorando, capta logo esse sinal de aflição e troca sua fralda. A criança sente (1) incômodo com a fralda molhada e avisa por meio do choro; (2) a mãe acaba com a fonte de aflição da bebê; e (3) um senso coerente do *self* transformado pela interação com a mãe. É assim que a contingência interpessoal cria coerência interna.

Uma situação diferente ocorre se a mãe não percebe ou não entende o sinal da bebê, e não dá a resposta apropriada. Por exemplo, a mãe tenta entreter a bebê brincando com ela, servindo-lhe a papinha ou ninando-a para dormir. A bebê pode sentir (1) desconforto e chorar; (2) respostas não contingentes nem confortantes enquanto continua aflita e desconectada da mãe; e (3) sem senso coerente do "*self* transformado pela interação com a mãe". A bebê é deixada em um estado de isolamento. O mundo exterior não lhe dá apoio e o senso do *self* da bebê se constrói a partir dessa forma desconectada de comunicação. Em experiências inconsistentes, a criança não sabe o que esperar nem em quem confiar. Sendo assim, acumula um "senso do *self* conforme transformado pela interação com a mãe" como falível e inconsistente. Às vezes, a comunicação contingente cria um senso coerente do *self*; outras vezes, deixa a criança em um estado de isolamento por falta de coerência. O sentimento resultante na criança é que o mundo não é um lugar confiável, e o senso do *self* fica dominado pela ansiedade e incerteza.

Para florescer, uma criança (e talvez qualquer pessoa, seja qual for sua idade) precisa de comunicação contingente com as pessoas significativas para ela. Uma criança precisa especialmente de uma mãe ou um pai "bom o suficiente": nenhum pai ou mãe podem manter comunicação contingente o tempo todo, mas experiências frequentes de se sentir conectados são vitais na construção de relacionamentos. É um desafio entender sempre os sinais dos filhos, e certas crianças são especialmente difíceis de entender e acalmar. Quando as desconexões e mal-entendidos inevitáveis ocorrem, devemos restaurar esses rompimentos para que os filhos aprendam que uma reconexão saudável é possível. A acumulação de experiências positivas de conexão dos filhos conosco, por meio da comunicação contingente e de momentos essenciais de restauração interativos, permite que eles formem um senso coerente do *self* enquanto se desenvolvem.

Estar aberto ao processo complexo de comunicação contingente requer disposição para se tornar parte de algo muito maior do que um *self* definido pelos limites físicos do corpo. Tal colaboração íntima pode ser difícil se os pais não tiveram um senso de conexão nas próprias infâncias. É um desafio se manter aberto aos processos básicos de perceber, entender e responder à comunicação enviada pelos filhos. A experiência de uma criança com comunicação imprópria não contingente pode gerar sofrimento emocional e limitar sua abertura para fazer mais tentativas de se conectar. As crianças ficam confusas se a realidade de uma experiência delas é negada ou incompreendida pelos pais ou outro adulto importante, pois é justamente com essas pessoas que elas mais precisam se conectar.

NEGANDO A REALIDADE

Todos os dias perdemos oportunidades de estabelecer conexões verdadeiras, porque, em vez de escutar e responder apropriadamente aos filhos, reagimos apenas com base em nosso ponto de vista e não conseguimos estabelecer uma conexão com as experiências deles. Quando as crianças nos contam o que pensam ou como se sentem, é importante respeitar sua experiência, seja ela a mesma que a nossa ou não. Pais devem escutar e entender a experiência dos filhos ao invés de dizer que o que pensam ou sentem não é válido.

Os exemplos a seguir ajudam a esclarecer essas ideias. Imagine que seu filho está pedalando o triciclo e leva um tombo. Sua impressão é de que ele levou apenas um susto, mas o menino começa a chorar, então você diz: "Você não se machucou, então não precisa chorar. Afinal, você já é um menino grande". Seu filho se machucou mesmo ou está com o orgulho ferido, mas mesmo assim você lhe diz que sua experiência não é válida. Considere agora como a criança poderia se sentir se você desse uma resposta contingente: "Você se assustou quando passou por aquela lombada e caiu na grama. Você se machucou?".

Ou imagine que sua filha manifeste com entusiasmo o desejo de ter um certo brinquedo que viu na televisão e você diz: "Ah, não, você não quer isso para valer — pois não passa de uma porcaria". Sua filha acabou de dizer que quer aquele brinquedo, o que não significa que tenha a obrigação de satisfazer esse desejo, mas você pode ao menos reconhecê-lo. "Deve ser mesmo divertido brincar com isso. Conte por que você gostou dele". Se ela continuar insistindo em ganhar o brinquedo agora mesmo, você pode dizer: "Sei que é difícil esperar quando a gente gosta tanto de uma coisa. Que tal você anotar o nome do brinquedo e me dar o papel? Aí, quando for época de lhe dar um presente, vou me lembrar do que você quer ganhar". Quando os pais entendem que é preciso deixar os filhos terem e expressarem desejos sem ter de realizá-los, isso os liberta para fazer uma conexão com a experiência da criança sem ter de negar os sentimentos dela.

Mary observou um exemplo mais extremo de comunicação não contingente quando estava visitando uma classe de alfabetização. A professora estava trabalhando com um grupo pequeno de crianças, enquanto o restante dos alunos trabalhava em suas carteiras de forma independente. Um menino estava tendo um pouco de dificuldade com seu projeto autônomo. Após algum tempo se esforçando sozinho, pegou seu papel e foi pedir ajuda à professora. Sem querer interrompê-la, ficou em silêncio perto dela por alguns momentos, esperando ser notado. A professora ignorou-o, pois havia instruído as crianças a trabalharem em suas carteiras e ele havia desobedecido. Ele então falou para atrair sua atenção e perguntou o que queria.

Sem virar a cabeça para olhá-lo, ela disse: "Andy, você não está aqui". O menino ficou confuso. Após esperar um pouco, ele tocou o ombro dela e repetiu a pergunta.

Ela então virou a cabeça, olhou bem para ele e disse: "Andy... você não está aqui!". Ela estava focada nas próprias regras, não na comunicação com o menino.

Andy se afastou cabisbaixo e voltou lentamente para sua carteira. Sentou-se e, com desânimo, fez algumas marcas no papel.

Frustrado com seu trabalho, estava buscando conexão e ajuda. Qual foi sua experiência interna com aquela interação com a professora? Para qualquer pessoa, não obter conexão em momentos de necessidade gera uma emoção intensa de vergonha. Para um menino de cinco anos, tentar entender a frase "você não está aqui" também deve ter sido muito complicado. Além de ele ter de lidar com uma comunicação não contingente, a resposta da professora é de "enlouquecer" — suas palavras negam a realidade dele e também o comportamento dela! Se realmente ele "não estivesse ali", por que ela estaria falando com ele? Esse é um exemplo crucial de um descompasso entre as palavras e o comportamento dela, e a necessidade dele de conexão.

Quando há um descompasso entre a necessidade infantil de conexão e as respostas indiferentes de um adulto importante, a criança se sente isolada e sozinha. Quando suas emoções são ativadas, a criança geralmente precisa de conexão. Nesses momentos, se torna mais vulnerável à insensibilidade.

COMUNICAÇÃO ENTRE OS HEMISFÉRIOS

A comunicação inclui os componentes verbais e não verbais da linguagem. O componente não verbal da comunicação ajuda a pessoa a se sentir conectada e amparada. Ser compreendido requer mais do que palavras. Mensagens não verbais, na maioria das vezes, são percebidas inconscientemente e têm um efeito profundo sobre como nos sentimos. Uma maneira de entender isso é que o lado direito do cérebro é projetado para enviar e receber sinais não verbais, e também é dominante na regulação dos estados emocionais. Sinais não verbais contingentemente partilhados podem ter um impacto profundo em como nossas mentes criam um estado de equilíbrio.

O hemisfério esquerdo do cérebro é especializado em enviar e receber dados verbais. Isso significa que nós podemos ter pensamentos baseados em palavras que são bem distintos de nossas sensações internas não verbais. Os sinais enviados pelo hemisfério direito de uma pessoa moldam diretamente a atividade do hemisfério direito da outra. O mesmo se aplica ao esquerdo: palavras dos hemisférios esquerdos dos outros ativam nossos hemisférios esquerdos.

Se os sinais verbais e não verbais enviados por outra pessoa forem congruentes, a comunicação pode fazer sentido. Se os sinais verbais e não verbais transmitem mensagens incongruentes, toda a mensagem será confusa. Estamos recebendo duas mensagens diferentes e conflitantes ao mesmo tempo. Se uma mãe está triste e sua filha, captando os sinais não verbais, pergunta: "Mamãe, o que há de errado? Eu fiz alguma coisa que deixou você triste?". Com um sorriso forçado, a mãe responde: "Não, querida, eu não estou triste, está tudo bem". A criança ficará confusa com essa mensagem dupla. Sua experiência lhe diz uma coisa, ao passo que as palavras de sua mãe estão passando uma mensagem contraditória. Se há uma discrepância entre o verbal e o não verbal, é muito difícil para uma criança tentar entender a confusão e a incoerência da comunicação.

Se aprendemos na infância que emoções são "ruins", nossas emoções e as de nossos filhos podem nos causar desconforto. Tais experiências e crenças podem bloquear a habilidade de estar inteiramente presentes em nossos relacionamentos. Os filhos se beneficiam quando expressamos nossos sentimentos de maneira direta, simples e não ameaçadora. Uma criança quer saber o que os pais pensam e como se sentem. Quando estamos transtornados, raivosos, decepcionados, empolgados, orgulhosos ou maravilhados, podemos deixar as crianças a par disso, pois precisam saber que nós também temos sentimentos. Quando expressamos as próprias emoções, os filhos aprendem o que é importante para nós e adquirem um modelo para a expressão saudável das emoções. Crianças aprendem a ser empáticas vendo como nós reagimos emocionalmente, não apenas com as palavras que dizemos. Podemos ser autênticos e veementes se respeitarmos as próprias experiências e as de nossos filhos.

TABELA V. COMUNICAÇÃO COLABORATIVA

PROCESSOS DE COMUNICAÇÃO
Receber — Processar — Responder

CAMINHOS PARA A COLABORAÇÃO
Explorar — Entender — Unir-se

CAMINHOS PARA A DESCONEXÃO
Interrogar — Julgar — Consertar

O senso do *self* se torna definido pelas maneiras contingentes com que nos conectamos com os outros. O cérebro humano é estruturado para se conectar a outros cérebros. A comunicação colaborativa envolve a conexão espontânea de cada lado do cérebro com os da outra pessoa, pois partilhamos sinais nos domínios verbal (esquerdo) e não verbal (direito). Essa dança de comunicação nos permite sentirmo-nos próximos e conectados com os outros e também que nossas mentes se sintam coerentes e em equilíbrio. O senso do "eu" é profundamente influenciado pelo pertencimento ao "nós".

ABRINDO OS CANAIS DE COMUNICAÇÃO

Como nos tornamos mais presentes e mais abertos à comunicação colaborativa? Para que ocorra uma comunicação clara com os nossos filhos e com os outros, precisamos receber, processar e responder às mensagens enviadas.

Receber uma mensagem em suas formas verbal e não verbal é a primeira parte do processo comunicativo. Sinais verbais incluem palavras que descrevem nossas ideias, pensamentos, sentimentos e qualquer entidade que possa ser traduzida em palavras. Tudo isso advém do lado esquerdo do cérebro. Sinais não verbais incluem contato visual, expressão facial, tom de voz, gestos, postura, sincronização e intensidade da resposta. Tudo isso é enviado e recebido pelo lado direito do cérebro. Os aspectos emocionais que dão sentido à comunicação constantemente se originam basicamente do hemisfério direito. É crucial prestar muita atenção ao componente não verbal de toda comunicação. Por meio do partilhamento desses sinais não verbais são criadas conexões profundas entre dois indivíduos.

Processar nos permite entender os sinais que percebemos e escolher uma resposta contingente. Processar envolve filtrar camadas complexas de avaliação pela lente dos modelos mentais moldados por nossas experiências passadas. Tais processos internos influenciam como interpretamos os sinais recebidos no presente e como imaginamos o futuro. Nossas respostas serão moldadas pela maneira com que recebemos e processamos os sinais e o sentido dado à mensagem conforme ela foi comunicada.

Quando escutamos os sinais do filho ou da filha, aprendemos mais sobre seu estado de espírito e ponto de vista. Ter um entendimento sobre a criança é de suma importância quando processamos internamente os sinais recebidos. Esse trabalho interno de processamento também envolve as próprias avaliações de uma experiência. A verdadeira colaboração envolve a fusão de ambas as mentes, respeitando um entendimento da nossa experiência e a da criança. Se os pais só entendem a própria experiência e não se conectam com a experiência da criança, há alta probabilidade deles terem dificuldade para desenvolver um relacionamento estreito e significativo com ela. Por outro lado, se os pais só considerarem o ponto de vista da criança e ignorarem sua própria experiência interna, é muito provável que tenham dificuldade para impor limites à criança. Os pais podem começar a se ressentir com o fato de a criança ser muito exigente. Caso esqueçam de considerar o próprio estado interno e só levem em consideração as necessidades e desejos da criança, os pais podem ficar com raiva e exaustos, e a criança se sente insegura com a falta de limites.

Relacionamentos saudáveis implicam fazer escolhas que respeitem a necessidade de amor e cuidados dos filhos, e propiciem experiências que ofereçam uma estrutura à dinâmica complexa das interações entre pais e filhos.

Uma mãe, por exemplo, estava se preparando para fazer um jantar para o pessoal da empresa quando a filha de cinco anos entrou na cozinha querendo brincar com um estojo de tintas aquarela na bancada. Embora a mãe valorizasse a criatividade e habilidade da filha se entreter, naquele momento a atividade atrapalharia muito os preparativos para receber os convidados. Se deixasse a criança pintar na bancada, a mãe provavelmente acabaria ficando irritada com a menina. Um "não" abrupto como resposta poderia deixar a filha frustrada, e uma desconexão e uma possível discussão iriam desperdiçar tempo e energia. A resposta contingente poderia ser algo como: "Sei que você adora pintar, mas realmente estou ocupada aprontando um jantar para o pessoal da nossa empresa, e talvez fique irritada se você ficar pintando aqui na cozinha". Essa resposta contingente permitiria que a mãe e a menina entrassem em um processo colaborativo de comunicação cujo resultado deixaria ambas satisfeitas.

Uma resposta contingente não é apenas um espelho refletindo para a outra pessoa uma réplica exata dos sinais enviados. Esse espelhamento pode ser extremamente frustrante. "Estou chateado de não poder ir ao parque!", disse um menino à sua mãe. "É, dá para ver que você está mesmo chateado com isso", foi a resposta espelhada dela que o levou a tapar os ouvidos e a sair intempestivamente do local. Em vez disso, uma possível resposta colaborativa seria: "Eu sei que você quer muito ir ao parque hoje e eu também gostaria de ir. É mesmo decepcionante e frustrante ter de mudar os planos". Essa resposta revela que a mãe recebeu os sinais dele, processou-os de uma maneira que mostra que entende o estado de espírito dele e partilhou-os de uma maneira que reflete não só o que ele disse, mas também a totalidade da experiência emocional do menino.

Na comunicação não contingente, podemos interrogar, julgar e depois tentar consertar a situação. A interrogação envolve o questionamento agressivo e presunções sobre o que a outra pessoa possa estar passando, além de haver motivos ocultos para buscar certas respostas. Por exemplo, se sua filha tímida de dez anos está tendo dificuldade para fazer amizades em sua nova escola, você pode ficar ansiosa com os relacionamentos sociais dela. Quando ela voltar para casa após a escola, você a recebe imediatamente com perguntas relativas às suas interações: "Você brincou hoje com alguém?" ou "Você conversou com as meninas no almoço?". Embora a intenção seja ajudar sua filha, fazer perguntas com tanta intensidade a alguém que já está insegura com a vida social pode fazê-la se sentir ainda mais inadequada.

O julgamento faz suposições sobre aspectos "certos ou errados" da experiência da outra pessoa. Criticamos a abordagem diferente de outra pessoa mesmo quando tentamos receber seus sinais. Às vezes, esses julgamentos provêm de nossos modelos mentais rígidos. Com frequência, as pessoas não estão cientes desses modelos internos e dos vieses que eles criam, os quais as impedem de ser abertas e receptivas. Por exemplo, por querer que sua filha seja mais sociável, você pode revelar sua decepção com ela por meio de suas perguntas e comportamento. Você pode passar a mensagem indiretamente por meio de sinais não verbais de reprovação, ou diretamente, por meio das palavras escolhidas, de que ela tem um defeito. "Se você fosse mais simpática com suas amigas, tenho certeza de que elas iriam querer brincar mais com você" ou "Por que você não age como sua prima Susie? Ela sempre é amistosa". Essas declarações críticas não ajudam sua filha a se sentir compreendida ou apoiada nem fomentam a autoconfiança na menina.

Se nossas respostas visam consertar rapidamente a situação, perdemos a oportunidade de criar uma comunicação colaborativa com os filhos. Tentar resolver os problemas dos filhos também desrespeita a habilidade deles de pensar e achar soluções para as próprias dificuldades. Naturalmente, pais são um apoio importante para os filhos aprenderem a resolver problemas. Mas tentar automaticamente resolver as coisas antes de partilhar a experiência com os filhos pode ser intrusivo e desrespeitoso. No exemplo anterior, convidar várias meninas para irem à casa sem consultar antes a filha é uma intrusão e pode gerar maus resultados. Em vez disso, estar aberta ao processo de como sua filha se relaciona com os outros pode gerar novos *insights* para entender as dificuldades dela e apoiar sua aprendizagem de novas habilidades sociais que lhe dariam mais satisfação nos relacionamentos com os pares. Se conhecer e aceitar o temperamento dela, você poderá oferecer apoio e, ao mesmo tempo, estimular sua habilidade para desenvolver gradualmente a coragem e se abrir para os outros. Com sua sintonia e compreensão, ela pode se tornar mais segura. Sentindo-se apoiada por você, poderá enfrentar o mundo com mais segurança e disposição para tentar coisas novas. Em vez de tentar consertar, tente se conectar com ela. É preciso manter a mente aberta enquanto tentamos entender as perspectivas dos filhos.

PROCESSO E CONTEÚDO

Ficar ciente do processo e do conteúdo da nossa comunicação interpessoal é parte fundamental do autoconhecimento coerente. Com frequência, focamos no conteúdo do que está sendo dito e perdemos de vista o processo de conexão. O sentido das interações, porém, muitas vezes é descoberto no processo, não apenas o conteúdo. O que isso significa? Comunicação é como nos envolvemos com os outros no processo de conexão, não só o partilhamento de certo conteúdo informacional. O fluxo dinâmico de informações, as maneiras com que enviamos e recebemos sinais, forma nossas conexões com os outros. À medida que nos envolvemos no processo de comunicação — o intercâmbio de energia e informações que são a essência de nossas mentes —, nos conectando uns com os outros.

É comum que pais que possuem questões irresolvidas ou pendentes projetem essa bagagem nas interações com os filhos. Os sinais das crianças então são filtrados pela lente rígida do modelo de mundo dos pais, as distorções de suas mentes nada receptivas. Quando acham que seu ponto de vista é o único relevante, os pais fecham seus canais para a comunicação aberta e colaborativa.

Se a colaboração no relacionamento entre pais e filhos é rompida, a mente da criança pode fechar os canais de comunicação e deixar de ser receptiva à aprendizagem. Quando não estamos em conexão com as crianças, é extremamente improvável que haja qualquer comunicação de apoio mútuo e há alta probabilidade de que pais e filhos acabem ficando frustrados, com raiva e se sentindo mais distantes e isolados uns dos outros.

Nossas vidas refletem o processo de conexão e o conteúdo do que aconteceu conosco no passado. Nossas famílias de origem moldaram não só o que lembramos em relação à infância, mas também como passamos a nos lembrar de nossas vidas e a criar uma mente coerente. Portanto, o intercâmbio de comunicação contingente colaborativa pode não fluir naturalmente, se não fez parte da nossa infância. Felizmente, porém, podemos aprender a escutar nossos filhos e a ficar cientes de suas perspectivas e da nossa. Os padrões de comunicação dos pais moldam a coerência da mente da criança. Tornar-se ciente do processo e do conteúdo de nossa comunicação interpessoal é fundamental para o autoconhecimento coerente.

EXERCÍCIOS DE DENTRO PARA FORA

1. Pense em uma experiência em sua infância na qual sua realidade foi negada. Como você se sentiu? O que estava acontecendo no relacionamento com seus pais durante essa experiência?

2. Observe as conversas dos outros. Foque, em princípio, nas palavras sendo ditas e nas declarações factuais sendo expressas. A seguir, note o tom de voz usado pelos comunicadores. Os aspectos verbais e não verbais da linguagem falada são congruentes? Como os outros aspectos da comunicação não verbal se mesclam à linguagem usada? Como você se sentiria naquela situação?

3. Note quando duas pessoas não mantêm os canais de comunicação abertos. Como você percebe a distância entre elas? Parece que vai haver logo uma discussão? Pense em seus padrões de comunicação. De que maneiras você interroga, julga ou conserta? Na próxima vez que se comunicar com seu filho, tente explorar, entender e participar. O que você nota com essa abordagem? Como você acha que suas experiências na infância com essas formas de comunicação afetaram seu relacionamento com os outros?

HOLOFOTE NA CIÊNCIA

A IMPORTÂNCIA DA CONTINGÊNCIA

Velhas visões sobre a natureza do cérebro humano supunham que havia um sistema neural dentro do corpo que funcionava como uma estrutura independente. Essa visão examinava o cérebro isoladamente, como uma estrutura fascinante e digna de estudos sobre seus mistérios. Graças aos avanços tecnológicos, hoje é possível esquadrinhar o funcionamento do cérebro vivo. À medida que os mistérios desse órgão extremamente complexo começaram a ser desvendados, veio a percepção do quanto o cérebro humano é profundamente relacional. O cérebro é projetado para ser diretamente influenciado por suas interações com outros cérebros. Isso não é um acaso da natureza, mas resultado de fatores evolucionários que favoreceram um órgão plástico — que muda com a experiência — e altamente social que nos permite ser influenciados por nossos companheiros e influenciá-los.

Conforme já mencionado, a mente relacional pode ser entendida da seguinte forma: a mente emerge enquanto o fluxo de energia e informações ocorre dentro de um cérebro ou entre cérebros. Estudos sobre crianças revelaram há muito tempo a natureza interpessoal da fase inicial de vida: a comunicação contingente, sintonizada, recíproca, mútua e colaborativa é um processo universal e fundamental que liga a criança aos pais. Para entender melhor esse processo, pesquisadores criaram abordagens inventivas para estudar as conexões entre mães e bebês.

Colwyn Trevarthen, psicólogo e pesquisador com formação em neurociência e hoje um dos principais pesquisadores mundiais da primeira infância, sabia que as respostas apropriadas das mães eram essenciais para o bem-estar dos bebês. No "experimento do rosto impassível" de Ed Tronick, ele pediu a uma mãe para manter o rosto inexpressivo enquanto seu bebê tentava se comunicar. Inicialmente, o bebê reage tentando várias vezes se conectar, então protesta com agitação, fica confuso e se desliga. Pesquisadores interpretaram isso como a necessidade do bebê de ter comunicação sintonizada. Mas Trevarthen percebeu que esse experimento não excluía a possibilidade de que bebês meramente precisavam de uma resposta positiva, não necessariamente uma que fosse sintonizada e contingente. Para investigar essa questão e esclarecer de uma vez por todas qual era o ingrediente essencial na comunicação entre mães e bebês (que tinham entre três e quatro meses de idade), ele e seus colegas criaram o experimento da "televisão dupla".

Bebês adoram perscrutar os rostos dos pais. Imagine um sistema de circuito fechado de televisão, no qual o bebê olha um monitor e vê o rosto da mãe. Um espelho posicionado em um ângulo engenhoso permite que a câmera fique focada no rosto do bebê. Ou seja, o bebê está olhando diretamente para o rosto da mãe na tela do monitor, ao mesmo tempo que, sem saber, olha para a lente da câmera. A câmera então envia a imagem ao outro monitor *online* que a mãe está olhando. Ela está na mesma configuração: olhando simultaneamente o rosto de seu bebê e a lente da câmera que envia sua imagem de volta para ele.

A primeira fase é para que eles interajam em tempo real, mas olhando as imagens no monitor. O que um vê é idêntico à situação cara a cara: comunicação contingente na qual há um partilhamento de sinais não verbais, com os aumentos e diminuições de energia refletindo o alinhamento de seus estados emocionais primários. Essa sintonia revela como os estados internos do par interagindo se alinham por meio de afetos não verbalmente expressados. A segunda fase do estudo revela a importância da contingência. O rosto da mãe no minuto anterior e gravado em videoteipe foi mostrado ao bebê. Agora, ele estava olhando o rosto da mãe, vendo as mesmas respostas positivas como antes, porém, com uma diferença:

elas deixaram de ser contingentes porque ocorreram algum tempo antes. Já que essa era a gravação do último minuto passando na tela, os sinais ainda estavam energizados e positivos, mas agora não correspondiam aos sinais do bebê.

O que você acha que aconteceu?

O bebê teve a mesma série de reações que na situação do "rosto impassível", quando a mãe não mostrava reações faciais: ele ficou inquieto, agitado, confuso e, então, se desligou. Esse estudo mostrou claramente que os bebês precisam não só das respostas positivas das mães, como também de conexões contingentes.

Provavelmente, nós precisamos da mesma contingência ao longo da vida. O senso do *self* é criado nos relacionamentos que temos com os outros. A comunicação contingente permite que nos sintamos coerentes para criar neuralmente um *self* que seja pleno e vivo, e para sair pelo mundo com muita energia e vitalidade.

Com a comunicação rompida, a contingência é detida. Em seu nível mais básico, o movimento em direção à restauração requer que a contingência seja restabelecida. Com a reconexão, dois estados internos se realinham e o *self* de cada pessoa adquire um senso renovado de coerência.

CONTINGÊNCIA E UM *SELF* COERENTE

Não é nova a ideia de que a comunicação com pessoas significativas molda quem somos. O psicólogo russo Lev Vygotsky escreveu nos anos 1920 que o pensamento é um diálogo internalizado. A maneira com que passamos a falar com nós mesmos é moldada por como os outros falavam conosco. Aqueles que estudam a narrativa como uma característica central de como passamos a nos definir têm uma visão semelhante: construímos a narrativa de nossas vidas baseados na natureza das interações que temos com os outros. Com base em pesquisas sobre o desenvolvimento infantil, o psiquiatra infantil Daniel Stern descreveu como as interações entre pais e filhos moldam o desenvolvimento do *self* durante os primeiros anos de vida.

Avanços recentes em neurociência sugerem que o cérebro humano é refinadamente social. A biologia evolutiva aponta o cérebro como o órgão social do corpo. O ser humano tem o coração para bombear o sangue, rins para filtrá-lo, o estômago para digerir os alimentos e o cérebro para coordenar o mundo interno com o mundo exterior. Como evoluímos em grupos, nossa sobrevivência requereu a aquisição da capacidade de ler os sinais dos outros. Esse processo de leitura da mente não só nos dá informações como nos molda. Estudos desenvolvimentais sobre o chamado "referenciamento social" apontam que as reações emocionais dos pais reveladas não verbalmente em suas expressões faciais e gestos são determinantes, em uma situação ambígua, para as reações emocionais e comportamentos de uma criança.

Outros estudos recentes de neurociência utilizaram os dados de pacientes com lesões cerebrais para investigar como o senso do *self* é criado e como nos tornamos conscientes. O neurologista António Damásio escreveu sobre como áreas específicas do cérebro de um indivíduo criam um senso do *self*. Seu trabalho feito com pacientes que têm problemas neurológicos nos ajuda a entender melhor a mente relacional e o cérebro social. O ponto importante é que o cérebro cria neurologicamente um *self* central que incorpora os estímulos do mundo exterior. Aplicando a ideia de comunicação como o "estímulo" que muda o *self*, é possível imaginar como a comunicação contingente pode criar um *self* central coerente. Nós propomos que um *self* neurologicamente coerente é criado quando a resposta do meio social é contingente.

Essa proposta se encaixa bem nas noções de Vygotsky e Stern de que o senso complexo do *self* é formado por experiências impactantes. A consciência de um *self* autobiográfico é semelhante ao que outros descreveram como uma forma de consciência passada-presente-futura, que é denominada de "viagem no tempo mental" nos trabalhos de Endel Tulving e seus colegas. A consciência dos eventos que nos impactam a cada momento é chamada consciência primária, e foi descrita por vários pesquisadores como uma forma de consciência do aqui e agora.

Essas visões convergentes sugerem que o *self* é neurologicamente criado em camadas de circuitos que incrustam nossas interações momentâneas com um mundo dinâmico e a acumulação de experiências incrustadas em várias formas de memória. A própria memória é remodelada pela lembrança e pelo processo de criação de conexões neurais novas e sempre em evolução, da mesma maneira que o senso do *self* se mantém aberto para o crescimento e o desenvolvimento. O desenvolvimento de um senso coerente do *self* pode envolver as interações de nossa experiência interna do aqui e agora com os outros, assim como a viagem no tempo mental que nos permite criar um *self* reflexivo autobiográfico integrando passado, presente e futuro, já que vivemos em mundos internos e sociais dinâmicos que estão sempre interagindo.

INTEGRANDO OS HEMISFÉRIOS

Conectar-se com o outro envolve, no mínimo, duas formas básicas de comunicação: não verbal e verbal. O hemisfério direito, que é o processador não verbal, somático, emocional, social e autobiográfico, permite a utilização de sinais não verbais na comunicação com os outros. A ciência fez uma descoberta interessante: o hemisfério direito parece mais diretamente ligado ao conjunto de circuitos límbicos que media a emoção e a motivação. Portanto, a distinção entre os modos direito e esquerdo de processamento provavelmente inclui a distinção entre o processamento emocional/límbico do hemisfério direito e o processamento mais intelectual, racional e, às vezes, chamado "neocortical" do hemisfério esquerdo.

Essa distinção é particularmente relevante para a criação dos filhos por algumas razões:

- Durante os primeiros dois anos de vida, os bebês são basicamente regidos pelo hemisfério direito. Saber usar o próprio hemisfério direito é crucial para fazer conexões com seu bebê;

- Quando a criança entra na fase pré-escolar, o corpo caloso, as tiras de tecido que conectam os dois hemisférios, ainda estão bem imaturas. Isso faz com que as crianças nessa idade tenham uma dificuldade inata de "explicar seus sentimentos com palavras". Às vezes, o hemisfério direito delas pode estar reagindo tão intensamente que elas têm um chilique, um estado no qual não conseguem usar a linguagem para se comunicar. A comunicação tranquilizadora não verbal é a melhor opção nessas situações;

- Escolas geralmente enfatizam mais o processamento no hemisfério esquerdo do que no hemisfério direito. Adultos que cresceram nessas escolas, muitas vezes, reforçam involuntariamente esse viés injusto em relação à lógica e às palavras. É difícil para o processamento no modo direito se justificar sem recorrer à lógica das palavras para persuasão. Alguém tem que assumir a defesa do hemisfério direito! Afinal, os processos cerebrais no hemisfério direito são importantes para a autorregulação, o senso do *self* e as conexões empáticas com os outros. Achar maneiras de estimular o desenvolvimento do hemisfério direito de seus filhos e sua integração com o hemisfério esquerdo é crucial para que eles desenvolvam um senso de resiliência e bem-estar.

PARA SABER MAIS

COZOLINO, L. *The Neuroscience of Human Relationships*. Nova York: W. W. Norton, 2006.

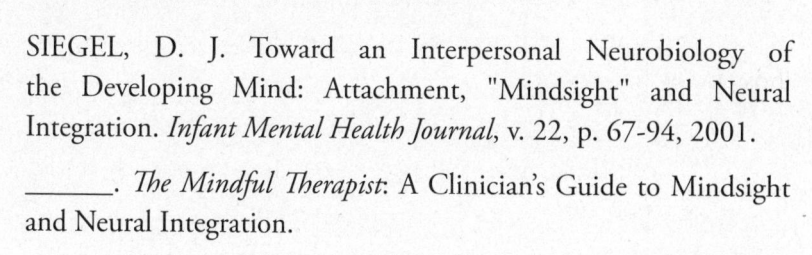

SIEGEL, D. J. Toward an Interpersonal Neurobiology of the Developing Mind: Attachment, "Mindsight" and Neural Integration. *Infant Mental Health Journal*, v. 22, p. 67-94, 2001.

_____. *The Mindful Therapist*: A Clinician's Guide to Mindsight and Neural Integration.

_____. *A Mente em Desenvolvimento*: Para Uma Neurobiologia da Experiência Interpessoal. São Paulo: Instituto Piaget do Brasil, 2004, cap. 8

STERN, D. *The Interpersonal World of the Infant*. Nova York: Basic Books, 1985.

TREVARTHEN, C. The Self Born in Intersubjectivity: The Psychology of Infant Communicating. In: NEISSER, U. (ed.). *The Perceived Self*: Ecological and Interpersonal Sources of Knowledge. Nova York: Cambridge University Press, 1993, p. 121-173..

_____. Lateral Asymmetries in Infancy: Implications for the Development of the Hemispheres. *Neuroscience and Biobehavioral Reviews*, v. 20, p. 571-586, 1996.

_____. What Is It Like to Be a Person Who Knows Nothing? Defining the Active Intersubjective Mind of a Newborn Human Being. *Infant and Child Development*, v. 20, n. 1, p. 119-135, 2011.

TRONICK, E. *The Neurobehavioral and Social Emotional Development of Infants and Children*. Nova York: W. W. Norton, 2007.

5
COMO NOS APEGAMOS: RELACIONAMENTOS ENTRE AS CRIANÇAS E OS PAIS

INTRODUÇÃO

Bebês nascem dependentes dos pais para sobreviver. Embora o pai possa ser um cuidador carinhoso e sensível, isso cabe mais à mãe, que inicialmente fornece alimento e conforto ao recém-nascido e com quem ele desenvolve um apego primário. O bebê e a mãe sentem uma conexão íntima que dá um senso de segurança a ele. Ter um adulto que cuida deles com carinho e sensibilidade, percebe, entende e atende às suas necessidades dá segurança aos bebês. O senso de bem-estar derivado de experiências previsíveis frequentes de cuidado cria o que o pioneiro da teoria do apego John Bowlby chamou de "base segura". Esse modelo interno de segurança permite que as crianças se desenvolvam bem e explorem o mundo ao redor. O apego seguro é associado a resultados desenvolvimentais positivos para crianças em muitas áreas, incluindo a social, a emocional e a cognitiva.

Pesquisas sobre apego apontam a importância do relacionamento entre pais e filhos na modelagem das interações dos pequenos com outras crianças, seu senso de segurança para explorar o mundo, a resiliência ao estresse, sua habilidade para equilibrar as emoções, a capacidade de ter uma história coerente que dê sentido às suas vidas e a habilidade para estabelecer relacionamentos interpessoais significativos no futuro. O apego cria a base para a criança passar a abordar o mundo, e um apego saudável nos primeiros anos propicia uma base segura com a qual as crianças podem aprender sobre si mesmas e os outros.

APEGO, GENES E DESENVOLVIMENTO

A personalidade de um indivíduo se desenvolve a partir de uma transação entre as características inatas do temperamento (como sensibilidade, sociabilidade e mau humor) de uma criança e as próprias experiências enquanto se desenvolve em família e com os pares. Os genes herdados exercem grande impacto sobre o desenvolvimento das crianças, influenciando as características inatas de seus sistemas nervosos e moldando como as pessoas reagem a elas. Fatores genéticos podem moldar diretamente o funcionamento do cérebro e, portanto, ter um impacto direto sobre o comportamento das pessoas.

Esses fatores incluem os genes e as moléculas "epigenéticas" nos cromossomos que controlam quando e como certos genes serão ativados e criarão as proteínas que moldam a estrutura neural. Como esses fatores epigenéticos são diretamente moldados pela experiência, a ativação do maquinário genético é influenciada por aquilo que vivenciamos. Experiências moldam diretamente o desenvolvimento infantil e podem influenciar a ativação específica de genes e a formação das conexões que compõem a estrutura do cérebro. Como se vê, a "controvérsia" entre natureza e ambiente e a cultura é enganosa, pois a natureza (genes e sua regulação) requer um ambiente propício (experiência) para o desenvolvimento ideal de uma criança. Afinal, os genes e as experiências interagem para moldar quem somos.

A boa nova é que é possível moldar o crescimento e o funcionamento neural e até a regulação epigenética, desde que haja experiências propícias! Então vamos continuar examinando aqui o que se pode fazer especificamente para fomentar o desenvolvimento.

O apego é um aspecto muito importante das forças empíricas que moldam o desenvolvimento de uma criança. Os bebês humanos são extremamente imaturos e têm cérebros subdesenvolvidos em comparação com o quanto se tornam complexos à medida que a criança cresce. Os seres humanos também são refinadamente sociais: o cérebro é estruturado para se relacionar com outras pessoas de uma maneira que molda como o cérebro funciona e se desenvolve. Por essas razões, experiências de apego são fundamentais para moldar nosso desenvolvimento.

Algumas pessoas temem que as descobertas de pesquisas sobre apego indiquem que os anos iniciais de vida determinem nosso destino. Na verdade, as pesquisas mostram que os relacionamentos com os pais podem mudar, o que faz o apego da criança mudar. Isso significa que nunca é tarde demais para criar mudanças positivas na vida de uma criança. Estudos também demonstram que um relacionamento acolhedor com pessoas que não sejam o pai ou a mãe, no qual a criança se sinta compreendida e segura, é uma fonte importante de resiliência, uma semente na mente infantil que pode se desenvolver durante o crescimento dela. Relacionamentos com parentes, babás, professores e terapeutas podem ser uma fonte importante de conexão para a criança em crescimento. Esses relacionamentos não substituem o apego seguro com a mãe, mas são uma fonte de fortalecimento para a mente infantil em desenvolvimento.

APEGOS SEGUROS

Os apegos são seguros quando as crianças têm comunicação contingente consistente e emocionalmente sintonizada com os pais ou outro cuidador primário. Relacionamentos que propiciam contingência, especialmente em momentos de carência emocional, fazem as crianças se sentirem frequentemente conectadas, compreendidas e protegidas. Comunicar-se dessa maneira com os filhos faz eles se sentirem bem cuidados, seguros e calmos. Nós vemos seu mundo interno sob seus comportamentos os protegemos contra os perigos e a sensação de ameaça nos sintonizamos com eles e acalmamos suas aflições e tudo isso faz com que desenvolvam um modelo de segurança. Estudos sugerem que essa segurança influencia tanto as conexões neurais quanto as moléculas regulatórias epigenéticas no cérebro que apoiam o comportamento, a resiliência e o bem-estar relacional. De várias maneiras, essa segurança os empodera para sair da nossa base doméstica segura — o porto seguro — e explorar o mundo, pois eles nos usam como uma plataforma sólida de lançamento.

Uma maneira de entender como o apego é criado por meio da comunicação é o que chamamos SEC do processo de apego: sintonia, equilíbrio e coerência.

TABELA VI. O SEC DO APEGO

O SEC do apego é a sequência desenvolvimental de: sintonia, equilíbrio e coerência.

Sintonia — Alinhar seu estado interno com o de seus filhos, o que envolve o partilhamento contingente de sinais não verbais.

Equilíbrio — Seus filhos adquirem equilíbrio corporal, emocional e de estados de espírito por meio da sintonia com você.

Coerência — O senso de integração adquirido no relacionamento com os pais faz os filhos se sentirem integrados internamente e conectados interpessoalmente com os outros.

Quando a resposta inicial da mãe e do pai é sintonizada com a criança, esta se sente compreendida e conectada com eles. Comunicações sintonizadas permitem que a criança tenha um senso interno de equilíbrio, regule seus estados corporais e, posteriormente, suas emoções e estados de espírito, com flexibilidade e equilíbrio. Essas experiências de conexões sintonizadas que propiciam o equilíbrio fazem a criança ter um senso de coerência mental.

Apego é um sistema inato do cérebro que evoluiu para manter a criança segura. Permite que ela: (1) busque proximidade com a mãe e o pai; (2) recorra a eles como fonte de um porto seguro em momentos de aflição; e (3) internalize o relacionamento com a mãe e o pai como um modelo de base segura. Esse senso de segurança é formado por experiências frequentes da criança de estar contingentemente conectada com a figura de apego. O impacto dessas experiências promove um senso interno de bem-estar nas crianças que lhes permite sair para explorar o mundo e estabelecer novas conexões com os outros.

APEGOS INSEGUROS: PREVENÇÃO E AMBIVALÊNCIA

Os pais nem sempre conseguem proporcionar experiências de conexão e segurança, de modo que a criança desenvolva um apego seguro. Se o SEC do apego não for alcançado com regularidade suficiente, experiências de busca por proximidade, porto seguro e base segura não ocorrem da maneira ideal. O apego inseguro resultante leva a processos internos na criança que influenciam diretamente suas futuras interações com os outros.

Apegos inseguros assumem várias formas e derivam de experiências frequentes de comunicação não sintonizada nem contingente. Quando o pai ou a mãe está frequentemente indisponível e rejeita o contato, a criança pode se tornar apegada de maneira esquiva, ou seja, ela se adapta a evitar proximidade e conexão emocional com a figura parental. É comum haver um teor emocional árido no tom da comunicação entre pais e filhos. Essas situações, muitas vezes, envolvem pais que cresceram em um deserto emocional e não processaram devidamente essa experiência difícil, e nem como tiveram de se adaptar quando suas necessidades de apego não eram atendidas.

Uma criança com apego ambivalente acha a comunicação parental inconsistente e, às vezes, intrusiva. Ela sente que não pode depender daquela pessoa para sintonia e conexão. Quando percebem a disponibilidade variável e a comunicação falível dos pais, as crianças desenvolvem um senso de ansiedade e incerteza se podem depender dos pais, pois não sabem o que esperar. Essa ambivalência cria um sentimento de insegurança no relacionamento entre pais e filhos, e se estende à interação da criança com o mundo social mais amplo.

Em apegos inseguros esquivos ou ambivalentes, as crianças desenvolvem uma abordagem organizada em seu relacionamento com os pais, a fim de entender o sentido de suas experiências. As crianças fazem o melhor possível para se adaptar a seus mundos. A tenacidade dessas adaptações fica evidente nas maneiras com as quais as crianças recriam essas formas de relacionamentos. O modo de adaptação aos apegos primários nas famílias de origem organiza nossas mentes para abordar relacionamentos sociais de uma certa maneira, que então é aplicada fora da família. Esse uso de antigas adaptações em novas situações com professores, amigos e, posteriormente, com parceiros românticos recria outra experiência que reforça os velhos padrões de adaptação. Passamos a acreditar profundamente, por exemplo, que o mundo é um lugar árido emocionalmente (prevenção) ou emocionalmente falível e repleto de incertezas (ambivalência).

APEGOS INSEGUROS: DESORGANIZAÇÃO

Quando as necessidades infantis de apego não são atendidas e o comportamento dos pais é uma fonte de desorientação ou terror, as crianças podem desenvolver um apego desorganizado. Crianças com apego desorganizado têm experiências frequentes de comunicação nas quais o comportamento parental é acabrunhante, atemorizante e caótico. Quando o pai ou a mãe é fonte de alarme e confusão, as crianças ficam diante de um paradoxo biológico. O sistema biológico de apego é projetado para motivar a criança a buscar proximidade e ficar perto dos pais em um momento de aflição, a fim de se acalmar e se sentir protegida. Mas na situação anteriormente mencionada a criança fica "empacada", pois há um impulso para tentar se afastar da fonte de seu terror. Esse é o tipo de apego que os pesquisadores Mary Main e Erik Hesse chamaram de "pavor sem solução". Ele é um dilema insolúvel para a criança, que não consegue achar meios de entender a situação ou desenvolver uma adaptação organizada. A única reação possível do sistema de apego é se tornar desorganizado e caótico.

Há índices altos de apego desorganizado em crianças abusadas pelos pais. O abuso é incompatível com o senso de segurança que os pais devem dar às crianças, pois fratura o relacionamento entre pais e filhos e cria uma situação impossível para a mente infantil, fragmentando o senso do *self*. O abuso parental comprovadamente danifica as áreas em crescimento no cérebro infantil que viabilizam a integração neural. Para crianças com apego desorganizado, a integração neural danificada pode ser um mecanismo que as leva a ter dificuldade para regular emoções, na comunicação social e com tarefas acadêmicas que exijam muito raciocínio, uma tendência à violência interpessoal e uma predisposição para a dissociação — um processo no qual a cognição normalmente integrada se torna fragmentada.

O apego desorganizado também é presente em famílias nas quais, embora não haja abuso físico, a criança tem experiências frequentes em que o comportamento parental é muito atemorizante ou desorientador para ela. Pais que frequentemente se enfurecem com os filhos ou ficam intoxicados podem criar um estado de alarme que leva ao apego desorganizado. Não há solução para o paradoxo de que seu pai ou mãe criem um estado de desorientação ou terror em você, que o impulsione a buscar conforto na própria fonte de seu medo. As experiências desorganizadoras prejudicam a habilidade da criança para integrar as funções da mente que lhe permitem regular as emoções e aguentar o estresse.

Por que há pais que tratam os filhos assim? Pesquisas demonstraram que pais com algum trauma ou perda irresolvida têm alta probabilidade de apresentar comportamentos que apavoram os filhos e geram um apego desorganizado neles. Ter um histórico de trauma ou perda por si só não predispõe a pessoa a fomentar a desorganização em uma criança. A falta de resolução é o fator essencial de risco. Nunca é tarde demais para evoluir, entender suas experiências e se curar de seu passado. Isso fará um bem enorme a você e a seus filhos.

APEGOS DISTINTOS – DIFERENTES PADRÕES DE COMUNICAÇÃO

Quando os pais entendem como o apego afeta o desenvolvimento e como sua comunicação e comportamento afetam a habilidade da criança para ter um apego seguro por eles, pode surgir a motivação para mudar. Pais podem aprender a ter comunicação mais contingente com as crianças e se empenhar para construir uma base para o desenvolvimento de um relacionamento saudável entre ambas as partes. Refletir sobre as categorias de apego pode ser útil.

TABELA VII. PADRÕES DE APEGO

Seguro	Emocionalmente disponível, perceptivo, receptivo
Inseguro – esquivo	Emocionalmente indisponível, desatento, indiferente; e rejeita
Inseguro – ambivalente	Inconsistentemente disponível, perceptivo e receptivo; e intrusivo
Inseguro – desorganizado	Apavorante, atemorizante, desorientador, alarmante

Aqui estão alguns exemplos de interações entre pais e filhos que ilustram as categorias de apego descritas anteriormente. Em cada situação, um pai ou uma mãe está tomando conta de sua filha de quatro meses.

Apego seguro: a bebê está com fome e começa a chorar. O pai ouve, larga o jornal e vai até o cercadinho para ver o que está acontecendo. Ele a pega ternamente no colo, olha bem nos olhos dela e diz: "O que há de errado, minha lindinha? Você quer que o papai brinque com você? Ah, já sei, você está com fome. É isso que você está tentando me dizer?". Ele vai com ela para a cozinha e prepara a mamadeira falando o tempo todo com a menina, avisando que a mamadeira está quase pronta e que daqui a pouco ela vai mamar. Ele se senta embalando-a nos braços e dá a mamadeira. A filha olha para o rosto dele, satisfeita com o leite quente e a interação carinhosa com o pai. Ela se sente bem. O pai percebeu e entendeu seus sinais de aflição, e a atendeu de maneira oportuna e efetiva. A bebê assimila essa situação e com as frequentes conexões contingentes semelhantes que tem com o pai. Assim, ela sente internamente que é entendida, respeitada e atendida pelo pai. A menina se sente "sentida", que alguém importante em sua vida a conhece profundamente. Ela consegue impactar seu mundo com êxito: "Se eu comunico, o mundo vai dar um jeito de satisfazer minhas necessidades". É assim que um apego seguro se desenvolve.

Apego esquivo: uma criança que desenvolve um apego esquivo tem experiências diferentes com o pai. Quando chora no cercadinho, o pai nem nota. Quando o choro se torna mais insistente, ele levanta os olhos do jornal, mas decide terminar o artigo antes de ir até a filha. Irritado com a interrupção, olha para ela no cercadinho e diz: "Ei, para com esse escândalo?". Cogitando que talvez seja hora de trocar a fralda, coloca a bebê no trocador, muda a fralda em silêncio, leva-a de volta para o cercadinho e retoma a leitura do jornal. Ela continua chorando, então ele acha que talvez ela precise tirar uma soneca e a coloca no berço. Ela segue chorando, então ele a cobre com a manta, dá a chupeta esperando que a bebê se acalme em pouco tempo, e fecha a porta. Mas não, e agora faz 45 minutos que ela começou a dar sinais de fome. "Talvez ela esteja com fome", percebe ele, olhando para o relógio e notando que há mais de quatro horas a menina está sem se alimentar. Ele prepara a mamadeira, se senta, alimenta a criança e ela finalmente se acalma.

Nesse cenário, a bebê aprendeu que o pai nem sempre entende bem seus sinais. Primeiro, ele não a ouve, depois não entende o que ela quer. Ele parece não prestar atenção às dicas sutis da comunicação dela. Por fim, após a menina ficar aflita por um tempo considerável, ele capta o que ela quer. Em geral, padrões frequentes como esse ensinam à criança que seu pai não é muito disponível para satisfazer suas necessidades ou se conectar com ela.

Apego ambivalente: uma terceira bebê obtém uma resposta diferente do pai, a qual cria um apego ambivalente. Às vezes, quando ouve a filha chorando, ele sabe exatamente o que fazer. Outras vezes, porém, fica ansioso e não se sente confiante de ter a habilidade para acalmá-la quando ela chora muito. Ele sai da mesa onde estava lendo e, com uma expressão aflita, corre até ela e a pega no colo. Ele está preocupado lembrando-se do estresse no trabalho. A semana passada foi bem difícil, pois o chefe lhe disse que estava insatisfeito com seu desempenho e queria que ele fosse mais assertivo com os clientes. Isso o fez se lembrar do próprio pai que duvidava constantemente de suas capacidades e fazia comentários humilhantes na mesa de jantar diante de sua mãe e dos dois irmãos mais velhos. A ansiedade da mãe piorava quando o marido fazia essas críticas frequentes, mas nunca o enfrentou. Ela ia depois ao quarto do filho, que correra para lá chorando após a rabugice paterna, e dizia que não era correto ele gritar com o pai e que precisava aprender a se controlar. Ela parecia muito atormentada e isso deixava o menino muito nervoso e ainda mais inseguro. Jurava que jamais trataria os próprios filhos do modo como era tratado por seus pais — e certamente, nunca daria o menor motivo para as crianças chorarem.

E aqui estava sua filha chorando em seus braços. "Deve ser uma daquelas vezes em que ela fica inconsolável", pensa ele. Sua expressão preocupada e os braços tensos não dão um senso de conforto ou segurança à filha. Ela é apenas um bebê, e não tem como saber que a ansiedade dele não tem nada a ver com a fome dela. Ele logo supõe que ela está faminta e lhe dá a mamadeira. Embora tenha um pouco de satisfação em vê-la feliz, ele continua preocupado se ela vai recomeçar logo a chorar e se conseguirá confortá-la.

Experiências frequentes desse tipo com o pai farão o bebê ter um apego ambivalente por ele. Esse padrão de apego essencialmente diz o seguinte: "Não tenho certeza se meu pai conseguirá satisfazer minhas necessidades de maneira confiável. Às vezes, ele consegue e, às vezes, não. Como será desta vez?". Tal ansiedade gera incerteza se os outros, em geral, são confiáveis para manter uma conexão.

Apego desorganizado: uma quarta criança pode achar que a maioria de suas interações com o pai é semelhante a um dos padrões vividos pelas outras três bebês, mas em momentos de aflição intensa seu pai age de outro modo. Ele fica muito apreensivo quando a filha chora, então, assim que ela começa a chorar, larga o jornal, e vai rapidamente ao cercadinho, na esperança de que ela pare de chorar. Ele a pega abruptamente e, como está tenso, a segura com uma força desnecessária. Inicialmente, ela sente alívio com a chegada dele, mas o aperto de seus braços é mais incômodo do que confortante. Ela chora mais alto porque agora está faminta e desconfortável. O pai percebe sua aflição crescente e a segura com mais força ainda. Ele acha que ela pode estar com fome e a leva para a cozinha, onde tenta preparar rapidamente a mamadeira. Justamente quando está terminando, a mamadeira cai e o leite se esparrama no chão. Assustada com o som da mamadeira caindo no chão, a bebê chora ainda mais alto.

Irritado com sua falta de jeito e com o choro da filha, e frustrado com sua incapacidade de acalmá-la, ele se torna incapaz de lidar com a situação. Sente-se perdido. Seus pensamentos começam a se fragmentar; lembranças de sua infância, quando era maltratado pela mãe alcoólatra, inundam-o como uma maré forte. Seu corpo fica ainda mais tenso, o coração começa a disparar, os braços enrijecem enquanto se prepara para ser atacado pela mãe, e então, ele se encolhe, chorando e gritando, sob a mesa da cozinha. Ele ouve o som de vidro se quebrando, pois a mãe deixou cair uma garrafa de vodca, e vê os cacos espalhados no chão ao seu redor. Ela se agacha para agarrá-lo, e, ajoelhando sobre os cacos de vidro, corta as pernas. Furiosa, ela puxa o filho pelos cabelos e berra: "Nunca mais faça isso!".

Sua filha está olhando para o nada e choramingando. Ao ouvi-la, ele percebe que havia entrado em transe e então fala o nome dela. O *flashback* acabou e ele volta para o presente, tentando confortar a bebê. Com um olhar vazio, ela se volta lentamente para ele. Após alguns momentos, parece estar mais presente. Ele prepara outra mamadeira e senta-se para alimentá-la. Enquanto mama, ela olha para o rosto do pai e depois para o chão da cozinha. Ele também está mexido com a experiência e apenas meio presente. Nenhum dos dois faz ideia do que acabou de acontecer e ambos estão imersos na desorganização mental.

Experiências frequentes de o pai entrar em estado de transe quando ela fica aflita terão um impacto profundo sobre o desenvolvimento da habilidade da menina para tolerar e regular as próprias emoções intensas. Essas experiências com o pai ensinam a ela que emoções intensas são desorganizadoras. O estado emocional excessivo dele cria uma desconexão que a impede de entender o sentido de seu mundo interno e interpessoal. O mergulho dele nos próprios traumas irresolvidos a deixa sozinha em um momento em que precisa desesperadamente de conexão. Os sinais não verbais dele, como apertá-la com força e a expressão assustada em seu rosto, geram mais angústia. Essas experiências são desorientadoras, pois geram medo na filha, em paralelo ao medo que o pai sente da própria mãe e por se sentir incapaz de acalmar a aflição da bebê. Esses tipos de interação criam um apego desorganizado, e lidar com as próprias emoções intensas e as dos outros pode ser difícil para ela no futuro. Relacionamentos interpessoais podem parecer falíveis, e lidar com o estresse pode ser particularmente desafiador diante de sua resposta emergente de dissociação.

PADRÕES DE ADAPTAÇÃO

Cada tipo de relacionamento de apego cria um conjunto de experiências ao qual a criança deve responder. Para crianças com apego seguro, as adaptações muito provavelmente serão flexíveis e promoverão um senso de bem-estar. Para as formas organizadas de apego inseguro, prevenção e ambivalência, as adaptações podem ser menos flexíveis. O paradoxo biológico de experiências de apego desorganizado cria uma resposta confusa na criança e não promove flexibilidade nem intensifica sua capacidade de florescer.

Com experiências frequentes no decorrer do tempo, esses padrões ficam incorporados como uma maneira característica de ser com o pai ou a mãe. Essas "maneiras de ser" são adaptações ou padrões de regulação de emoções e intimidade, que ajudam a organizar os processos internos da mente da criança e os relacionamentos estreitos com os outros. À medida que as crianças se desenvolvem, esses padrões responsivos continuam influenciando seus relacionamentos, e podem se tornar mais problemáticos quando formam as próprias famílias.

Essas categorias de apego são uma medida das experiências infantis no relacionamento com o pai, a mãe ou outro cuidador. Como as experiências com mãe e o pai podem diferir, uma criança pode ter um apego seguro por um e um apego inseguro pelo outro. Aparentemente, o apego tem o potencial de mudar ao longo da vida, de forma que se o relacionamento entre pais e filhos muda no decorrer do tempo, o mesmo pode ocorrer com o apego da criança.

Aprender a se sintonizar, conectar e comunicar com seu filho desde os primeiros anos gera um apego seguro e uma base para o crescimento e o desenvolvimento saudáveis. Isso cria um senso de "nós" que é uma entidade viva e palpável. Com um apego seguro, uma criança sente que está conectada com os pais de uma maneira que intensifica seu senso de segurança e de pertencimento no mundo.

EXERCÍCIOS DE DENTRO PARA FORA

1. Considere os três elementos básicos do apego: a busca por proximidade, porto seguro e base segura. Qual é sua reação quando seus filhos querem ficar perto de você? E o que você faz quando eles estão transtornados e precisam ser confortados? Você acha que eles estão internalizando o relacionamento com você como uma base segura? À medida que seus filhos crescem, até que ponto você os apoia para que explorem o mundo por conta própria? O que você pode fazer para melhorar o relacionamento com seus filhos, a fim de aumentar o apego seguro deles por você e apoiar sua conexão e autonomia?

2. Considere até que ponto o SEC do apego — sintonia, equilíbrio e coerência — é parte do relacionamento com seu filho. O SEC é confortável ou desafiador para você na criação de seu filho?

3. Reflita sobre as quatro categorias de apego: seguro, esquivo, ambivalente e desorganizado.

HOLOFOTE NA CIÊNCIA

GENES, DESENVOLVIMENTO CEREBRAL E EXPERIÊNCIA

O desenvolvimento da estrutura e funcionamento do cérebro é moldado pela interação de genes e experiências. Aqui estão alguns conceitos básicos que esclareçam melhor as inter-relações de genes, desenvolvimento cerebral e experiências.

Durante a gestação, os numerosos genes no núcleo de cada célula vão se manifestando e os genes determinam quais proteínas devem ser produzidas, e quando e como moldar a estrutura do corpo. No desenvolvimento cerebral no útero, os neurônios crescem, vão para os locais apropriados no crânio e começam a formar as interconexões que criam o conjunto de circuitos desse órgão complexo do sistema nervoso.

O bebê nasce com grande parte da arquitetura cerebral básica já formada, mas as interconexões entre os neurônios são relativamente imaturas e terão de se desenvolver muito nos anos seguintes. Durante os três primeiros anos de vida, um aumento maciço nas conexões entre neurônios cria um conjunto complexo de circuitos para a criança pequena. Informações genéticas influenciam como os neurônios se conectam durante essa fase, moldando a sincronização e a natureza dos conjuntos de circuitos emergentes no cérebro. Como a memória implícita já existe nessa fase, as conexões sinápticas comprovadamente também serão moldadas pelas experiências.

Uma distinção importante é entre o desenvolvimento cerebral "expectante de experiência" e aquele "dependente de experiência". No desenvolvimento expectante, informações genéticas determinam o crescimento de conexões neurais que, por sua vez, precisa ser mantido por meio da exposição a doses mínimas de estímulo "esperável" do ambiente. Por exemplo, a manutenção dos sistemas visuais requer que os olhos fiquem expostos à luz. Sem tal exposição, os circuitos já estabelecidos e prontos para crescer e se desenvolver interromperão seu crescimento e podem murchar e morrer. Esse é um exemplo de "usar-ou-perder" em termos do crescimento cerebral.

Em contraste, acredita-se que o crescimento dependente da experiência envolve a conexão de fibras neurais cujo crescimento é iniciado pela própria experiência. Experiências novas, como interações com um certo cuidador, colocar os pés em uma poça de água fria, brincar no balanço do parque ou ser abraçado pelo pai, criam novas conexões sinápticas dessa maneira dependente de experiências.

Certos pesquisadores não esclarecem essa distinção, mas apontam que o crescimento do cérebro envolve a produção enorme e geneticamente determinada de sinapses, o crescimento sináptico "dependente de atividade" e a modelagem da estrutura cerebral por outros meios, como o crescimento de bainhas de mielina (que aumentam a velocidade da condução neural de sinais) e o suprimento de sangue. Por essa visão, a estrutura neural é moldada por inúmeros fatores, incluindo genes e experiências, que determinam o crescimento maior ou a destruição das conexões neurais existentes pelo processo de poda.

A densidade sináptica — o número de conexões sinápticas no cérebro — permanece alta ao longo dos anos pré-escolares e da escola primária, mas ocorre um processo de poda durante a adolescência: a destruição natural de conexões neuronais existentes, que parece extrair circuitos específicos da massa anteriormente maior de neurônios interconectados. A poda é uma parte normal do desenvolvimento e ocorre até nos primeiros anos do desenvolvimento cerebral. A extensão da poda e dos circuitos específicos podados é determinada por experiências e genes, e pode ser intensificada por montas excessivas de estresse (causadas pela liberação de altas quantidades de cortisol, o hormônio do estresse, por períodos extensos de tempo).

Investigações sobre as mudanças que ocorrem na adolescência exploram como esse processo natural e extenso de poda pode levar a reorganizações no cérebro adolescente, e ajudam a explicar algumas experiências emocionais e comportamentais nessa fase. Essa restruturação cerebral produz alterações significativas no funcionamento cerebral. Esse processo pode desvendar aspectos vulneráveis anteriormente ocultos da arquitetura cerebral de uma criança, os quais derivam da herança genética ou de experiências iniciais estressantes.

Tais aspectos podem se revelar como distúrbios comportamentais e emocionais, não meramente reorganizações no funcionamento, especialmente com a poda excessiva devido ao estresse.

O conceito importante de que genes e experiências interagem para moldar o desenvolvimento é ilustrado em estudos feitos pelo primatologista Stephen Suomi e colegas sobre macacos-rhesus. Eles demonstraram que filhotes de macacos criados sem cuidado materno ("criados apenas pelos pares") apresentam comportamentos anormais, especialmente se têm uma certa variação genética. Quando as mães estão disponíveis para macacos com esse gene, há uma espécie de "tampão maternal" para que esse gene não se manifeste e o resultado comportamental seja bom. Quando a falta de cuidado materno elimina esse tampão, aquele gene é ativado, o que impacta o metabolismo da serotonina, e os resultantes efeitos negativos se expressam como comportamentos regulatórios e sociais anormais.

A mensagem principal desse estudo e de outros semelhantes é que experiências acolhedoras afetam diretamente como — e até se — os genes se manifestam. Quando há uma variação genética nociva, a falta de cuidados apropriados pode levar à sua ativação. Outros estudos revelam que alterações nas moléculas que controlam a manifestação dos genes são moldadas por experiências iniciais.

Essas moléculas regulatórias "epigenéticas" ajudam a determinar quais, quando e como genes se manifestam e quais proteínas são produzidas, de modo a alterar as conexões neurais e, portanto, o funcionamento do cérebro.

Outros fatores também são importantes. Estudos revelam que o ser humano tem "variações genéticas" ou "alelos" distintos para diferentes funções, a exemplo de como os neurotransmissores no cérebro funcionam. Quem tem uma certa variação no metabolismo da dopamina, por exemplo, pode ter reações mais intensas quando é maltratado do que alguém com outra variação. Da mesma maneira, há variações na função da serotonina ou da oxitocina, uma importante substância química que influencia a sensibilidade a sinais sociais e a formação de elos com outras pessoas. A origem inata dessas variações tem papel importante em como nos comportamos em relacionamentos estreitos e naquilo que criamos em reação a experiências relacionais. Claramente, o debate sobre "natureza *versus* ambiente e cultura" tem de ser reconfigurado e adotar a visão de que genes e experiências interagem para moldar o desenvolvimento contínuo.

Uma mensagem importante desses estudos aos pais é que o cérebro é geneticamente programado para se aprontar para o desenvolvimento normal saudável. É impossível mudar nossos genes, mas podemos moldar intencionalmente as maneiras de interagir que influenciam como esses genes se manifestam — sua regulação epigenética — e como nossos filhos se desenvolvem. Muitas conexões neurais são feitas e a criança está aberta para receber amor e conexão. Pais não precisam se preocupar em dar estímulo sensorial excessivo nem em fazer com que cada neurônio se conecte com seu par ideal! Em vez de um bombardeio sensorial excessivo, o cérebro precisa mais de interações recíprocas com os cuidadores, a fim de crescer bem. Tais interações positivas propiciam ao cérebro em crescimento a regulação interativa compartilhada que é um dos principais resultados de relacionamentos de apego seguros.

APEGO, EXPERIÊNCIA E DESENVOLVIMENTO

Os campos de pesquisas sobre apego e a neurociência são historicamente independentes quando se trata de estudar seres humanos. Estudos sobre mamíferos como primatas (macacos, chimpanzés) e ratos investigam experiências entre mães e bebês e seus efeitos. Quando juntamos as descobertas desenvolvimentais e cognitivas da neurociência com os estudos sobre apego em animais e humanos, uma visão extremamente empolgante da "realidade maior" do desenvolvimento humano começa a se delinear. Supõe que o apego dos bebês e das crianças mais velhas pela mãe propicia uma série de experiências que suscitam o SEC do apego: sintonia, equilíbrio e coerência.

Sintonia é o alinhamento do estado interno do pai ou da mãe com o da criança. Esse processo envolve o compartilhamento e coordenação de sinais não verbais, como contato visual, expressão facial, tom de voz, gestos e toques, postura corporal, sincronização e intensidade da resposta. Tal ressonância não verbal provavelmente envolve um processo de conexão entre os hemisférios direitos que mediam os sinais não verbais das duas pessoas.

Equilíbrio é a regulação propiciada pela presença física e a comunicação sintonizada do pai ou da mãe ao cérebro infantil em crescimento. Dessa maneira, a comunicação sintonizada e contingente viabiliza o processo de conexão externo que faz a criança adquirir estados internos de equilíbrio. Esse equilíbrio envolve a regulação de processos como ciclos de sono-vigília, reações ao estresse, pulsação cardíaca, digestão e respiração. O neurocientista desenvolvimental Myron Hofer cunhou o termo "reguladores ocultos" e é com eles que a presença materna incita a prole a adquirir um equilíbrio fisiológico básico. A ausência materna prolongada estressa o filhote animal, pois retira esses reguladores ocultos e expõe um cérebro muito jovem a quantidades debilitantes de estresse desregulado. Foi comprovado que esses estressores frequentes têm efeitos negativos prolongados sobre a habilidade do animal para ter uma regulação fisiológica equilibrada no futuro.

A coerência é consequência do equilíbrio mediado pelos pais e graças ao qual o cérebro se torna adaptativo, estável e flexível para se adaptar a variadas demandas ambientais. Um cérebro organizado e bem integrado cria uma mente adaptativa coerente. Essa visão é corroborada por pesquisas sobre apego que sugerem que apegos seguros repletos de comunicação integrativa, na qual as diferenças são aceitas e a compaixão é cultivada, promovem uma mente coerente, ao passo que apegos inseguros geram várias formas de incoerência.

Com grande frequência, a mente incoerente resulta de abusos e negligências contra as crianças. Pesquisas sobre crianças abusadas e negligenciadas revelaram os efeitos devastadores dos maus tratos para o cérebro infantil em crescimento: tamanho menor do cérebro, menos crescimento do corpo caloso que conecta os lados direito e esquerdo do cérebro, impactos negativos nas regiões integrativas no córtex pré-frontal e no hipocampo, e danos ao crescimento do GABA (ácido gama-aminobutírico, um neurotransmissor inibitório) no cerebelo que serve para acalmar as excitáveis estruturas emocionais límbicas. Tudo isso foi constatado em imagens de tomografias cerebrais de crianças abusadas e negligenciadas. A fonte provável dessas dificuldades é a quantidade excessiva do hormônio do estresse liberada durante esses eventos traumáticos, o qual é tóxico para os neurônios, pois prejudica seu crescimento e mata as células existentes. Resta a dúvida se experiências posteriores podem ajudar a sobrepujar esses efeitos neurológicos. As pessoas podem se recuperar de abusos mediante relacionamentos acolhedores, mas não se sabe se o dano cerebral é reparado ou se circuitos alternativos se desenvolvem no processo de cura.

Um princípio simples revela o elo importante entre nossos relacionamentos com os filhos e o crescimento de seus cérebros. Quando a comunicação é integrativa, as fibras integrativas do cérebro crescem bem! Como a integração neural no cérebro é a base para a regulação saudável — da atenção, emoção e comportamento —, é possível captar a possível verdade por trás dessa afirmação: a saúde emerge da integração conosco e entre nós. Portanto, o princípio central dos pais é oferecer experiências integrativas para que as fibras integrativas em seu filho (e em vocês), as quais apoiam formas saudáveis de regulação de todos os tipos, cresçam bem.

O conjunto dessas descobertas científicas corrobora o quanto os pais são importantes. Não há dúvida de que a natureza precisa de ambiente, cultura e educação: as maneiras acolhedoras com que os pais interagem com a criança têm um efeito positivo sobre sua mente em desenvolvimento, formando a base para o desenvolvimento cerebral saudável, que serve de alicerce para padrões de apego seguro ao longo de gerações.

O MUNDO DAS PESQUISAS SOBRE APEGO

As pesquisas sobre apego têm um longo histórico. O médico e psicanalista inglês John Bowlby (1907-1990) achava que as experiências das crianças com os pais tinham um papel importante para lhes infundir um senso interno e de bem-estar que ele chamou "base segura". As ideias de Bowlby influenciaram as maneiras de tratar as crianças em hospitais e orfanatos. Em vez do habitual rodízio de cuidadores (para evitar o sofrimento com a separação quando as crianças tinham de sair dessas instituições), "cuidadores primários" passaram a se ocupar das crianças, que assim estabeleciam um relacionamento e desenvolviam um apego por eles. Com essa mudança nos ambientes institucionais, as crianças, que antes até morriam, passaram a florescer.

Mary Ainsworth (1913-1999), psicóloga e pesquisadora do Canadá, trabalhou com Bowlby e criou uma abordagem de pesquisa para testar essas ideias. Seu trabalho revolucionário estabelece as três categorias de apego: seguro, inseguro esquivo e ambivalente inseguro. Ela inventou uma experiência chamada "Situação Estranha" que se tornou o método padrão para testar o apego de uma criança de um ano por um certo cuidador. No ambiente do laboratório, um certo bebê é levado a uma sala com brinquedos, uma pessoa estranha e um espelho dupla face para que a situação possa ser filmada. Primeiro o bebê é deixado com a estranha; depois a mãe volta; então, a mãe e a estranha saem por três minutos; aí a mãe volta. A interação durante a volta da mãe é avaliada. Nesse cenário de separação, o dado mais útil é o comportamento do bebê quando a mãe volta.

Os bebês seguramente apegados podem ficar inquietos durante a separação, mas no reencontro buscam proximidade, se acalmam rapidamente e voltam prontamente a brincar e fazer suas explorações. Os bebês esquivamente apegados parecem agir como se a mãe nunca houvesse saído da sala, continuando entretidos com os brinquedos e ignorando a volta da mãe. Seu comportamento externo parece dizer: "Não achei nossas interações úteis no passado, então de que adianta eu me dirigir agora a você?". No entanto, a mensuração de sua reação fisiológica ao estresse revela que eles de fato notam que a mãe voltou. As crianças ambivalentemente apegadas rapidamente buscam proximidade com a mãe que voltou, mas não são facilmente acalmadas nem voltam prontamente a brincar. Elas se agarram à mãe, mas duvidam da habilidade dela para acalmá-las e protegê-las.

Os estudos de Ainsworth demonstraram que os dados coletados durante observações diretas do relacionamento materno-filial no primeiro ano de vida da criança permitiram que pesquisadores previssem com alto grau de acerto qual seria o resultado da experiência da "Situação Estranha". Em geral, pais sensíveis aos sinais infantis tinham bebês seguramente apegados a eles. Pais negligentes ou que demonstravam rejeição tendiam a ter crianças esquivamente apegadas por eles. Pais inconsistentemente disponíveis e eventualmente intrusivos tendiam a ter crianças com apego ambivalente por eles.

APROFUNDANDO O ENTENDIMENTO SOBRE APEGO

Após acharem correlações entre padrões de comunicação materno-filiais e o comportamento de bebês de um ano nos estudos da "Situação Estranha", alguns pesquisadores começaram a acompanhar essas crianças em estudos de longo prazo ou longitudinais. Alan Sroufe e seus colegas em Minnesota realizaram um dos estudos longitudinais mais longos sobre isso, e descobriram maneiras fascinantes de usar os perfis de apego iniciais para prever consequências posteriores para as crianças. Durante esses estudos inventivos, foram a salas de aula em escolas e a acampamentos de verão em busca de dados sobre como essas crianças interagem com as outras, como são percebidas por seus pares e como interagem com outros adultos fora de casa. Embora o padrão de apego do início em diante possa mudar se os relacionamentos importantes mudarem na vida da criança, relacionamentos estáveis de apego estão correlacionados com algumas consequências importantes: bebês seguramente apegados se tornam crianças com habilidade de liderança, bebês esquivamente apegados posteriormente são evitados por seus pares, bebês ambivalentemente apegados se tornam crianças ansiosas e inseguras, e bebês desorganizadamente apegados posteriormente têm mais dificuldade para se dar bem com os outros e equilibrar as próprias emoções.

Mary Main e seus colegas na Universidade da Califórnia em Berkeley deram grandes contribuições para embasar o conhecimento e a visão sobre o apego. Eles definiram uma categoria desorganizada de apego. No teste "Situação Estranha", esses bebês apresentaram comportamento desorientador e caótico durante o reencontro com a mãe. Main e Erik Hesse, seu colega e marido, propuseram que comportamentos parentais desorientadores, atemorizantes ou medrosos criam um estado de alarme, ou de "pavor sem solução", que é a fonte empírica dessa resposta incomum e perturbadora de desorganização. Main e seus colegas também levaram o entendimento sobre o apego para o domínio do "estado de espírito em relação a apego" em adultos, dando *insights* profundos sobre os motivos que levam os pais a se comportarem de maneiras tão diferentes com seus filhos, o que resulta nessas diversas categorias de apego.

Na realidade, Main e os numerosos estudos que ela inspirou demonstraram que o estado de espírito do adulto em relação ao apego é o indicador mais robusto do apego infantil. Veja mais sobre isso no próximo capítulo!

PARA SABER MAIS

AINSWORTH, M. et al. *Patterns of Attachment*: A Psychological Study of the Strange Situation. Hillsdale. Erlbaum, 1978.

BICK, J.; DOZIER, M. Helping Foster Parents Change: The Role of Parental State of Mind. In: STEELE, H.; STEELE, M. (ed.). *Clinical Applications of the Adult Attachment Interview*. Nova York: Guilford Press, 2008, p. 452-470.

BIGELOW, Y. A. E.; MACLEAN, K.; PROCTOR, J.; MYATT, T.; GILLIS, R.; POWER, M. Maternal Sensitivity Throughout Infancy: Continuity and Relation to Attachment Security. *Infant Behavior and Development*, v. 33, n. 1, p. 50-60, 2010.

BOWLBY, J. *A Secure Base*: Parent-Child Attachment and Healthy Human Development. Nova York: Basic Books, 1988.

BRAZELTON, T. B.; GREENSPAN, S. I. *The Irreducible Needs of Children*. Cambridge: Perseus Publishing, 2000.

CASSIDY, J.; SHAVER, P. R. (ed.). *Handbook of Attachment*: Theory, Research, and Clinical Applications. 2. ed. Nova York: Guilford Press, 2008.

DOZIER, M.; STOVALL, K. C.; ALBUS, K. E.; BATES, B. *Attachment for Infants in Foster Care*: The Role of Caregiver State of Mind. Child Development, v. 72, p. 1467-1477, 2001.

DOZIER, M.; LINDHIEM, O.; LEWIS, E.; BICK, J.; BERNARD, K.; PELOSO, E. Effects of a Foster Parent Training Program on Young Children's Attachment Behaviors: Preliminary Evidence from a Randomized Clinical Trial. *Child and Adolescent Social Work Journal*, v. 26, n. 4, p. 321-332, 2009.

GREENOUGH, W. T.; BLACK, J. E. Induction of Brain Structure by Experience: Substrates for Cognitive Development. In: GUNNAR, M. R.; NELSON, C. A. (ed.). *Minnesota Symposia on Child Psychology*, v. 24. Hillsdale: Erlbaum, 1992, p. 155-200.

HOFER, M. On the Nature and Consequences of Early Loss. *Psychosomatic Medicine*, v. 58, p. 570-581, 1996.

HOLTMAAT, A.; SVOBODA, K. Experience-Dependent Structural Synaptic Plasticity in the Mammalian Brain. *Nature Reviews Neuroscience*, v. 10, n. 9, p. 647-658, 2009.

LIEBERMAN, A. F.; VAN HORN, P. *Psychotherapy with Infants and Young Children*: Repairing the Effects of Stress and Trauma on Early Attachment. Nova York: Guilford Press, 2008.

MAIN, M. Attachment: Overview, with Implications for Clinical Work. In: GOLDBERG, S.; MUIR, R.; KERR, J. (ed.). *Attachment Theory*: Social, Developmental and Clinical Perspectives, Hillsdale: Analytic Press, 1995, p. 407-474.

MEANEY, M. J. Epigenetics and the Biological Definition of Gene X Environment Interactions. *Child Development*, v. 81, n. 1, p. 41-79, 2010.

RUTTER, M. Attachment Reconsidered: Conceptual Considerations, Empirical Findings, and Policy Implications. In: SHONKOFF, J. P.; MEISELS, S. J. (ed.). *Handbook of Early Childhood Intervention*. 2. ed. Nova York: Cambridge University Press, 2000, p. 651-682. .

RUTTER, M.; KREPPNER, J.; SONUGA-BARKE, E. Emanuel Miller Lecture: Attachment Insecurity, Disinhibited Attachment, and Attachment Disorders: Where Do Research Findings Leave the Concepts? *Journal of Child Psychology and Psychiatry*, v. 50, n. 5, p. 529-543, 2009.

SCHORE, J. R.; SCHORE, A. N. Modern Attachment Theory: The Central Role of Affect Regulation in Development and Treatment. *Clinical Social Work Journal*, v. 36, n. 1, p. 9-20, 2008.

SHONKOFF, J. P.; PHILLIPS, D. A. *From Neurons to Neighborhoods*: The Science of Early Childhood Development. Washington: National Academy Press, 2000.

SIEGEL, D. J. *A Mente em Desenvolvimento*: Para Uma Neurobiologia da Experiência Interpessoal. São Paulo: Instituto Piaget do Brasil, 2004, cap. 3.

SROUFE, L. A. The Concept of Development in Developmental Psychopathology. *Child Development Perspectives*, v. 3, n. 3, p. 178-183, 2009.

SROUFE, L. A.; CARLSON, E. A.; LEVY, A. K.; EGELAND, B. Implications of Attachment Theory for Developmental Psychopathology. *Development and Psychopathology*, v. 11, p. 1-13, 1999.

SROUFE, L. A.; EGELAND, B.; CARLSON, E.; COLLINS, A. *The Development of the Person*. Nova York: Guilford Press, 2005.

SROUFE, L. A.; SIEGEL, D. J. The Verdict Is In: The Case for Attachment Theory. *Psychotherapy Networker*, 2011. Disponível em: www.psychotherapynetworker.org/magazine/recentissues/1271=the=verdict=is=in. Acesso em: 27 fev. 2022.

SUOMI, S. A Biobehavioral Perspective on Developmental Psychopathology: Excessive Aggression and Serotonergic Dysfunction in Monkeys. In: SAMEROFF, A. J.; LEWIS, M.; MILLER, S. (ed.). *Handbook of Developmental Psychopathology*. 2. ed. Nova York: Plenum Press, 2000.

SUPKOFF, L. M.; PUIG, J.; SROUFE, L. A. Situating Resilience in Developmental Context. In: UNGAR, M. (ed.). *The Social Ecology of Resilience*. Nova York: Springer, 2012, p. 127-142.

TEICHER, M. The Neurobiology of Child Abuse. *Scientific American*, mar. 2002, p. 68-75.

THOMPSON, R. A. Early Attachment and Later Development. In: CASSIDY, J.; SHAVER, P. R. (ed.). *Handbook of Attachment*: Theory, Research and Clinical Applications. 2. ed. Nova York: Guilford Press, 2008, p. 265-286.

VAN LJZENDOORN, M. H.; BAKERMANS-KRANENBURG, M. J. DRD4 7-Repeat Polymorphism Moderates the Association Between Maternal Unresolved Loss or Trauma and Infant Disorganization. *Attachment and Human Development*, v. 8, n. 4, p. 291-307, 2006.

VAN LJZENDOORN, M. H.; CASPERS, K.; BAKERMANS-KRANENBURG, M. J.; BEACH, S. R. H.; PHILIBERT, R. Methylation Matters: Interaction Between Methylation Density and Serotonin Transporter Genotype Predicts Unresolved Loss or Trauma. *Biological Psychiatry*, v. 68, n. 5, p. 405-407, 2010.

VAN LJZENDOORN, M. H.; SAGI, A. Cross-Cultural Patterns of Attachment: Universal and Contextual Dimensions. In: CASSIDY, J. SHAVER, P. R. (ed.). *Handbook of Attachment*: Theory, Research and Clinical Applications. 2. ed. Nova York: Guilford Press, 2008, p. 713-734.

WEINFIELD, N. S.; WHALEY, G. J. L.; EGELAND, B. Continuity, Discontinuity, and Coherence in Attachment from Infancy to Late Adolescence: Sequelae of Organization and Disorganization. *Attachment and Human Development*, v. 6, n. 1, p. 73-97, 2004.

ZEANAH, C. H.; LARRIEU, J. A.; HELLER, S. S.; VALLIERE, J. Infant-Parent Relationship Assessment. In: ZEANAH, C. (ed.). *Handbook of Infant Mental Health*. 3. ed. Nova York: Guilford Press, 2009, p. 266-280.

6

COMO ENTENDER O SENTIDO DE NOSSAS VIDAS: APEGO ADULTO

INTRODUÇÃO

As vidas das crianças são um capítulo especial na história de vida de seus pais. Cada geração é influenciada pelas anteriores e influencia as seguintes. Embora nossos pais tenham feito o melhor possível diante das circunstâncias em cada época, talvez não tenhamos tido as experiências iniciais que gostaríamos de transmitir aos nossos filhos.

As conexões positivas que tivemos com os outros dentro e fora de nossas famílias possivelmente foram um cerne de resiliência a situações difíceis no passado. Por sorte, quem teve uma infância difícil muitas vezes contou com alguns relacionamentos positivos que ajudaram a superar as adversidades durante aqueles anos.

Nós não somos fadados a repetir os padrões de nossos pais ou de nosso passado. Entender o sentido de nossas vidas nos permite usar as experiências positivas como base, enquanto vamos além das limitações do passado e criamos uma nova maneira de viver para nós mesmos e nossos filhos. Entender o sentido da própria vida nos ajuda a manter relacionamentos com os filhos que promovam seu senso de bem-estar, forneçam-lhes as ferramentas para terem um senso interno de segurança e resiliência, assim como habilidades interpessoais para estabelecerem conexões significativas e compassivas no futuro.

A forma como passamos a entender o sentido de nossas vidas e como contamos uma história coerente de nossas experiências na infância são os melhores indicadores de como nossos filhos se apegarão a nós. Adultos que entenderam o sentido da própria vida têm uma segurança adulta de apego e, provavelmente, filhos seguramente apegados a eles. Se as crianças têm um apego seguro, isso serve de base para que se desenvolvam de maneira saudável.

PAIS ENTENDENDO O SENTIDO DE SUAS VIDAS

Refletir sobre suas experiências na infância é útil para entender o sentido de sua vida. Mas, como é impossível alterar o que aconteceu na infância, por que essas reflexões são proveitosas? O autoconhecimento mais profundo muda quem você é, pois lhe permite entender melhor os outros, escolher seus comportamentos e abrir a mente para muito mais experiências. As mudanças advindas do autoconhecimento lhe possibilitam ter uma maneira de ser e de se comunicar com os filhos que promove a segurança de apego deles.

Nossas histórias de vida estão sempre mudando. A capacidade de integrar o passado, o presente e o futuro nos permitem ter níveis mais coerentes de autoconhecimento. Essa coerência maior da história de vida é associada a uma transição para uma segurança adulta de apego, pois o *status* de apego pode mudar à medida que nos desenvolvemos. Estudos mostram que indivíduos podem evoluir de um apego inseguro na infância para um apego seguro adulto. Esses estudos examinam a descoberta de um *status* de "segurança adquirida", o qual é importante para entender nosso funcionamento coerente e as possibilidades de mudar. Indivíduos com segurança adquirida podem ter tido relacionamentos problemáticos com seus pais durante a infância, mas passaram a captar o sentido dessas experiências pregressas e seu impacto sobre seu desenvolvimento como adultos. Relacionamentos pessoais e terapêuticos ajudam um indivíduo com funcionamento mental incoerente (inseguro) a torná-lo mais coerente (seguro). Essa melhora se dá mediante relacionamentos que ajudam a pessoa a curar velhas feridas e transformam posturas defensivas em intimidade.

Veja como uma mãe com apego seguro e um filho de quatro anos seguramente apegado conta uma história coerente sobre sua infância.

"Meus pais eram muito carinhosos, mas meu pai tinha transtorno bipolar. Por isso, a vida naquela casa era imprevisível para minhas irmãs e eu. Por sorte, minha mãe sabia o quanto eu tinha medo das oscilações de temperamento do meu pai. Ela era muito sintonizada comigo e fazia o possível para me ajudar a me sentir segura. A situação era atemorizante, mas na época eu achava que ficar apavorada era normal. Mas, ao pensar sobre isso agora, percebo que a imprevisibilidade do meu pai moldou grande parte da minha vida desde criança até eu ter vinte e poucos anos."

"Somente quando ele passou a se tratar de forma efetiva, por causa da bipolaridade, depois do nascimento do meu filho é que entendi melhor o que havia acontecido. Inicialmente, era muito complicado lidar com o bebê quando ele ficava transtornado. Todo meu medo diante de uma pessoa descontrolada voltava, então precisava entender por que isso acontecia. Tive realmente que me empenhar muito para ser uma mãe melhor. Não sou muito reativa e me dou maravilhosamente bem com meu menino. Meu relacionamento com meu pai, que fora tão tempestuoso, agora está melhorando. Ele não é tão sensível nem aberto como minha mãe, mas está se esforçando para melhorar. Ele sofreu muito e é preciso respeitá-lo por isso."

Essa mulher teve uma infância difícil, mas superou as experiências dolorosas. Ela reconhece o impacto dos relacionamentos bons e ruins de sua infância sobre o próprio desenvolvimento e o papel materno. Suas reflexões demonstram abertura e a vida toda ela continuará batalhando pelo sentido em sua vida. Seu filho teve a sorte de ela ter adquirido segurança na vida adulta e estar livre para criá-lo, de modo a promover seu senso de vitalidade e conexão com o mundo.

Relacionamentos acolhedores apoiam nosso crescimento, pois nos ajudam a entender o sentido da própria vida e a desenvolver um funcionamento integrado mais reflexivo, o qual deriva de apegos seguros. Há sempre esperança e possibilidade de mudar.

APEGO ADULTO

O estado de espírito ou postura individual em relação ao apego influencia os relacionamentos e, muitas vezes, se revela na maneira de contar a própria história. Estudos comprovaram que esses estados de espírito são associados a padrões específicos de comunicação e de interação entre pais e filhos, que determinam como a criança desenvolverá a segurança ou insegurança do apego.

A pesquisadora de apego Mary Main e seus colegas cogitaram que alguns elementos na infância dos pais talvez fossem importantes para determinar seu comportamento em relação aos filhos. Eles então criaram um método de pesquisa chamado "Entrevista de Apego em Adultos", no qual pais relatavam suas lembranças da infância. A maneira com que os pais entendiam o sentido de suas experiências iniciais de vida, conforme revelado pela coerência dessa narrativa a um entrevistador, mostrou-se a característica mais forte para prever a segurança de apego infantil. A tabela a seguir mostra a correlação entre apego infantil e apego adulto.

TABELA VIII. CATEGORIAS DE APEGO DE CRIANÇAS E ADULTOS

CRIANÇAS	ADULTOS
Seguramente apegadas	Seguro (ou autônomo)
Esquivadamente apegadas	Desapegado
Ambivalentemente apegadas	Preocupado
Desorganizadamente apegadas	Trauma ou perda irresolvida/desorganizado

O apego adulto pode ser determinado pelo relato dos pais sobre sua história inicial de vida para outro adulto. O autoconhecimento dos pais é revelado nessa comunicação entre adultos, não pela maneira com que eles explicam sua história inicial de vida a seus filhos. A maneira de contar a história, não só o conteúdo, revela características do estado de espírito daquele pai ou mãe em relação ao apego. Esses padrões narrativos são associados ao *status* de apego da criança por aquele pai ou mãe, conforme demonstrado na tabela anterior. Estudos de longo prazo mostraram também que as narrativas dos adultos geralmente correspondem às categorias de apego na própria infância, avaliadas décadas atrás.

Ao ler sobre essas categorias, não tente se classificar rigidamente em um tipo específico. É normal ter alguns elementos de várias categorias. Crianças, muitas vezes, têm padrões de apego distintos por diversos adultos em suas vidas. É possível ter esses "modelos de apego" ou "estados de espírito" distintos mais adiante na vida e ativá-los conforme a situação. Por exemplo, você pode ter um histórico de prevenção e ambivalência. Caso você se relacione com alguém emocionalmente distante, isso pode evocar reações esquivas advindas de um "estado de rejeição ao apego". Posteriormente, caso entre em um relacionamento com alguém intrusivo e inconstante, isso pode evocar seu modelo ambivalente e você pode agir movido por um estado de espírito preocupado quando está com essa pessoa. Embora pesquisas precisem apontar uma categoria dominante para um sujeito na investigação, nossa experiência profissional mostrou que, embora possamos ter um modelo dominante que emergiu com nosso cuidador primário, todos nós podemos apresentar vários outros modelos de apego ativados por relacionamentos com outros em vários meios. Quando consideradas de maneira flexível e com o intuito de apoiar, as ideias exploradas por meio dessas categorias ajudam a aprofundar o tipo de autoconhecimento que promove o apego seguro em nossos filhos.

APEGO ADULTO SEGURO

Em geral, um estado de espírito seguro ou autônomo em relação ao apego é constatado em adultos com crianças seguramente apegadas a eles. As narrativas desses adultos se caracterizam pela valorização dos relacionamentos e pela flexibilidade e objetividade quando falam sobre questões relacionadas a apego. Esses indivíduos integram seu passado com o presente e o futuro imaginado. Essas narrativas coerentes revelam que a pessoa entendeu sua história de vida. Pesquisas emergentes que acompanham crianças pequenas até se tornarem jovens adultos sugerem que tais narrativas se desenvolvem quando os indivíduos tiveram apegos seguros na infância.

Um apego adulto seguro adquirido envolve uma narrativa coerente, apesar das dificuldades de apego na infância. A segurança adquirida reflete como um adulto passou a entender sua história inicial de vida. A história anterior, neste capítulo, sobre a mulher cujo pai tinha transtorno bipolar é um exemplo de como uma mãe com segurança adquirida pode descrever suas experiências.

APEGO ADULTO DESAPEGADO

Adultos cuja infância foi marcada pela indisponibilidade emocional e rejeição parental podem ter uma postura desapegada quanto ao apego. Como pais, seus relacionamentos com os filhos muitas vezes se caracterizaram por apegos esquivos. Esses pais parecem ter pouca sensibilidade aos sinais das crianças. E a marca de seu mundo interior é funcionar com independência: são desconectados da intimidade e, talvez, até dos sinais emocionais que seus corpos emitem. Suas narrativas refletem esse isolamento, e eles insistem frequentemente que não se lembram de suas experiências na infância. A vida parece ser vivida sem a noção de que os outros ou o passado contribuem para a natureza mutante do *self*. Uma proposição é que o processamento nesses adultos é predominantemente no modo esquerdo, especialmente quando interagem com os outros. A despeito desses mecanismos que minimizam a importância dos relacionamentos, alguns estudos sugerem que as crianças e adultos nesse grupo têm reações corporais indicando que suas mentes inconscientes ainda valorizam a importância dos outros em suas vidas. Seu comportamento e pensamentos conscientes parecem ter se adaptado a um ambiente doméstico emocionalmente árido, produzindo uma postura esquiva em relação a apego e intimidade.

Indagada sobre suas experiências na infância, a mãe de uma criança com apego esquivo fez os seguintes comentários autorreflexivos: "Meus pais estavam sempre em casa e criaram um ambiente propício para uma criança crescer bem. Nós íamos a muitas atividades e eu tive todas as experiências que qualquer criança esperaria ter em um lar saudável. Nós éramos ensinados a distinguir o certo do errado e a direção correta para se obter êxito na vida. Não me lembro exatamente como meus pais faziam isso, mas sei que tive uma infância comum, no sentido de que foi mesmo uma vida boa".

Note que, embora consiga ter uma história de vida coesa e logicamente consistente com um tema geral que é como a "vida era boa", essa adulta dá poucos detalhes do que viveu para ilustrar essa visão de maneira rica e coerente. Coerência, dar sentido, envolve um processo visceral e mais holístico de reflexão. Por exemplo, a afirmação "nós éramos ensinados a distinguir o certo do errado e sobre a direção correta para ter êxito na vida" não envolve um senso autobiográfico do *self* no tempo conforme vivido pessoalmente. Uma narrativa coerente traria reflexões como: "Minha mãe realmente tentava me ensinar a distinguir o certo e o errado, mas nem sempre eu escutava e, às vezes, ela me dava nos nervos. Lembro-me de um dia em que arranquei todas as flores do vizinho para fazer um buquê para minha mãe e ela disse que adorou a intenção, mas que era errado pegar coisas sem permissão. Eu me senti muito mal quando fomos devolver as flores e um vaso de planta como pedido de desculpas". As reflexões dessa mãe revelam uma postura que minimiza a vulnerabilidade emocional e a dependência em relação aos outros. A história que ela partilhou tem muitas palavras que afirmam logicamente seus pensamentos de maneira linear, mas parece que há pouca integração entre memória, emoção e ligação do passado com o presente, e pouca noção de como tudo isso pode influenciar o futuro.

APEGO ADULTO PREOCUPADO

Adultos que foram tratados na infância de modo inconsistentemente disponível, perceptivo e receptivo, muitas vezes têm uma postura preocupada quanto ao apego, a qual é marcada por ansiedade, incerteza e ambivalência. Esse estado preocupado pode prejudicar a habilidade dos pais para perceber e interpretar corretamente os sinais e as necessidades das crianças. É comum seus filhos terem um apego ambivalente por eles. Os pais podem estar cheios de dúvidas e medos para confiar nos outros. Suas histórias costumam ter casos revelando como questões pendentes do passado continuam se imiscuindo no presente e desviando o fluxo narrativo do tópico relevante. Esse padrão intrusivo das questões pendentes é uma deficiência em termos de *mindfulness* e pode bloquear a capacidade de ter flexibilidade. A incoerência dessas intrusões pode ser considerada uma invasão, do modo direito de processamento na tentativa do modo esquerdo de captar o sentido lógico do passado.

O pai de uma criança ambivalentemente apegada fez os seguintes comentários ao ser indagado sobre suas experiências na infância:

"Minha infância foi bem diferente! Nós éramos próximos, mas sem exageros. Eu e meus dois irmãos mais velhos nos divertíamos muito juntos. Às vezes, eles me atazanavam, mas isso não era problema, embora minha mãe ocasionalmente achasse que sim. Em um domingo recente, que acho que era o Dia das Mães, ela opinou que nós éramos muito duros com nossos filhos. Ou melhor, ela disse que eu era duro demais com meu filho. Mas ela nunca disciplinou meus irmãos quando éramos crianças. Ela deixava que eles me azucrinassem fisicamente e não ralhava com eles. Eu era sempre o menos protegido, mas tudo bem, isso não me chateia mais. Ou talvez eu devesse me chatear. Mas não vou deixar isso acontecer de novo. Será?".

Essas respostas revelam como temas do passado prejudicaram a habilidade desse homem para refletir coerentemente sobre sua vida. Seu foco no passado se funde com discussões em um domingo recente, volta à sua infância e retorna para as preocupações atuais. Ele ainda está enredado nas questões da infância. Essa bagagem pendente provavelmente interfere em sua conexão com os filhos. Por exemplo, se acha que sua mulher dá muito mais atenção ao filho, ele pode se sentir tratado injustamente, algo semelhante ao que sentia em relação ao favoritismo da mãe por seus irmãos. Se não assimilar e resolver essas questões, ele ficará propenso a ter interações emocionalmente turvadas com os próprios filhos.

APEGO ADULTO IRRESOLVIDO

Um trauma ou perda irresolvida dos pais várias vezes são associados à categoria de apego infantil mais preocupante: o apego desorganizado, ou desorientado. Pais com trauma irresolvido têm mudanças abruptas de estado de espírito que são alarmantes e desorientadoras para as crianças. Exemplos desse comportamento incluem se afastar quando a criança está aflita, ficar repentinamente irado ou ameaçador com a criança que está saltitando empolgadamente no corredor e cantando "alto demais", ou bater na criança que pede mais uma história na hora de dormir.

Como um trauma e pesares irresolvidos produzem tais comportamentos parentais alarmantes e desorientadores? Situações irresolvidas causam uma disrupção no fluxo de informações na mente e na habilidade do *self* para adquirir equilíbrio emocional e manter conexões com os outros. Essa deficiência se chama "desregulação". Mudanças abruptas no fluxo de informações e energia podem ocorrer em uma pessoa ou entre pessoas. O humor pode ficar taciturno, as emoções mudam abruptamente e as percepções ficam turvadas por mudanças repentinas na atitude. A dificuldade para reagir a essas mudanças resulta em inflexibilidade.

Esses processos internos influenciam diretamente as interações interpessoais: questões irresolvidas produzem essas mudanças abruptas que criam um estado de alarme em uma criança. Essas são as origens prováveis da experiência do "pavor sem solução", já que o pai ou a mãe corta a comunicação contingente e apresenta comportamentos apavorantes. Com o surgimento de algo muito negativo, a criança sente o desaparecimento repentino de algo positivo.

Como esses processos internos desregulados se revelam nas autorreflexões de um adulto? Pode haver momentos em que um indivíduo fique desorientado enquanto discute questões ligadas a trauma ou perda. Esse lapso momentâneo, no que poderia ser uma história coerente, revela que esses tópicos continuam irresolvidos para aquela pessoa. Uma criança com um apego desorganizado pode ficar imersa no caos criado pelo legado interno parental de um passado caótico.

Aqui estão as reflexões de uma mãe a perguntas sobre se ela se sentia ameaçada na infância:

"Acho que não me sentia realmente ameaçada quando era criança. Quer dizer, não que não fosse amedrontador, pois de fato era. Às vezes, meu pai chegava bêbado em casa, mas minha mãe era o problema maior. Ela tinha esse jeito estranho de tentar que confiássemos nela, mas era muito geniosa e botava a culpa nas bebedeiras do meu pai. Ela tentava ser boa, mas, às vezes, parecia possuída por um demônio. A expressão em seu rosto mudava repentinamente e eu não sabia em quem confiar. Ela parecia tão estranha, furiosa e amedrontada ao mesmo tempo, e ficava toda contorcida e com um olhar penetrante. Às vezes, ela chorava dias a fio. Até hoje consigo ver seu rosto tomado pelas lágrimas. Isso era bem perturbador."

Quando era criança, essa mulher ficava exposta às mudanças abruptas nas expressões faciais da mãe raivosa ou triste, então sua mente passou a se preparar para reproduzir essas emoções intensas no futuro. Esse processo talvez se deva ao sistema dos neurônios-espelhos que pode gerar em nós um estado emocional semelhante àquele que percebemos nos outros. Comportamentos parentais desorientadores fazem a criança desenvolver um apego desorganizado. Empaticamente, por meio dos neurônios-espelhos e diretamente por meio de seu pavor sem solução, a criança entra em um estado de caos interno.

Estados irresolvidos podem inundar o fluxo normalmente sereno de processamento interno e de comunicação interpessoal contingente. A falta de resolução pode se revelar quando um indivíduo relata sua história de vida, e também pode predispor a pessoa a perder a capacidade de ser flexível sob certas condições relacionadas a um trauma ou perda. Assim, sua incapacidade de integrar os modos esquerdo e direito de processamento leva à desorganização quando reflete sobre sua vida e discute tópicos irresolvidos. Quando lembranças autobiográficas são reativadas, o hemisfério esquerdo pode ficar inundado de imagens e sensações de terror e traição não processadas. Em vez de o indivíduo ter um senso coerente de como o passado impactou o presente, esses processos desregulados abruptos o invadem e o afundam no caos do passado. A reatividade emocional relacionada a traumas, um conjunto de neurônios-espelhos reativados e a falta de integração entre os hemisférios possivelmente contribuem para esses processos internos que criam a incoerência e o caos interpessoal em consequência de um trauma ou perda irresolvido.

REFLEXÕES SOBRE O APEGO

As "Perguntas para Autorreflexão Parental" nas páginas 163-164 não são uma ferramenta de pesquisa como a Entrevista sobre Apego em Adultos, mas ajudam a refletir sobre suas experiências na infância e a aprofundar a autocompreensão. Utilize-as de maneira flexível e considere outras questões que podem dar indícios à sua memória. Podem surgir sentimentos e imagens enquanto você responde a essas perguntas. Às vezes, podemos ficar confusos ou envergonhados com partes de nossas lembranças e começar a editar o que dizemos, a fim de apresentar uma autoimagem mais pura para os outros ou para si mesmos. Todos nós podemos ter fantasmas no armário! Talvez padrões de adaptações defensivas tenham nos mantido distantes das próprias emoções e nos impedido de ter abertura aos sentimentos dos outros.

Inicialmente, pode ser bem difícil achar palavras para expressar nossas imagens ou sensações internas, mas isso é normal. Lembre-se de que palavras e pensamentos verbais conscientes emergem do hemisfério esquerdo, ao passo que a memória autobiográfica, emoções cruas, sensações corporais integradas e imagens são processadas não verbalmente no hemisfério direito. Essa situação cria a tensão na tradução do não verbal para o verbal, especialmente quando as lembranças autobiográficas emocionais e viscerais são acabrunhantes e não processadas. Às vezes, lembranças emocionais de elementos dolorosos nos deixam muito vulneráveis. No entanto, não abraçar a totalidade de nossas histórias pode inibir a criação de coerência em nossas vidas. Inicialmente, acolher tudo que somos pode ser estressante e difícil, mas acaba levando a um senso de autoaceitação compassiva e conexão interpessoal. Integrar uma história coerente envolve reunir os temas do nosso passado com o que está acontecendo agora, enquanto seguimos para o futuro.

A mudança acontece mediante um processo de tentar maneiras novas de se relacionar que apoiem sua jornada por níveis mais profundos de autoconhecimento. Na autorreflexão, é útil contar com um adulto confiável que possa ouvir os aspectos de sua jornada de descobertas. Todos nós somos seres sociais, e nossos processos narrativos derivam das conexões sociais. A autorreflexão é aprofundada quando é partilhada com pessoas íntimas.

PERGUNTAS PARA AUTORREFLEXÃO PARENTAL

1. Como foi seu crescimento? Quem constituía sua família?

2. Como era o relacionamento com seus pais no início de sua infância? Como o relacionamento evoluiu ao longo de sua juventude e até agora?

3. Quais eram as diferenças e semelhanças em seu relacionamento com a mãe e o pai? Há aspectos de seus pais que você tenta imitar ou evitar?

4. Alguma vez você se sentiu rejeitado ou ameaçado por seus pais? Você teve outras experiências acabrunhantes ou traumatizantes durante a infância ou depois? Alguma dessas experiências ainda são vívidas e influentes em sua vida?

5. Como seus pais o disciplinavam na infância? Que impacto isso teve na sua infância e como afeta agora seu papel como pai ou mãe?

6. Você se lembra das primeiras vezes em que se separou dos seus pais? Como você se sentiu? Alguma vez você ficou muito tempo separado de seus pais?

7. Alguém importante em sua vida morreu durante sua infância ou posteriormente? Como você se sentiu na época e como essa perda o afeta agora?

8. Como seus pais reagiam quando você estava feliz e empolgado? Eles partilhavam seu entusiasmo? O que acontecia quando você era criança e ficava aflito ou infeliz? Seu pai e sua mãe reagiam de maneira diferente com você durante esses estados emocionais? Como?

9. Além de seus pais, outra pessoa cuidava de você em sua infância? Como era seu relacionamento com ela? O que aconteceu com ela? Hoje em dia, como você se sente quando deixa outra pessoa cuidar de seu filho?

10. Você podia contar com relacionamentos positivos dentro ou fora de casa durante os momentos difíceis durante sua infância? De que maneira essas conexões foram benéficas naquela época e podem ajudá-lo agora?

11. Como suas experiências na infância influenciaram seus relacionamentos na vida adulta? Você tenta não se comportar de certas maneiras em razão do que lhe aconteceu na infância? Você gostaria de alterar padrões de comportamento, mas tem dificuldade para fazer isso?

12. Que impacto você acha que sua infância tem sobre sua vida adulta em geral, incluindo o que você acha sobre si mesmo e como se relaciona com os seus filhos? O que você gostaria de mudar em seu conhecimento e no relacionamento com os outros?

CAMINHOS PARA O CRESCIMENTO

Enquanto reflete sobre seu histórico de apegos, você pode achar que certas dimensões são mais relevantes para entender o impacto das experiências na infância sobre seu desenvolvimento como uma pessoa adulta. A estrutura geral proporcionada por pesquisas sobre apego ajuda a aprofundar o autoconhecimento e aponta alguns caminhos para a mudança. Pesquisas demonstram que é possível evoluir em direção à segurança de apego. Esse movimento é associado a relacionamentos saudáveis e reparadores com amigos, amantes, professores e terapeutas, e começar a aprofundar o autoconhecimento pode aperfeiçoar suas conexões com outros. Buscar essa segurança enriquece sua vida e a de seus filhos.

PREVENÇÃO E A POSTURA DESAPEGADA

Em famílias nas quais os pais demonstravam indisponibilidade emocional e falta de comunicação sintonizada e acolhedora, as crianças podem ter feito uma adaptação que minimizava a importância de relacionamentos interpessoais e a expressão das emoções. Afinal, é muito duro crescer em um deserto emocional. As crianças fazem o melhor possível, e reduzir a dependência de cuidadores emocionalmente indisponíveis pode ter sido muito útil para sua sobrevivência. Mas, à medida que essa resposta adaptativa se mantém, as crianças podem diminuir a conexão não só com os pais, mas também com outras pessoas. Embora estudos revelem que indivíduos com apego esquivo têm *mindsight* e podem captar as perspectivas dos outros, seu estado de espírito defensivo reduz a motivação para se abrirem às experiências emocionais alheias. Além disso, pode haver menos acesso e consciência das próprias emoções. Essas adaptações esquivas podem ser consideradas uma minimização do processamento no modo direito, em favor da predominância do pensamento no modo esquerdo, a fim de reduzir sua vulnerabilidade emocional.

Por essa perspectiva, é possível imaginar que o grau de integração bilateral entre os modos direito e esquerdo do processamento também seja mínimo. Por isso, pessoas com esse histórico inicial têm relatos muito subdesenvolvidos de vida e, muitas vezes, insistem que não se lembram dos detalhes de sua infância. Nos relacionamentos, seu senso marcante de independência pode fazer seus parceiros sentirem solidão e distanciamento emocional. Os processos que iniciaram as adaptações necessárias e "saudáveis" na infância podem se tornar obstáculos para relacionamentos adultos saudáveis com o cônjuge e os filhos.

Abordagens para mudar essas adaptações promovem a integração bilateral. O processamento no modo direito pode ser subdesenvolvido, havendo capacidades mínimas de *mindsight*, pouca autoconsciência e, às vezes, pouca habilidade para perceber os sinais não verbais dos outros. A autorreflexão pode ser limitada, pois envolve basicamente o modo esquerdo lógico e não autobiográfico. Por essa razão, esforços para ativar o modo direito são úteis e necessários. Pesquisas mostraram uma intensificação das reações fisiológicas nessas pessoas durante conversas sobre questões relacionadas a apego, em contraste com seus comentários minimizando a importância de apegos. Isso indica que suas mentes respondem como se relacionamentos fossem significativos, mesmo que o comportamento e a atitude não revelem essa valorização emocional das conexões. Ou seja, o sistema inato de apego que valoriza os relacionamentos continua intacto, embora a adaptação da pessoa tenha requerido essa abordagem de minimização. Essa visão é crucial para abordar indivíduos que podem ter passado grande parte de suas vidas minimizando automaticamente a importância dos relacionamentos, a fim de se adaptar às carências vivenciadas na vida familiar. Tais famílias ofereceram pouca conexão e estímulo do modo direito. Achar um meio de ativar esses aspectos da vida mental pode ser crucial para liberar a pulsão inata da mente por conexão interpessoal e integração interna. Certas atividades, como guiar imagens que foquem em sinais não verbais, aumentar a consciência das sensações corporais e estimular o lado direito do cérebro são comprovadamente úteis para mobilizar processos subdesenvolvidos no modo direito.

Para alguém que preza muito a lógica, é muito proveitoso mencionar a explicação descrita anteriormente, de que um ambiente familiar emocionalmente distante em sua infância pode ter contribuído para que seu hemisfério esquerdo se tornasse adaptativamente dominante. Vale a pena apontar também que descobertas recentes da neurociência sugerem que novos neurônios, especialmente os integrativos, podem continuar crescendo ao longo de nossas vidas. Com essa perspectiva relativamente neutra e não ameaçadora, é possível iniciar o trabalho de abrir as portas para o crescimento e a integração do outro modo igualmente importante, porém menos desenvolvido.

AMBIVALÊNCIA E UMA POSTURA PREOCUPADA

Outro tipo de adaptação, em reação à vida familiar marcada por pais com disponibilidade apenas eventual, pode gerar ansiedade se os outros são confiáveis ou não. Essa resposta à parentalidade inconsistente ou intrusiva pode produzir ambivalência e incerteza na fase adulta em forma de uma necessidade desesperada dos outros e, ao mesmo tempo, da sensação deprimente de que as próprias necessidades nunca podem ser atendidas. Ironicamente, o possível senso de urgência por conexão pode afastar os outros e assim criar uma espiral de *feedback* de que os outros realmente não são dignos de confiança.

O caminho para se libertar de aspectos de adaptações que incluem ambivalência e preocupação, na maioria das vezes, reside em uma combinação de técnicas para se acalmar, como diálogo interno e exercícios de relaxamento, com comunicação aberta em relacionamentos íntimos. Essa adaptação envolve o modo direito, excessivamente ativo e com dificuldade para se acalmar, algo em que o hemisfério direito é especializado. A memória e os modelos do *self* podem não tranquilizar o indivíduo de que suas necessidades serão atendidas e as conexões com os outros serão confiáveis. Às vezes, a insegurança da pessoa é acompanhada de um senso inconsciente profundo de vergonha por ter algo defeituoso. Esse senso de vergonha pode assumir várias formas em cada um dos tipos de apego inseguro.

Entender a mecânica da vergonha e como ela foi parte da nossa história inicial de vida ajuda a nos libertar das rotinas indesejadas que essas reações emocionais criam nos relacionamentos com os outros. Tais camadas de defesa psicológica podem ter sido criadas para abafar a ansiedade, a insegurança e emoções dolorosas que seriam incapacitantes. Lamentavelmente, essas defesas podem nos impedir de ficar cientes de como esses processos emocionais implícitos influenciam diretamente nossa abordagem com os filhos. Nós podemos projetar neles aspectos indesejados de nossa experiência interna, como raiva por sua impotência e vulnerabilidade. Dessa maneira, defesas que nos protegeram na infância podem nos blindar para o entendimento do próprio sofrimento interno e prejudicar a habilidade de criar bem os filhos.

Descobrir as camadas de defesa construídas em reação a experiências decepcionantes com os pais é crucial para tentar dar sentido às nossas vidas. Aprender a acalmar a ansiedade e a dúvida com exercícios de relaxamento é um primeiro passo importante para aprender outras estratégias para lidar com nosso senso de desconforto. O fato de ter tido pais intrusivos e inconsistentes talvez tenha bloqueado o desenvolvimento de estratégias para nos acalmarmos. Aprender técnicas de "diálogo interno" é uma abordagem muito efetiva para se cuidar. Fazer afirmações esclarecedoras para si mesmo, como "sinto agora essa incerteza, mas estou fazendo o melhor possível e as coisas ficarão bem" ou "estou nervosa com o que ela disse, mas posso perguntar diretamente o que ela quis dizer" são exemplos de como a linguagem no modo esquerdo ajuda a acalmar a ansiedade no modo direito. No caso de camadas de defesa que encobrem um estado interno de vergonha, é útil lembrar que a crença de que o *self* é defeituoso não passa de uma conclusão infantil derivada de conexões não contingentes com os pais. Perceber que "mereço ser amado" é importante e pode substituir pensamentos como "não sou amado" ou "não mereço ser amado". Encontrar maneiras eficazes para ajudar o hemisfério direito a aprender a se acalmar é fundamental para superar esse tipo de adaptação. Você pode dar a si mesmo as ferramentas que seus pais não lhe deram em sua infância. De várias maneiras, isso é exercer a parentalidade consigo mesmo de dentro para fora.

DESORGANIZAÇÃO E TRAUMA OU PERDA IRRESOLVIDA

Adultos cujas experiências com os pais produziram estados de alarme e pavor podem ter reagido com uma desorganização interna. O senso de desconexão com os outros e com a própria mente pode levar a um processo de dissociação, que inclui um senso de ser irreal ou internamente fragmentado. Aspectos mais sutis de adaptação desorganizada incluem: ficar paralisado sob estresse ou sentir uma mudança rápida no próprio estado de espírito em reação a alguma interação interpessoal. Um trauma ou perda irresolvida aumenta a possibilidade de ocorrência de experiências internas fragmentadas, como dissociação. Se esses estados ficarem mais intensos, frequentes e desorientadores, um reatamento sólido da desconexão com seu filho fica mais difícil ou até inviável. Achar um meio de resolver essas condições irresolvidas é restaurador para o pai ou a mãe e até mesmo para a criança.

Questões irresolvidas podem refletir a incapacidade da mente de integrar vários aspectos da memória, emoção e sensação corporal em um conjunto espontâneo de respostas fluidas e flexíveis. Tal deficiência de integração, às vezes envolvendo dissociação, é visível em estados de rigidez ou caos vividos por um pai ou mãe como padrões repetitivos e "encalhados" de comportamento ou como estados "inundantes" de emoção avassaladora. Esses extremos de rigidez excessiva e caos debilitante vão se desfazendo à medida que avançamos em direção à cura.

Embora os eventos na infância possam ter feito pouco sentido na época, ainda é possível entender como eles nos influenciam. Como esse processo integrativo de captar o sentido reúne elementos do passado com reflexões sobre o presente, você verá que seu senso de possibilidade e sua habilidade para construir um futuro mais flexível e enriquecedor aumentam bastante. Esse processo pode ser feito na solidão, mas, muitas vezes, é útil deixar que os outros testemunhem nosso sofrimento e a nossa jornada em busca da cura.

A resolução depende da habilidade de ser aberto e encarar sentimentos que, às vezes, parecem insuportáveis. A boa nova é que a cura é possível. Muitas vezes, o passo mais difícil é admitir que há questões graves e atemorizantes ainda irresolvidas. Quando damos os passos deliberados para enfrentar o desafio de saber a verdade, estamos prontos para entrar no caminho rumo à cura e ao crescimento, e para nos tornarmos o pai ou a mãe que gostaríamos de ser.

EXERCÍCIOS DE DENTRO PARA FORA

1. Reserve algum tempo para responder às perguntas para autorreflexão parental (páginas 163-164). Um ou dois dias depois, retome as respostas escritas e leia-as em voz alta. O que você nota? O que você acha de suas respostas? Você queria que seus pais houvessem lhe propiciado uma experiência diferente? Como essas experiências moldaram suas atitudes e interações com seu filho? Quais são as lições mais importantes que você aprendeu com esse processo reflexivo? Nossas histórias de vida não são fixas nem vedadas com cimento. Elas evoluem à medida que crescemos e continuamos o processo permanente de entender o sentido de nossas vidas. Mantenha a abertura para se desenvolver ao longo da vida.

2. Sem refletir previamente, escreva por vários minutos completando as frases "Uma boa mãe é..." ou "Um bom pai é...". Agora, leia o que escreveu em voz alta para si mesmo ou para alguém em quem confia. Há alguma coisa na lista de respostas que você acha que recebeu de seu pai ou de sua mãe? Pode haver muitas, poucas ou nenhuma. Quais qualidades nessa lista você acha que pratica atualmente com seus filhos? Escolha uma qualidade que gostaria de desenvolver inicialmente como uma área de crescimento.

3. Releia no tópico "Apego Adulto" acima as categorias de apego em crianças e adultos e "Categorias de Apego" (páginas 154-161). Agora escreva sobre como essas classificações se relacionam com suas experiências na infância. Deixe sua mente livre para selecionar aspectos de todas as categorias — sem se enquadrar nem aos outros em uma certa categoria. Como você acha que esses padrões de comunicação moldaram seu desenvolvimento? Como eles influenciaram sua abordagem com os outros? De que maneira eles afetaram seus relacionamentos íntimos no passado e como moldaram sua maneira de se relacionar atualmente com os filhos e os outros?

4. Certas questões pendentes emergem no processo de autorreflexão? Elas influenciam o relacionamento com seu filho? É difícil pensar em alguns elementos de seu passado? Você sente que é difícil falar sobre alguma questão profunda, como medo de proximidade, vergonha por ter um defeito, raiva com a impotência de seu filho ou outro processo emocional oculto, que pode estar afetando o relacionamento com seu filho? Você acha que há questões irresolvidas de perda ou trauma em sua vida? Que impacto você acha que eles têm em sua experiência interna e nas conexões interpessoais com seu filho?

HOLOFOTE NA CIÊNCIA

A ENTREVISTA SOBRE APEGO EM ADULTOS

Importante instrumento de pesquisa, a Entrevista sobre Apego em Adultos (AAI, na sigla em inglês) foi criada por Mary Main e seus colegas, a fim de descobrir por que os pais de crianças com diferentes padrões de apego infantil agiam de maneiras tão distintas. A princípio, os pesquisadores cogitaram que algo na experiência dos pais quando crianças talvez tivesse um impacto direto sobre sua abordagem com os filhos pequenos. Para determinar a precisão dessa hipótese, eles decidiram fazer perguntas aos pais que sabiam qual era o *status* de apego dos filhos. Reuniram os tópicos mais úteis em uma entrevista formal que recapitula as lembranças dos pais sobre a própria infância e posteriormente descobriram que essas entrevistas permitiam prever com cerca de 85% de precisão a forma de apego segura ou insegura do sujeito na infância. Vale notar que tal porcentagem é muito alta para esse tipo de estudo. Em projetos posteriores, casais foram entrevistados e previsões foram feitas pelo pai e pela mãe em relação ao apego de crianças ainda nem nascidas quando tivessem um ano de idade. Mais uma vez, foram altas as correlações com as previsões baseadas nos dados da AAI. A AAI claramente toca em algum aspecto poderoso nas mentes dos pais que influencia diretamente seu relacionamento com os filhos.

A AAI consiste em 20 perguntas que requerem que o sujeito busque lembranças autobiográficas enquanto é entrevistado por um pesquisador. O pesquisador Erik Hesse afirmou que esse processo requer um foco duplo: escaneamento interno e discussão externa na hora. As respostas são gravadas, a fita é transcrita e a transcrição escrita é analisada por um codificador treinado em AAI, o qual avalia os relatos do sujeito sobre as ocorrências em sua infância. Mas o foco principal da análise é a "coerência do que foi transcrito" — uma medição de como o indivíduo conta a história do início de sua vida. Essa parte da análise é uma avaliação da coerência do discurso do sujeito — sua interação conversacional com o pesquisador. Não ter evidência para o que está sendo dito, dizer quase nada, dizer demais coisas que não têm a ver com o sujeito ou ficar desorientado para produzir uma resposta representam "violações" de discurso, que podem ser quantificadas e codificadas. Acredita-se que essas violações indiquem várias formas de incoerência na narrativa do sujeito. Uma análise quantitativa meticulosa leva a um perfil geral do sujeito. O adulto, então, é classificado como "seguro / autônomo", "desapegado", "preocupado", ou "irresolvido/desorganizado". Como se vê, a classificação na AAI é o indicador mais robusto do tipo de apego de uma criança pelo pai ou pela mãe.

Você pode questionar se uma avaliação dessas de uma conversa, da contação de uma narrativa autobiográfica de uma pessoa para outra em resposta a perguntas específicas, pode ser de fato acurada sobre o passado da pessoa. Afinal de contas, a memória é subjetiva. Por que um relato subjetivo tem tanto poder profético? Além disso, narrativas do passado são formadas por uma mescla do que aconteceu, do que gostaríamos que houvesse acontecido e o que tentamos esquecer que aconteceu. Com frequência, são influenciadas por aquilo que queremos que os outros e nós mesmos achemos sobre quem somos. Certamente, isso é verdade, porém, não tão relevante, pois a avaliação da AAI não depende da suposição de que a vida familiar inicial do sujeito aconteceu exatamente da maneira descrita. Mais importante é como a narrativa é contada, como ela revela de que forma o indivíduo captou o sentido da vida que se reflete em sua capacidade de integrar as várias formas de memória em um todo coerente. A narrativa coerente revela claramente como um adulto passou a dar sentido à história inicial de sua vida.

Um aspecto empolgante da pesquisa da AAI é a categoria de apego "seguro adquirido" na qual os eventos descritos parecem ter sido muito difíceis, mas a pessoa passou a captar o sentido de sua vida e consegue contar sua história de maneira coerente. Alan Sroufe sugeriu que indivíduos que entenderam o sentido de suas vidas diante da adversidade haviam tido um relacionamento solidário — por exemplo, com um parente, cuidador, professor ou amigo — que serviu como fonte de resiliência. Essas descobertas reforçam a visão de que o apego pode mudar e continuar se desenvolvendo.

O ESTUDO DA SEGURANÇA ADQUIRIDA:
CAPTANDO O SENTIDO DIANTE DA ADVERSIDADE

O histórico do entendimento atual sobre quem tem estados de espírito seguros adquiridos em relação ao apego revela um aspecto importante da Entrevista sobre Apego em Adultos. Ela foi desenvolvida para entender algumas das características que podem determinar por que diferentes indivíduos criaram os filhos de maneiras distintas, assim gerando as várias formas seguras e inseguras de apego. Fazer perguntas a indivíduos que requeriam lembranças e uma descrição narrativa de eventos vividos pessoalmente não visava necessariamente obter um relato historicamente preciso de experiências passadas. A avaliação de uma entrevista se baseia, sobretudo, na avaliação da coerência da história, não na precisão de seu conteúdo.

Durante o treinamento formal dos pesquisadores da AAI no início da década de 1990, Mary Main e Erik Hesse discutiam suas considerações sobre um grupo de indivíduos que parecia ter superado as adversidades e adquirido coerência em suas narrativas transcritas. O primeiro estudo formal, publicado por Pearson e colegas em 1994, comparou esse grupo com *status* "seguro adquirido" com aqueles indivíduos classificados como "seguros constantes". Esse estudo definiu seguros constantes como aqueles indivíduos com coerência na AAI, mas com descrições "negativas" de conteúdo narrativo, nas quais contavam experiências com pais insensíveis, ríspidos ou desagradáveis, muito associadas a várias formas de avaliações incoerentes de AAI e, portanto, a um estado de espírito adulto inseguro em relação a apego. Pelo relato retrospectivo no formato da AAI, esses adultos pareciam ter adquirido sua segurança. O estudo inicial descobriu um nível estatisticamente mais alto de sintomas depressivos nesse grupo de pessoas, mas seus filhos eram seguramente apegados a eles. Após essa descoberta, Phelps e seus colegas fizeram uma avaliação mais extensa da segurança adquirida indo às casas de um grupo sob estudo e observando as interações entre pais e filhos nos vários grupos. Esse estudo, publicado em 1998, revelou que mesmo em situações estressantes, como a hora de dormir ou de ir para a escola, as crianças com segurança adquirida se saíam muito bem. Elas não só conseguiam "dizer o que é preciso" tendo uma AAI coerente, mas conseguiam "provar na prática", pois tinham pais sintonizados e sensíveis, inclusive nos momentos de estresse.

Em 2002, foi publicado um acréscimo importante à literatura de pesquisa, o qual aprofundou o entendimento sobre a noção de segurança adquirida. O importante estudo longitudinal de Alan Sroufe e colegas, cobrindo quase um quarto de século, acompanhou um grupo grande de indivíduos da infância em diante. Aos 19 anos de idade, os membros do grupo respondiam a entrevistas sobre apego em adultos, e uma análise desses dados foi usada para examinar a segurança adquirida não só pela visão "retrospectiva" (a única abordagem disponível na época de estudos anteriores, uma vez que a AAI era aplicada aos pais das crianças pequenas naquelas investigações), mas agora a partir de uma abordagem "presumível" (ROISMAN et al., 2002). Sroufe e seus colegas fizeram descobertas notáveis. A segurança adquirida retrospectiva foi avaliada com os mesmos critérios de pesquisa dos estudos anteriores (coerência com detalhes históricos negativos) e novamente foi comprovado que ela é associada a níveis maiores de sintomas depressivos. A partir daí os pesquisadores tiveram os primeiros dados observacionais e descobriram que crianças pequenas nesse grupo de fato tiveram cuidado materno sensível! No entanto, suas mães tinham graus bem mais elevados de depressão.

A seguir, eles exploraram por meio da abordagem prospectiva a segurança adquirida daqueles indivíduos que tiveram a insegurança de apego na infância mensurada, mas que, aos 19 anos, tiveram uma AAI coerente. Esses indivíduos foram documentados como tendo "segurança adquirida prospectiva". Mas a descoberta notável foi que havia pouca sobreposição entre esse grupo com segurança adquirida prospectiva e aqueles que tinham segurança adquirida retrospectiva! Embora precisem ser confirmadas em futuros estudos, essas descobertas sinalizam a importância da AAI como uma avaliação narrativa, não como um documento histórico. Como os pesquisadores especializados nessa ferramenta não supõem que a AAI seja um relato historicamente acurado, essa descoberta reforça a noção fundamental de que a coerência do relato da história dos adultos é o indicador mais robusto da segurança de apego da criança por aquele adulto. A segurança adulta — contínua ou adquirida — mensurada pela coerência narrativa é a característica mais associada à segurança de apego infantil.

Os pesquisadores identificam algumas questões que talvez expliquem por que pessoas com segurança adquirida retrospectiva e prospectiva, nesse estudo, estavam em agrupamentos diferentes. As limitações de qualquer estudo são cruciais para a interpretação do sentido de suas descobertas, e Sroufe e colegas observam que seu estudo envolve dados sobre interações entre mães e crianças pequenas, não avaliações dos pais. O estudo deles também não tem dados observacionais da faixa etária de 4 a 12 anos, um período que de fato é o grande foco das perguntas da AAI. Segundo esses pesquisadores, é possível que pessoas com segurança adquirida retrospectiva descrevam eventos negativos porque estes realmente ocorreram, mas não foram notados no foco observacional inevitavelmente limitado do estudo.

Outra possibilidade é que o estado de espírito depressivo desses indivíduos, destaque naturalmente o negativo. Esse processo, possivelmente reforçado ou até iniciado por fatores genéticos ou empíricos relacionados à depressão mais alta documentada nas mães desses indivíduos, explicaria a descrição negativa na AAI, embora a sensibilidade da mãe durante a infância de fato fosse alta. Os pesquisadores também propõem que, apesar da depressão, essas mães conseguiram cuidar com sensibilidade dos filhos, o que lhes proporcionou uma forma de resiliência e a chance de desenvolver um apego seguro observado na infância e, posteriormente confirmado na AAI coerente aos 19 anos de idade. Embora esses jovens ainda não tenham filhos, é possível ter uma ideia sobre seus relacionamentos interpessoais ao avaliar a qualidade de seus relacionamentos românticos. Nos jovens com segurança adquirida constante (segurança documentada na infância e uma AAI coerente), com segurança adquirida prospectiva (insegurança documentada na infância e uma AAI coerente), e com segurança adquirida retrospectiva (AAI coerente, mas descrição histórica negativa), a avaliação do relacionamento romântico revelou afinidade sensível e sintonizada. Essa capacidade para comunicação contingente, documentada em relacionamentos entre adultos, poderá ser reavaliada futuramente quando esses indivíduos tiverem filhos.

Por que aqueles com segurança adquirida prospectiva têm detalhes históricos negativos que satisfariam os mesmos critérios do grupo com segurança adquirida inicial, agora definido como tendo segurança adquirida retrospectiva? Critérios alternativos produziriam uma sobreposição diferente dos grupos retrospectivos e prospectivos? Quem passou pela AAI sendo mais velho faria comentários mais reflexivos do que aqueles com 19 anos que poderiam estar menos dispostos a reconhecer sua dependência e vulnerabilidade em relação aos pais? Um adolescente propenso a depressão teria mais probabilidade de se queixar dos pais? Essas possibilidades claramente influenciariam o resultado dessa análise.

Se essas descobertas forem tomadas pelo valor de face, os pesquisadores desse estudo sugerem que talvez seja melhor não usar o termo "segurança adquirida" para o grupo retrospectivo, pois, aparentemente, esses indivíduos tiveram apegos seguros quando eram crianças pequenas. Eles podem ter tido, porém, épocas difíceis posteriormente na infância. Um ponto importante para avaliar o sentido dessas descobertas é que aqueles com segurança adquirida prospectiva não têm graus mais elevados de sintomas depressivos. A depressão pode gerar um viés negativo nas lembranças, o que talvez explique as descobertas no grupo retrospectivo. Pode ser que, à medida que aqueles com segurança adquirida prospectiva evoluam da insegurança em relação às mães para a segurança como jovens adultos nos relacionamentos que estão formando, suas narrativas se tornem coerentes porque eles superaram experiências decepcionantes e agora suas lembranças autobiográficas são mais ligadas "ao presente" e não especialmente focadas, em particular aos 19 anos, no impacto de eventos antigos sobre sua vida atual.

Estudos sobre memória autobiográfica revelam dois processos relevantes para o tema em questão: recenticidade e reminiscência. Recenticidade é a tendência de se lembrar de eventos que ocorreram no passado recente. Reminiscência é a tendência, que parece começar por volta dos 30 anos de idade, de se lembrar mais da juventude do que de eventos recentes. Será que a AAI, geralmente feita com quem já passou da adolescência, é mais influenciada por reminiscências de pais mais velhos sendo avaliados? As AAIs do estudo longitudinal seriam consistentes entre sua adolescência e depois nas faixas dos 20 e 30 anos, quando esses indivíduos já têm filhos? Teremos de aguardar mais estudos e outras investigações de longo prazo sobre isso nos anos vindouros.

Uma questão geral sobre a continuidade da segurança infantil (avaliada com o experimento "Situação Estranha") na fase adulta (determinada pela coerência narrativa da AAI) é relevante aqui para entender os processos de mudança. Quando relacionamentos permanecem constantes, há uma forte correlação entre o *status* infantil e o adulto. A segurança na infância, geralmente, é associada à segurança na fase adulta; e a insegurança na infância é associada à insegurança na fase adulta. No entanto, se as situações mudam, incluindo perda, abuso ou mudança na sensibilidade do cuidado parental, a segurança infantil pode gerar insegurança adulta. Crianças inseguras também podem se tornar adultos seguros (adquirindo segurança prospectiva). Embora a ciência ainda não afirme exatamente como um determinado indivíduo irá adquirir segurança em situações normais não clínicas, a impressão de numerosos pesquisadores é que isso geralmente envolve um relacionamento sensível, receptivo e carinhoso com outra pessoa em sua vida. Tais conexões positivas são uma fonte de resiliência para as pessoas superarem épocas difíceis.

É importante mencionar outro ponto sobre segurança. Mary Ainsworth fez uma avaliação da AAI que revelou que o relato de uma história de trauma ou perda, por si só, não prevê um resultado negativo para os filhos daquele pai ou mãe. Uma descoberta desnorteante e desorganizada durante a discussão na AAI de trauma ou perda, levando à classificação de irresolvido, foi o indicador mais robusto da forma desorganizada de apego. Portanto, a AAI enfatiza que o que mais importa não é o que aconteceu a um indivíduo, e sim como ele processou esses eventos. Ter uma conexão solidária com outra pessoa pode ajudar a dar sentido a experiências difíceis no lar de origem. Independentemente de uma pessoa não ter sido bem cuidada, ter tido um cuidador depressivo, porém sensível, ou passado por experiências com trauma ou perda, o mais importante é como ela, no papel de pai ou mãe, passou a captar o sentido de sua vida.

"ESTADOS DE ESPÍRITO ADULTOS EM RELAÇÃO AO APEGO"

Pesquisas sobre apego usam o termo "estado de espírito em relação a apego" para classificar um adulto, e vale a pena entender algumas características desse aspecto do funcionamento mental.

- Embora possa ter havido várias figuras de apego em nossas vidas, a AAI nos dá apenas uma classificação relativa ao estado de espírito. A ideia subjacente é que durante a adolescência nós aglutinamos nossas próprias experiências em uma única classificação — muito provavelmente influenciados por nossa figura primária de apego.

- A ideia de estado de espírito é que a mente humana tem um processo para organizar uma postura, abordagem ou disposição mental que serve para filtrar as percepções, vieses e respostas emocionais, e influencia diretamente os comportamentos. Esse processo organizador alimentado por um certo tema é característico de qualquer estado geral de espírito e de seus modelos mentais; aqueles específicos ao apego podem ser muito tenazes e duradouros.

- Pela perspectiva do cérebro, pode-se dizer que esse processo mental está "entranhado" em padrões de disparo neuronal, nos quais experiências passadas e as adaptações geradas em reação a elas criam conexões sinápticas que ficam retidas na memória. No caso do apego, o modelo se sobrepõe a uma forma de memória implícita: ela é incrustada no início de nossas vidas, ativada sem o senso de algo que está sendo lembrado e influencia diretamente as percepções, emoções, comportamentos e sensações físicas. Os modelos mentais inerentes a tal aprendizagem estão no cerne do que John Bowlby chamou "modelos funcionais internos" de apego.

Transformar o apego envolve mudanças nesses estados de espírito. E assim, como em qualquer mudança, aprender pode implicar desaprender velhos padrões e simultaneamente criar as condições e experiências que promovam a aprendizagem de novas abordagens.

O cérebro pode alterar conexões sinápticas com a aprendizagem advinda de novas experiências. O cérebro também pode criar novos neurônios, especialmente nas regiões integrativas que talvez estejam no cerne de como um estado de espírito organiza esses processos amplamente distribuídos. Propomos então que combinar o novo autoconhecimento (baseado em novos níveis de integração neural) com novas experiências interpessoais que promovam uma nova forma de comunicação e conexão permite que o estado de espírito de alguém em relação ao apego se desenvolva em direção à segurança na fase adulta. A abertura para mudar pode requerer uma combinação de novo autoconhecimento e a disposição para tentar novas abordagens nas conexões com os outros.

EMOÇÃO, MEMÓRIA E APEGO

A descoberta da AAI de que indivíduos classificados como tendo estado de espírito "desapegado" em relação ao apego, revelam poucos detalhes de sua primeira infância com a família suscita algumas questões instigantes a respeito de emoção, memória e experiências com relacionamentos de apego. Enquanto respondem a perguntas na AAI, esses adultos frequentemente afirmam não se lembrar de suas experiências na infância. Uma pesquisa subsequente feita por Van Ljzendoorn e colegas tentou descobrir possíveis problemas cognitivos, como déficits de memória ou dificuldades intelectuais, que poderiam estar na raiz dessa falta de lembranças. Esses estudos não encontraram problemas generalizados de memória ou inteligência. A habilidade de se lembrar de outros aspectos da primeira infância, como uma lembrança factual dos programas de televisão populares naquela época, estava intacta. A inteligência das pessoas no grupo "desapegado" era normalmente distribuída, assim como nos outros grupos.

Esses pesquisadores de apego também procuraram indicadores de causas genéticas das descobertas da AAI, incluindo as variantes de base comprovadas geneticamente por meio de pesquisa sobre gêmeos idênticos criados separados, mas não acharam nada. Descobriram que variantes com algum componente genético, como inteligência, certas características de personalidade e preferências e aversões no estilo de vida, não têm correlação alguma com os resultados da AAI. Essa descoberta corrobora a hipótese de que o apego é basicamente moldado por experiências nos relacionamentos, não pela genética.

Por que adultos com estado de espírito "desapegado" têm poucas recordações de suas vidas familiares, não só do período normal de amnésia infantil, mas também envolvendo a lembrança de alguns detalhes de experiências vividas durante a infância? Embora os pesquisadores não possam ter certeza se esses indivíduos não estão simplesmente partilhando o que de fato se lembram, clinicamente essa falta de lembranças parece refletir uma incapacidade de recuperar memórias. Em geral, a falta de recuperação se deve ao acesso bloqueado à memória armazenada ou não codificada. Ainda não se sabe definitivamente por que esse padrão ocorre. No entanto, pesquisas sobre memória, emoção e o cérebro mostraram que um processo empírico pode explicar esse achado. Pesquisando a memória, estudos sobre emoções e lembranças provaram que nenhum estímulo emocional pode ser associado a um nível baixo de codificação, armazenamento e posterior recuperação de memória explícita; o excesso de estímulo emocional pode danificar a codificação explícita e assim bloquear o armazenamento e a posterior recuperação; o estímulo mais favorável facilita processos da memória que levam à recuperação posterior.

O que é um ótimo estímulo emocional? Do ponto de vista da regulação efetiva das emoções, esse é um estado no qual os centros de avaliação no cérebro, em grande parte nos circuitos límbicos como a amígdala e as regiões orbitofrontais, se tornam ativados a um grau que intensifica o funcionamento e a plasticidade neurais. O funcionamento neural ótimo significa que essas áreas que sofrem convergência maximizam a integração dos conjuntos relevantes de circuitos para processar as informações por ocasião de uma experiência. A intensificação da plasticidade neural significa que as substâncias químicas neuromoduladoras liberadas pelos circuitos límbicos de avaliação facilitam a criação de novas conexões sinápticas. Por exemplo, o hipocampo faz um "mapeamento cognitivo" crucial, pois integra o *input* de uma ampla variedade de áreas neurais em um todo cognitivo. A neuromodulação ótima facilitaria esse processo integrativo da memória.

Circuitos neuromodeladores intensificam a criação de novas conexões sinápticas. Ao liberar substâncias químicas neuroativas, que facilitam o disparo dos neurônios e também a ativação dos genes que levarão à produção de proteínas necessárias para novas formações sinápticas, os circuitos neuromodeladores intensificam a aprendizagem. Foi cogitado que experiências emocionais ótimas podem obter o envolvimento desses circuitos neuromodeladores na codificação de memória que tenha uma probabilidade maior de ser lembrada no futuro. A "potência de armazenamento" dessas unidades de memória, dessas representações de experiências armazenadas, é mais forte quando os circuitos emocionais estão otimamente engajados.

Um dos aspectos mais importantes da memória envolve o esquecimento. Se fôssemos bombardeados por lembranças da maioria de nossas experiências, "perderíamos a cabeça". A mente humana requer o esquecimento seletivo da maioria das vivências, e a mente pode ter um processo automático pelo qual experiências emocionalmente desinteressantes não são firmemente codificadas nem facilmente lembradas depois com muitos detalhes.

A proposição aqui em relação a experiências de apego e o grupo "desapegado" é que as vidas familiares emocionalmente desinteressantes desses indivíduos, quando eram crianças, não propiciaram o registro de detalhes facilmente memoráveis de suas experiências em família durante sua infância. Pode haver conhecimento factual — de programas de televisão, eventos esportivos e fatos sobre acontecimentos na família —, mas pouca lembrança autobiográfica.

Uma característica singular da memória autobiográfica explícita é ter senso do *self* e do tempo. Aparentemente, ela é mediada em um conjunto diferente de circuitos, que fica, sobretudo, no hemisfério direito, ao passo que a memória semântica/factual explícita fica no hemisfério esquerdo. Dessa maneira, a insistência na falta de lembranças, mediada pelo fato de a pessoa ter crescido em um deserto emocional, cria um processo autobiográfico subdesenvolvido no hemisfério direito, ou autonoese.

Endel Tulving e seus colegas em Toronto demonstraram que a consciência autonoética — ou autoconsciência — é mediada pelas regiões pré-frontais, especificamente pelo córtex orbitofrontal direito para lembranças autobiográficas. Para Tulving, esse processo no lado direito permite a criação de um estado de espírito de autoconhecimento e uma experiência de viagem no tempo mental que liga o passado, o presente e o futuro. Essas ideias estendidas a pesquisas sobre apego sugerem que a experiência desse autoconhecimento inicialmente pode ser criada por experiências em família e depois pode se reforçar pelas maneiras nas quais o autoconhecimento molda a profundidade dos relacionamentos interpessoais subsequentes. É possível que pessoas com a capacidade de ter uma compreensão compassiva do *self* também sejam equipadas para focar nessa compaixão nos próprios filhos.

Pesquisas sobre apego sugerem que crianças envolvem seus professores em interações interpessoais semelhantes àquelas que têm com os pais. Conforme já mencionamos, estudos corroboram a ideia de que o apego resulta da experiência e não é uma característica constitucional da criança. Essas duas descobertas apoiam a visão de que os padrões repetidos fora de casa revelam como uma adaptação feita por uma criança em reação ao ambiente doméstico perdura, à medida que ela se envolve com o mundo mais amplo. Respostas posteriores dos outros podem então reforçar mais profundamente essas adaptações, perpetuar o processo adaptativo inicial e incrustar mais fortemente aquele padrão de ser no mundo.

Se o desenvolvimento do maquinário neural necessário para o autoconhecimento for limitado, a capacidade de ter uma vida interior rica e de se relacionar com a vida interior dos outros também pode ser bem limitada. Essa limitação pode ser uma adaptação útil para minimizar a vulnerabilidade do indivíduo ao sofrimento emocional e à decepção. Esses processos, basicamente no hemisfério direito, podem estar funcionalmente fechados. A aquisição de segurança por parte desses indivíduos provavelmente envolve a ativação ou desenvolvimento desses mecanismos cerebrais subutilizados. Nesses indivíduos, é preciso estimular experiências que deem acesso a várias dimensões de funcionamento do hemisfério direito, incluindo comunicação não verbal, consciência corporal, apreço pelos próprios estados emocionais e os dos outros, lembranças autobiográficas, sintonia e alinhamento com os estados mentais alheios. Dar estímulo solidário para a gradual ativação desses processos emocionais e interpessoais pode ajudar o indivíduo a aprender a tolerar a vulnerabilidade e a intimidade com pessoas em quem ele confia. Essa aprendizagem empírica pode então transformar seu estado de espírito em relação ao apego e lhe infundir segurança.

PARA SABER MAIS

BAKERMANS-KRANENBURG, M. J.; VAN LJZENDOORN, M. H. The First 10.000 Adult Attachment Interviews: Distributions of Adult Attachment Representations in Clinical and Non-Clinical Groups. *Attachment and Human Development*, v. 11, n. 3, p. 223-263, 2009.

FONAGY, P.; STEELE, H.; STEELE, M. Maternal Representations of Attachment During Pregnancy Predict the Organization of Infant-Mother Attachment at One Year of Age. *Child Development*, v. 62, p. 891-905, 1991.

FRALEY, R.; VICARY, A.; BRUMBAUGH, C.; ROISMAN, G. Patterns of Stability in Adult Attachment: An Empirical Test of Two Models of Continuity and Change. *Journal of Personality and Social Psychology*, v. 101, n. 5, p. 974-992, 2011.

GROSSMAN, K. E.; GROSSMAN, K.; WATERS, E. (ed.). *Attachment from Infancy to Adulthood*: The Major Longitudinal Studies. Nova York: Gilford Press, 2005.

HAMILTON, C. E. Continuity and Discontinuity of Attachment from Infancy Through Adolescence. *Child Development*, v. 7, p. 690-694, 2000.

HESSE, E. The Adult Attachment Interview: Protocol, Method of Analysis, and Empirical Studies. In: CASSIDY, J.; SHAVER, P. R. (ed.). *Handbook of Attachment*: Theory, Research, and Clinical Applications. 2. ed. Nova York: Guilford Press, 2008, p. 552-598.

HESSE, E.; MAIN, M.; ABRAMS, K. Y.; RIFKIN, A. Unresolved States Regarding Loss or Abuse Have 'Second Generation' Effects: Disorganization, Role Inversion, and Frightening Ideation in the Offspring of Traumatized, Non-Maltreating Parents. In: SOLOMON, M.; SIEGEL, D. J. (ed.). *Healing Trauma*: Attachment, Mind, Body, and Brain. Nova York: W. W. Norton, 2003, p. 57-106.

MAIN, M.; HESSE, M.; GOLDWYN, R. Studying Difference in Language Usage in Recounting Attachment History: An Introduction to the AAI. In: STEELE, H.; STEELE, M. (ed.). *Clinical Applications of the Adult Attachment Interview*. Nova York: Guilford Press, 2008, p. 31-68.

MAIN, M.; HESSE, E.; KAPLAN, N. Predictability of Attachment Behavior and Representational Processes at 1, 6, and 19 Years of Age: The Berkeley Longitudinal Study. In: GROSSMAN, K. E.; GROSSMAN, K.; WATERS, E. (ed.). *Attachment from Infancy to Adulthood*: The Major Longitudinal Studies. Nova York: Guilford Press, 2005, p. 245-304

PEARSON, J. L.; COHN, D. A.; COWAN, A. P.; COWAN, C. P. Earned-and Continuous – Security in Adult Attachment: Relation to Depressive Symptomatology and Parenting Style. *Development and Psychopathology*, v. 6, p. 359-373, 1994.

JPHELPS, J. L.; BELSKY, J.; CRNIC, K. Earned Security, Daily Stress, and Parenting: A Comparison of Five Alternative Models. *Development and Psychopathology*, v. 10, p. 21-38, 1998.

ROISMAN, G. I.; PADRON, E.; SROUFE, L. A.; EGELAND, B. Earned-Secure Attachment Status in Retrospect and Prospect. *Child Development*, v. 73, n. 4, p. 1204-1219, 2002.

SAUNDERS, R.; JACOBVITZ, D.; ZACCAGNINO, D.; BEVERUNG, L. M.; HAZEN, N. Pathways to Earned-Security: The Role of Alternative Support Figures. *Attachment and Human Development*, v. 13, n. 4, p. 403-420, 2011.

SIEGEL, D. J. An Interpersonal Neurobiology of Psychotherapy: The Developing Mind and the Resolution of Trauma. In: SOLOMON, M.; SIEGEL, D. J. (ed.). *Healing Trauma*: Attachment, Mind, Body, and Brain. Nova York: W. W. Norton, 2003, p. 1-56.

_____. *A Mente em Desenvolvimento*: Para Uma Neurobiologia da Experiência Interpessoal. São Paulo: Instituto Piaget do Brasil, 2004, cap. 3.

STEELE, H.; STEELE, M. (ed.). *Clinical Applications of the Adult Attachment Interview*. Nova York: Guilford Press, 2008.

STRATHEARN, L.; FONAGY, P.; AMICO, J.; MONTAGUE, P. R. Adult Attachment Predicts Maternal Brain and Oxytocin Response to Infant Cues. *Neuropsychopharmacology*, v. 34, n. 13, p. 2655-2666, 2009. DOI: 10.1038/npp. 2009.103.

VAN LJZENDOORN, M. H.; BAKERMANS-KRANENBURG, M. J.; Attachment Representations in Mothers, Fathers, Adolescents, and Clinical Groups: A Meta-Analytic Search for Normative Data. *Journal of Consulting and Clinical Psychology*, v. 64, p. 8-21, 1996.

WATERS, E.; MERRICK, S.; TREBOUX, D.; CROWELL, J.; ALBERSHEIM, L. Attachment Security in Infancy and Early Adulthood: A Twenty-Year Longitudinal Study. *Child Development*, v. 71, p. 684-689, 2000.

WEINFELD, N. S.; SROUFE, L. A.; EGELAND, B. Attachment from Infancy to Adulthood in a High-Risk Sample: Continuity, Discontinuity, and Their Correlates. *Child Development*, v. 71, p. 695-702, 2000.

7

COMO MANTEMOS A INTEGRIDADE E COMO DESABAMOS: CAMINHO ALTO E CAMINHO BAIXO

INTRODUÇÃO

A maioria dos pais ama os filhos e quer lhes proporcionar uma infância feliz, mas pode ficar confusa com a dinâmica complexa desse relacionamento. Um pai ou uma mãe podem até comentar: "Eu não quero gritar e assustar as crianças, mas elas me tiram do sério e não consigo me conter". Pais se surpreendem com o próprio comportamento quando reagem mais asperamente do que jamais imaginaram, mas, às vezes, as emoções tomam o controle e suprimem o que há de melhor neles. Quando o relacionamento entre pais e filhos desencadeia questões irresolvidas do pai ou da mãe, é preciso refletir sobre qual processo interno está criando a desconexão externa. Pais têm a oportunidade de se curar e de deixar de serem controlados pelas emoções do passado, que invadem suas experiências atuais com os filhos.

Quando você está estressado ou em situações com seu filho que desencadeiam questões irresolvidas do passado, sua mente pode se fechar e se tornar inflexível. Essa inflexibilidade indica que você está entrando em outro estado de espírito, que prejudica diretamente sua habilidade de pensar claramente e manter a conexão emocional com seu filho. Esse é o chamado modo baixo de processamento, ou caminho baixo, que pode inundar a pessoa com sentimentos como medo, tristeza ou fúria. Essas emoções intensas podem levá-lo a ter reações automáticas em vez de respostas sensatas. Quando reações emocionais tomam o lugar da *mindfulness*, você está no caminho baixo e dificilmente será capaz de manter uma comunicação acolhedora e a conexão com seu filho.

Nesse estado de espírito no caminho baixo, você fica preso em um ciclo repetitivo que acaba sendo danoso para você e seu filho. Suas questões irresolvidas e pendentes o tornam vulnerável para entrar no caminho baixo, especialmente em situações estressantes. Se você tem dificuldade com separação, a hora de dormir pode virar um campo de batalha todas as noites. Embora possa começar bem mantendo a rotina de ler histórias para seu filho na hora de dormir, perguntar como foi seu dia e lhe dar abraços e beijos de boa noite, assim que você sai do quarto o menino o chama ou se levanta e o segue. Se for ambivalente para se separar do filho, você pode ter dificuldades para impor limites. A resistência do menino em ir para a cama pode precipitar em você uma reação no caminho baixo, caso seus esforços constantes para acalmá-lo forem em vão. Se ficar com raiva e gritar ou agir agressivamente, você e seu filho irão se afligir, o que torna a separação ainda mais difícil. Após horas de conflito, vocês dois ficam infelizes, exaustos e brigados. Quando o pai ou a mãe ficam bravos, a criança tem mais dificuldade para se separar e dormir.

Nesse estado de espírito no caminho baixo, nenhum pai ou mãe se sente bem consigo mesmo e com o que possa ter feito às crianças. Mas quando não refletem sobre as próprias experiências, os pais entram constantemente no caminho baixo. Afinal, quando a pessoa está nesse estado alterado, é difícil se redirecionar para um modo mais elevado de processamento. Refletir sobre as origens de nossos problemas aumenta o autoconhecimento e cria uma resiliência que minimiza o risco de entrar nesse caminho tortuoso.

O modo alto de processamento usa o córtex pré-frontal, que fica à frente na parte superior do cérebro; por isso, o termo "caminho alto". Quando o processamento é no caminho alto, somos capazes de envolver os processos mentais racionais que reforçam a habilidade de refletir sobre as possibilidades em termos de ação e suas consequências. O caminho alto nos permite fazer escolhas flexíveis e condizentes com nossos valores para a criação dos filhos. Isso não significa que não haverá conflito, ou que os filhos nunca irão se chatear ou ficar infelizes, mas que podemos escolher como reagir ao comportamento deles. Estar no caminho alto dá a oportunidade de sermos bondosos e bem-intencionados ao nos comunicarmos e escolhermos ações que reforcem um relacionamento carinhoso e saudável com os filhos.

O CAMINHO BAIXO

O caminho baixo desafia nossa habilidade parental. Questões irresolvidas desorganizam a mente e fazem os pais reagirem com intensidade emocional e imprevisibilidade nas interações com as crianças. Mesmo sem querer, podem se comportar de maneiras atemorizantes e confusas para as crianças.

TABELA IX. FORMAS DE PROCESSAMENTO

MODO MAIS ELEVADO, OU CAMINHO ALTO
Uma forma de processar informações que envolve os processos mentais mais altos, racionais e reflexivos. O processamento no caminho alto propicia *mindfulness*, flexibilidade responsiva e um senso integrado de autoconsciência. Os processos no caminho alto envolvem o córtex pré-frontal.

MODO MAIS BAIXO, OU CAMINHO BAIXO
O processamento no modo baixo envolve a obstrução dos processos mentais mais elevados e deixa o indivíduo em um estado marcado por emoções intensas, reações impulsivas e respostas rígidas e repetitivas, além de destituído de autorreflexão e de consideração pelo ponto de vista alheio. O envolvimento do córtex pré-frontal é obstruído quando a pessoa está no caminho baixo.

Suponha que você é um menino de três anos e meio, e está passeando no parque com sua mãe. Vocês estão brincando juntos e ela se deleita ao vê-lo explorando os brinquedos no *playground*. Você está se sentindo amado e valorizado. Mas, quando você está subindo a escada do escorregador, ela diz que está na hora de ir embora. Um amigo dela aparece e ambos começam a conversar. Após várias descidas no escorregador, sua mãe continua conversando, então você vai para o trepa-trepa e consegue chegar ao topo, de onde acena orgulhosamente. Ela olha para você, depois para o relógio e fica imediatamente furiosa por que já está atrasada para um compromisso. Ela berra com você, "desça daí agora mesmo", e aponta o dedo com uma expressão raivosa. Você não entende o que aconteceu, já que pouco tempo atrás ela estava gostando de estar ali. Sem querer contato com essa "maluca", você desce do mastro e se esconde em um túnel baixo. Sua mãe o acha e o arrasta pelo braço machucando-o. Com a voz e a expressão facial furiosas, ela continua ralhando com você por ser um "menino tão mau" que não a obedece. Você começa a chorar e tenta empurrá-la. Ela fica com mais raiva ainda e berra com você por tê-la empurrado. Ela o tira do túnel e, ignorando suas lágrimas, corre para o carro ainda aos berros.

A reação inesperada dessa mãe não foi ao comportamento do filho e sim aos próprios problemas. Talvez notar que estava atrasada para o compromisso tenha desencadeado a questão pendente de ser incapaz de impor limites a si mesma. Possivelmente, quando ela era criança, sua mãe não conseguia atender suficientemente suas necessidades. Em vez de ser cuidada emocionalmente, ela tinha que cuidar das necessidades da mãe e abrir mão das suas. No episódio do parque, ficou abalada quando o filho não prestou atenção à sua necessidade de chegar pontualmente ao compromisso. Quando existem questões irresolvidas, os pais podem se comportar de maneira atemorizante e confundir as crianças. Há exemplos bem mais extremos de experiências assustadoras, mas a expressão repentinamente raivosa no rosto do pai ou da mãe é muito desorientadora para uma criança pequena. Um pai ou uma mãe que seja fonte de alarme coloca a criança em uma situação conflitante, pois ela não consegue entender esse comportamento parental e fica diante de um paradoxo estressante e insolúvel. Afinal, a criança precisa buscar conforto e proteção junto àquela pessoa da qual agora tem medo. A criança fica emocionalmente empacada e confusa e, em geral, seu comportamento piora.

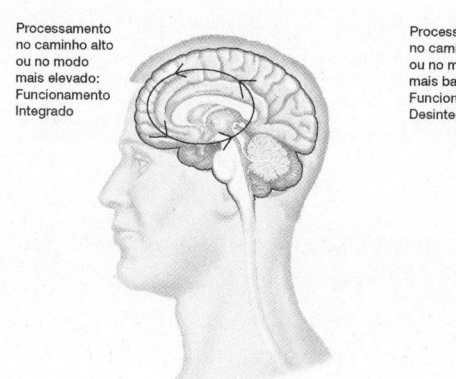

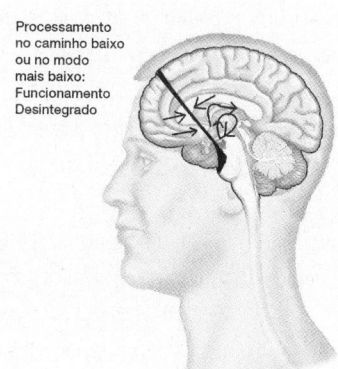

Processamento no caminho alto ou no modo mais elevado: Funcionamento Integrado

Processamento no caminho baixo ou no modo mais baixo: Funcionamento Desintegrado

FIGURA 4

As condições que suscitam essas reações no caminho baixo em um pai ou uma mãe podem evocar situações ou experiências traumáticas em seu passado. Em muitos momentos cotidianos, quando reage a uma criança testando os limites, atende uma criança aflita, negocia a hora de dormir e outras separações, eles ficam especialmente vulneráveis a gatilhos que os levam para o caminho baixo.

A experiência no caminho baixo possui quatro elementos: um gatilho, a transição, a imersão e a recuperação. Gatilhos começam a ativar as questões irresolvidas ou pendentes. Transição é o sentimento rápido ou gradual de estar prestes a entrar no caminho baixo. A imersão é marcada por emoções intensas, incluindo a frustração e a sensação incontrolável de estar empacado no caminho baixo. Esse estado no modo baixo bloqueia o processamento mais flexível das partes mais altas no cérebro, que são necessárias para a comunicação compassiva, portanto, achar maneiras de sair e se recuperar do caminho baixo é um desafio importante para manter um relacionamento saudável com os filhos.

TABELA X. ELEMENTOS DO CAMINHO BAIXO

GATILHOS — Eventos internos ou externos que desencadeiam a ida para o caminho baixo.

TRANSIÇÃO — O modo integrado e mais elevado de processamento se desloca para as profundezas do caminho baixo.

IMERSÃO — Estar totalmente no caminho baixo. Os processos no caminho mais elevado de autorreflexão, sintonia e *mindsight* ficam suspensos.

RECUPERAÇÃO — O processo de reativar os processos integrativos do caminho alto. Pode haver um grau elevado de vulnerabilidade durante a recuperação.

Comportamentos estranhos frequentes no caminho baixo por parte do pai ou da mãe geram medo e confusão na criança. Muitas vezes, o adulto também está confuso com um conflito interno, ambivalência ou lembranças emocionais intrusivas que levam a mudanças rápidas em seu estado de espírito. Às vezes, o adulto pode ficar totalmente desconectado do filho ou filha, pois está absorvido em seu processamento interno devido ao estresse e tem dificuldade de lidar com as próprias emoções e as da criança. Quando está no caminho baixo de processamento, o adulto não consegue se comunicar efetivamente com a criança. Então, se ele ficar consciente de sua raiva intensa e comportamento agressivo, é melhor parar de interagir com a criança até se acalmar. Caso contrário, a situação pode piorar, pois ele pode ficar mais descontrolado, e a criança, com mais medo.

ENCALHADO NO CAMINHO BAIXO

Dan estava atendendo uma família no consultório. O estado de espírito do pai em questão mudava drástica e repentinamente, sobretudo quando se sentia rejeitado ou quando a filha ignorava seus pedidos. Esse homem relatou que tinha uma "sensação estranha", como se "alguma coisa estivesse prestes a arrebentar". Seus braços tremiam, a cabeça ficava sob pressão e parecia que ele ia explodir ou enlouquecer, como se estivesse entrando em um túnel para outro mundo e sendo arrastado para longe das pessoas ao redor. Era assim sua entrada no caminho baixo e ele não conseguia deter o processo. Ele sabia que seu rosto enfurecido ficava repuxado e os músculos do corpo se enrijeciam. Às vezes, berrava furiosamente com a filha. Outras vezes, ficava com uma fúria incontrolável e apertava o braço da menina com muita força ou batia nela.

O homem se sentia envergonhado e tentava negar esses rompantes de fúria repentinos e frequentes. Isso o impedia de tentar qualquer meio de reparação com a filha após esses episódios apavorantes. Essas desconexões frequentes sem reparação fizeram a filha achar que o relacionamento entre os dois era frágil e confuso. No entanto, suas lembranças dessas experiências assustadoras poderão emergir quando ela ficar mais velha e gerar mudanças repentinas no próprio espírito da menina, acessos de fúria ou imagens do pai furioso. Ela pode achar que quando precisar de alguma coisa, os outros podem se irritar e ser desleais. Embora essa não seja a intenção paterna, isso faz parte do que ela está aprendendo com essas experiências com ele.

Por que esse pai age assim com a filha que ele tanto ama?

Quando esse homem era criança, seu pai alcoólatra tinha rompantes de raiva durante os quais o perseguia e batia nele. Sua mãe era depressiva e incapaz de protegê-lo, então ele ficava extremamente vulnerável ao comportamento imprevisível do pai.

Por isso, esse homem achava difícil ser receptivo quando sua filha insistia em fazer as coisas do jeito dela, o que é comum em crianças.

Era normal a filha se irritar com ele quando não conseguia o que queria. As crianças são assim. Mas ele achava que o comportamento desafiador dela era uma rejeição pessoal, o que desatava uma cascata de mudanças abruptas em seu estado de espírito. A fúria se instalava e ele entrava no caminho baixo de processamento.

Como esse caminho baixo de processamento acontece? Como uma questão irresolvida nos torna vulneráveis a entrar no caminho baixo? Vamos rever as etapas do processo para entender esses mecanismos importantes de desconexão. Perceber que a filha se irritava com ele induzia a uma mudança no estado mental paterno. Essa mudança, então, se liga a visões de um rosto colérico ativando questões irresolvidas do pai. O fato de se sentir rejeitado e as lembranças implícitas não integradas de experiências passadas inundam a mente desse homem: impulsos comportamentais para fugir, imagens perceptíveis de seu pai enfurecido ou da mãe deprimida, reações emocionais de terror e vergonha, e sensações corporais de tensão e dor. Esses encadeamentos são feitos rapidamente e entram em sua consciência sem que ele ache que está se lembrando de qualquer coisa. Tais lembranças implícitas são vivenciadas no aqui e agora, como parte de sua realidade atual, e moldam suas experiências internas no caminho baixo.

A percepção sobre o comportamento da filha inicia uma cascata automática de lembranças implícitas, que muda rapidamente o estado de espírito desse homem. Essa mudança repentina pode levar a uma interrupção do fluxo de consciência, chamada dissociação. Indivíduos com trauma ou perda irresolvida são especialmente vulneráveis a essas mudanças abruptas e mais propensos a entrar no caminho baixo. Às vezes, tal mudança se assemelha a entrar em um estado de espírito nebuloso estanque. Outras vezes, ela pode levar ao início repentino da agitação e da ira explosiva.

O pai tinha a sensação de "sair de si", como se "estivesse prestes a explodir". Ele era esmagado pelas lembranças implícitas intrusivas e repentinamente entrava em um estado mental infantil repleto do antigo senso costumeiro de medo, rejeição, raiva e desespero. Sua desconexão e impotência lhe causavam vergonha. Ele interpretava a irritação da filha como raiva dele e se sentia humilhado. Antes que pudesse escapar dessa avalanche de sentimentos, entrava no caminho baixo e ficava irado. Esse estado, no modo baixo, desativa o processamento mais flexível nas partes mais altas do cérebro. Nesse estado alterado dissociado, ele se comportava de uma maneira literalmente descontrolada — e apavorante para sua filha — que jamais escolheria intencionalmente.

Sua entrada frequente nesses estados de espírito quando era criança fez com que estes se tornassem uma parte de sua personalidade. Essa desorganização de sua experiência interna moldou diretamente suas interações com a filha que, por sua vez, passava pela desorganização do próprio mundo interno. Ele estava empacado no caminho baixo.

ACHANDO UMA SAÍDA

Esse pai não conseguia entender por que se comportava de maneira tão atemorizante com sua filha pequena. No início da terapia, ele tinha muita dificuldade para admitir que essas interações com a filha realmente ocorriam. Após ouvir uma explicação breve sobre os caminhos alto e baixo de processamento, começou a ser capaz de refletir sobre seus processos internos de maneira mais objetiva e "distanciada". Essa distância lhe infundiu mais segurança e ele conseguiu transcender os sentimentos de culpa e vergonha que antes o impediam de refletir sobre as questões que estavam na raiz de seu comportamento agressivo. Com essa nova estrutura, ele começou o trabalho na terapia para se curar do passado.

O que emergiu desse esforço foi o histórico com seu pai alcoólatra e abusivo e suas experiências com a própria filha. Embora a história tenha se tornado coerente ao longo do tempo, inicialmente foram reveladas as camadas de sentimentos e imagens confusos e atemorizantes. O entendimento de como a memória implícita pode permanecer intacta apesar dos danos ao processamento explícito, proporcionou uma estrutura significativa para apoiar sua busca por uma história coerente. Até então, a única explicação plausível para ele é que era propenso a enlouquecer com surtos de fúria. Com um entendimento sobre o cérebro, a memória e os estados no caminho baixo, ele pôde ver que, na realidade, seu cérebro estava desligando uma função reflexiva crucial. Ao entender como as regiões pré-frontais permitem reações flexíveis no modo mais elevado de processamento, ele captou o que realmente significa "perder a cabeça" — ficar sem acesso à parte de seu cérebro que era capaz de fazer escolhas racionais, bondosas e flexíveis, assim perdendo a clareza de pensamento, e ficando realmente empacado.

Com esses conhecimentos, começou a entender o sentido de suas experiências. Suas informações autobiográficas históricas tinham de ser ligadas às suas experiências atuais, a fim de criar uma história coerente a partir das experiências internas e interpessoais. Sua história revelou que o terror era parte do presente e de seu passado traumático.

RESOLUÇÃO DE TRAUMA E PERDA

Quando houve alguma forma de trauma ou perda na infância, a resolução disso requer um entendimento sobre o caminho baixo e sua conexão com os padrões das experiências do passado. A transmissão intergeracional de questões irresolvidas gera e perpetua sofrimentos emocionais desnecessários. Se tivermos velhas questões irresolvidas, há uma forte possibilidade de que a desorganização em nossas mentes crie desorganização nas mentes de nossos filhos.

Qualquer pessoa pode ter questões pendentes que geram vulnerabilidades, as quais só ficam aparentes durante a criação dos filhos ou ao trabalhar com crianças. A entrada no caminho baixo pode expor essas questões, inclusive traumas e perdas irresolvidas. Embora a maioria dos pais às vezes entre no caminho baixo, um trauma ou perda persistente pode aumentar a probabilidade de que esses estados ocorram com mais frequência e serem muito intensos. Quando cuidamos de crianças, é inevitável que as questões pendentes sejam ativadas em nossas mentes. Mesmo que não estejamos totalmente imersos no processamento no modo baixo, no qual o pensamento racional fica suspenso e emoções intensas nos bombardeiam, essas questões dificultam pensar com clareza, pois podem distorcer nossas percepções, alterar os processos de tomada de decisões e criar obstáculos para a comunicação colaborativa com nossos filhos.

Interações frequentes e não reparadas no caminho baixo podem prejudicar o SEC básico do apego. Crianças precisam que os pais estejam sintonizados com elas, a fim de atingir o equilíbrio fisiológico que possibilita a formação de uma mente coerente. Coerência é o estado de espírito no qual o mundo interno é apto a se adaptar às mudanças constantes de experiências no mundo externo. A coerência permite um senso emergente de estar conectado consigo mesmo e com os outros. Experiências no caminho baixo, muitas vezes geradas por questões irresolvidas, podem desconectar os pais das partes cerebrais que permitem a comunicação sintonizada. Nessas ocasiões, as crianças não sentem sintonia nem conseguem atingir equilíbrio e coerência.

Questões irresolvidas ligadas a trauma ou perda podem gerar mais danos interno e interpessoal do que questões pendentes. Mas como é possível enfrentá-las? Se você começa a ficar desorientado ou desorganizado ao pensar sobre trauma ou perda, reflita sobre esses eventos e considere como eles impactaram sua vida, seus relacionamentos e suas escolhas. Comece com a suposição de que você e seus pais fizeram o melhor possível diante das circunstâncias na época. Em vez de culpar ou julgar, seja gentil consigo mesmo. Respeite suas sensações físicas, emoções e as imagens que vêm à sua mente. Curar um trauma ou perda irresolvida requer paciência, tempo e apoio. Se sua falta de resolução adota a forma de uma desorganização que às vezes envolve emoções intensas, pensamentos confusos, incapacidade de se expressar para os outros ou isolamento social, um profissional qualificado pode lhe dar o apoio necessário e orientá-lo no processo de cura.

Ninguém passa pela vida sem perdas, e sentir pesar pela perda de um ente querido é algo inevitável. Se esse pesar for normal e saudável, a pessoa reorganiza internamente seu relacionamento com aquele que partiu, embora continue se importando e pensando nele. No entanto, o corpo e a mente humanos não podem se mortificar para sempre. A perda irresolvida se manifesta como pensamentos e sentimentos intrusivos constantes sobre um ente querido que morreu há muito tempo. Esse desgosto prolongado ou patológico pode envolver estados prolongados de luto que não atingem uma resolução. Além disso, esse pesar pode envolver períodos extensos de isolamento social e dificuldade no funcionamento diário devido à natureza intrusiva, persistente e incontestável dessa perda não sanada. Se a autorreflexão constante ou a participação em grupos de apoio não ajudar a adquirir um mínimo de resolução, vale a pena recorrer a um aconselhamento profissional.

As crianças também sentem pesar pela perda de alguém importante e é crucial ajudá-las a entender esse tipo de experiência para que isso não tenha uma influência disruptiva em suas vidas. Uma criança pode sentir pesar não só pela morte de um ente querido, mas em várias outras situações em que a impactam da mesma maneira. A perda de um cuidador, a diminuição da disponibilidade dos pais em caso de divórcio ou até a mudança para outra casa são alterações muito significativas para uma criança e podem gerar uma sensação de perda. Para ajudá-la a entender essas experiências, os pais podem contar uma história sobre os eventos pela perspectiva infantil. Ao contar a história novamente, enfoque os sentimentos da criança, não os seus ou a maneira que você gostaria com que ela se sentisse.

Quando você reflete a experiência subjetiva das crianças, elas conseguem processar melhor uma perda. Afirmações reflexivas podem ser muito úteis e aqui estão alguns exemplos. Se sua filha pequena está com uma nova babá, você pode dizer: "Ana cuidou de você desde que você era bebê e provavelmente você não queria que ela fosse embora. Você ainda gostaria de vê-la todos os dias?". Ou após o divórcio: "Aposto que é difícil a mamãe e o papai morarem em casas diferentes e você não consegue decidir onde quer dormir. O que é pior para você desde que a mamãe se divorciou?". Ou quando a família se muda para outra casa: "Pode ser difícil se acostumar a morar em uma casa diferente. Do que você mais sente falta em relação à nossa casa de antes?". Crianças se beneficiam muito quando usamos experiências concretas, como fazer livros e desenhos, para que processem suas experiências.

É dever dos pais ajudar o filho a entender experiências confusas e aterradoras de perda. O que um adulto acha insignificante pode ser muito importante para uma criança pequena. A história a seguir é um exemplo de como uma criança pode sentir algo bem diferente em comparação com o que um adulto sente. Um pai foi a uma loja de móveis para bebês com seu filho de três anos e meio para buscar um colchão para o bebê prestes a nascer. Os dois estavam gostando dessa saída juntos e o menininho estava se sentindo importante. Achando que o filho estava a seu lado, o pai levou o colchão até o carro que estava diante da entrada da loja. Ele colocou o colchão no carro e se virou para ajudar o filho a se sentar no interior do veículo. O menino perdeu o pai de vista por alguns minutos porque o colchão bloqueou sua visão, e agora estava chorando e de costas para o pai, pois achou que havia sido esquecido na loja. O pai jurou para a criança que jamais a deixaria sozinha e que na verdade estivera ali o tempo todo. Quando chegaram em casa, o menino contou à mãe que o pai havia "o deixado sozinho na loja". Ela ouviu atentamente os relatos dos dois e contou a história de novo para o filho, que estava ansioso para entender essa experiência traumática. Após ela contar a história várias vezes, a criança ficou mais calma, e o assunto, aparentemente resolvido. A mãe finalizou dizendo: "Sempre que você tiver dúvidas sobre o que aconteceu, fale comigo". No final da tarde, quando os dois estavam brincando juntos, o menino olhou para a mãe e perguntou: "O papai me deixou mesmo sozinho na loja?". Ele ainda estava processando sua sensação de desamparo, embora tivesse perdido o pai de vista por apenas dois minutos.

Crianças precisam de tempo para processar seus sentimentos e entender suas experiências. O sofrimento emocional desse menino, durante aqueles minutos, gerou uma sensação de desamparo e pavor que impactou fortemente sua mente. Ao contar a história várias vezes, repassar o caso depois com a criança e deixar a porta sempre aberta para a comunicação, os pais ajudam os filhos a superar uma experiência difícil.

JUNTANDO OS PEDAÇOS

Se não forem resolvidos, eventos traumáticos continuam a impactar a vida cotidiana. Um trauma irresolvido se manifesta de diversas maneiras e continua influenciando a pessoa no presente. Por exemplo, quando reflete sobre ocasiões em que foi ameaçado ou teve medo, você pode sentir uma torrente de emoções ou ter pensamentos nebulosos. Isso indica a falta de resolução, a qual também pode se manifestar no predomínio do que está implícito na memória explícita. Os vários elementos do processamento implícito, incluindo emoções, impulsos comportamentais, percepções e, talvez, sensações físicas, podem intervir em sua consciência sem dar a impressão de que você está se lembrando de alguma coisa. Esses elementos da memória implícita são reativações de uma experiência passada. É como se você estivesse tendo uma experiência real totalmente esmagadora. Isso é um *flashback*. Ou pode haver uma intrusão de apenas alguns elementos fragmentados de experiências passadas, dando a impressão de um evento completo. Intrusões de fragmentos desconectados de percepções (como visões sem sons), sensações corporais (dor em um membro), emoções intensas (medo ou raiva) e impulsos comportamentais (como congelar ou fugir) podem adentrar sua consciência. Embora não pareçam ser parte da memória de algo do passado, eles são elementos de lembranças "apenas implícitas". No caso de um trauma irresolvido, é possível ter lembranças "apenas implícitas" e fragmentos de memória explícita que não foram consolidados em uma história coerente de vida. Lembranças explícitas dão a sensação de um evento passado relembrado. Se forem autobiográficas, também dão um senso do *self* e do tempo. Essa memória explícita não integrada pode tomar a forma de fragmentos do passado que ainda não se encaixam em um quadro narrativo maior de nossas vidas. Nossas narrativas de vida emergem à medida que o processamento explícito integra a variada gama de elementos da memória com uma história de nossas vidas. É crucial refletir sobre esses elementos da memória, a fim de resolver esses fragmentos desconectados dos traumas do passado e tecê-los em uma história de vida coerente.

Como a reflexão geralmente fica suspensa durante a imersão no caminho baixo, primeiramente é preciso intensificar a capacidade de recuperação após uma experiência desse tipo e depois aprofundar o autoconhecimento. Com o passar do tempo, há mais possibilidade de fazer essa reflexão nos momentos de transição para o caminho baixo e, talvez, até em pleno caminho. Algumas pessoas dizem ser capazes de se observar com distanciamento, mesmo que não consigam mudar seu comportamento quando estão no caminho baixo. Ter essa postura observacional representa um início importante para se libertar da prisão criada pela imersão nesse caminho indesejado.

As reações instintivas de sobrevivência, como lutar, fugir, congelar ou até sofrer um colapso podem ser ativadas no caminho baixo e dominar nosso comportamento. Esses reflexos instintivos primitivos se revelam em padrões responsivos automáticos, como enrijecer os músculos em momentos de raiva, o impulso de sair correndo em momentos de medo ou sentir um amortecimento e ficar imobilizado. Ficar ciente das próprias sensações físicas é o primeiro passo para entender a experiência no caminho baixo. Fazer um esforço consciente para alterar as reações corporais no caminho baixo ajuda a nos libertar da prisão desses reflexos entranhados. O cérebro examina o corpo para saber o que ele sente e para avaliar o sentido das coisas; portanto, ficar ciente das próprias reações corporais é um meio direto e efetivo para lidar com a imersão no caminho baixo.

Para atenuar ou dar fim ao impacto do caminho baixo, é preciso se familiarizar com as origens dessas experiências e deixar a mente entrar profundamente nas camadas de significado pessoal que as cercam. Por exemplo, para alguns, a experiência de ser mal compreendido ou ignorado pode evocar uma vergonha repentina, que dá um "aperto no estômago" e os faz desviar o olhar. Entender o gatilho para esse estado vergonhoso no caminho baixo é importante para se livrar dessas imersões frequentes. Para outros, ser ignorado pode causar raiva, a qual leva à transição para um estado de fúria no caminho baixo do qual pode ser difícil se recuperar. Detectar os gatilhos específicos que evocam certas respostas emocionais é crucial para entender essas experiências e achar a resolução dessas questões vulneráveis na vida da pessoa.

Entender melhor o funcionamento do cérebro ajuda a pessoa a parar com os autojulgamentos constantes e a adquirir mais autoaceitação. Entrar em estados de autorreflexão requer períodos de solidão, o que é bem difícil para quem tem crianças pequenas. No entanto, alguns momentos de reflexão no final do dia ou partilhar as experiências emocionais com um amigo são providências benéficas. Após uma altercação que o deixa frustrado com seu comportamento e o de seu filho, indague a si mesmo "por que eu fiz isso?", "por que achei que meu comportamento levaria a uma mudança positiva no meu filho?". Esses tipos de pergunta ajudam a refletir. As experiências reflexivas nos permitem reunir elementos do mundo interno que estão bloqueados há décadas. A estrutura para entender o cérebro e a mente pode aprofundar os processos autorreflexivos.

A consciência corporal e a autorreflexão podem ser seguidas por outras experiências que intensifiquem o processo de cura. Escrever em um diário promove a integração e a cura. Abrir-se com pessoas de confiança a respeito do sofrimento e das lutas também traz um novo senso de clareza e coerência à vida.

Como se começa o processo de cura? Um primeiro passo é escrever ou falar sobre suas lembranças com um adulto de confiança que possa apoiar sua evolução nesse processo. Crianças ficam sobrecarregadas com as experiências dos pais e não cabe a elas lhes dar apoio emocional. Se os traumas na infância foram intensos e frequentes, uma ajuda profissional é recomendada em sua busca pela cura e para criar uma história coerente de vida. A resolução de traumas e perdas é possível e importante para você e seus filhos. Enfrente o medo de confrontar essas questões irresolvidas, pois elas não devem continuar impactando sua vida e a dos seus filhos.

EXERCÍCIOS DE DENTRO PARA FORA

1. Reflita sobre ocasiões em que você entrou em estados do caminho baixo com seus filhos. Como você agiu nessas ocasiões? Como seus filhos reagiram quando você estava no caminho baixo? Você reconhece a sensação de estar saindo do caminho alto? Detectar seus gatilhos e conseguir reconhecer quando você está entrando no caminho baixo são os primeiros passos para deter esse mal que influencia sua vida e sua relação com os filhos.

2. Há determinadas interações com seus filhos que o fazem entrar frequentemente no caminho baixo? Pode haver temas recorrentes que lhe permitam entender suas experiências com o caminho baixo. Quais interações com seus filhos lhe causam emoções fortes, como medo, raiva, tristeza ou vergonha? Para alguns, sentir-se abandonados ou invisíveis os aproxima da transição para o caminho baixo. Outros "enlouquecem" quando se sentem incompetentes. Que tema serve de gatilho

e o coloca à beira de um ataque? Tente aprofundar seu entendimento sobre esse tema em sua vida. Que elementos desse tema pessoal dificultam mais seu retorno ao caminho alto?

3. Se você já entrou no caminho baixo, a autorreflexão pode ser muito difícil. Se possível, não interaja com seus filhos. Movimente o corpo, alongue-se, caminhe. Fique atento à sua respiração. Quando começar a se acalmar, observe suas sensações internas e interações interpessoais. Você pode descobrir certas técnicas de "diálogo interno" que ajudem a diminuir a intensidade de seus sentimentos e comportamentos. "Preciso me acalmar." "Estou no caminho baixo e não posso me deixar levar por esses sentimentos e impulsos." "Preciso de uma pausa imediatamente. Não posso levar isso adiante. Vou dar um tempo." Embora a recuperação não seja imediata, essas estratégias ajudam a reduzir os impactos destrutivos do caminho baixo para seus filhos e seu senso do *self*. O diálogo interno e a reflexão observacional sobre o caminho baixo acabam diminuindo sua intensidade e duração e facilitam um caminho gradual, porém mais confiável, até a recuperação. Com reflexão e *insight*, você tem a liberdade de escolher respostas novas e flexíveis, assim limitando o impacto negativo do caminho baixo.

4. Considere a possibilidade de mudar os padrões do passado. Quando uma questão é ativada e você está à beira da transição para o caminho baixo, lembre-se de que há um caminho alternativo. Respire, conte até dez, pare tudo e tome um copo de água. Saia da situação dando um tempo ou uma "pausa emocional". Agora que criou um certo distanciamento, reflita sobre o que estava acontecendo. Enxergue as raízes no passado que levaram às respostas atuais. Você não precisa continuar seguindo por esses caminhos desgastados pelo tempo. Você tem a opção de não repetir o velho padrão. Como você pode reagir de outro modo na próxima vez?

HOLOFOTE NA CIÊNCIA

O CÉREBRO NA PALMA DA MÃO

Para entender a mente como um sistema integrado que atinge um equilíbrio no corpo, no cérebro e nas conexões interpessoais com os outros, é preciso examinar em profundidade como a mente emerge de processos neurofisiológicos e de interações sociais. Conforme vimos, a perspectiva da neurobiologia interpessoal considera a mente como um processo que envolve o fluxo de energia e informações. Esse fluxo é determinado pelas conexões entre os neurônios no cérebro, assim como pela comunicação entre as pessoas. A comunicação contingente possibilita um equilíbrio entre a criação neural interna de um *self* e as respostas externas do mundo social. Mas como o cérebro de fato funciona para atingir alguma forma de equilíbrio interno, no corpo e no ambiente social?

Para responder a essa pergunta, vamos examinar mais profundamente a relação entre a anatomia do cérebro (sua estrutura) e o que ele faz (seu funcionamento). As descobertas emergentes da neurociência revelam uma visão empolgante sobre a relação entre a estrutura e o funcionamento cerebrais. Embora o cérebro seja muito complexo, com bilhões de neurônios e trilhões de interconexões que parecem teias de aranha, dá para entender como os processos mentais emergem dessa complexidade neural olhando a arquitetura geral do cérebro.

O seguinte modelo tem sido útil para profissionais e pais, pois é como um mapa do cérebro e de como ele contribui para os processos mentais. Esse modelo mostra como a mente cria o caminho alto em estados integrativos e o caminho baixo em estados desintegrados e dissociados de funcionamento.

Se você dobrar o polegar na palma da mão e cobri-lo com os dedos, você terá uma representação bastante acurada do cérebro. Assim como muitos neurocientistas, podemos criar um modelo dividindo o cérebro em três áreas principais (o modelo do "cérebro trino" criado por Paul MacLean) e explorando algumas inter-relações entre essas regiões anatomicamente separadas, mas funcionalmente interconectadas: o tronco encefálico, as regiões límbicas e o córtex.

Erga a mão com as unhas viradas para você. As duas unhas do meio ficam atrás dos olhos nessa cabeça imaginária. Os ouvidos ficam nas laterais, o topo da cabeça está no topo dos dedos dobrados, a parte de trás da cabeça corresponde à parte de trás da mão, e o pescoço é representado pelo punho. O centro do punho representa sua medula espinhal situada nas costas. O centro da palma simboliza o tronco encefálico, que emerge da medula espinhal. O tronco encefálico, a área mais baixa do cérebro, é a parte mais antiga em termos evolucionários e também chamada de cérebro primitivo ou reptiliano. Essa parte do sistema nervoso capta dados do mundo exterior por meio de sensações corporais e do sistema perceptivo (exceto o olfato), e tem papel significativo na regulação dos estados de vigília e sono. Além disso, é importante para mediar os reflexos ligados à sobrevivência: lutar, fugir, ficar imóvel ou desmaiar.

Erguendo os dedos e revelando o polegar dobrado na palma da mão, você verá a área no modelo cerebral que simboliza as estruturas límbicas, as quais mediam as emoções, geram estados motivacionais e influenciam processos em todo o cérebro. As emoções não se limitam a esses circuitos límbicos, mas parecem influenciar praticamente todos os circuitos neurais e os processos mentais resultantes. As estruturas límbicas têm origens evolucionárias e neurotransmissores semelhantes. Sua influência é tão vasta que as delimitações de sua estrutura como um sistema ainda não foram claramente identificadas pelos cientistas. Por isso, muitos neurocientistas atualmente estão em busca de outro termo além de "sistema" para essas regiões límbicas. Grande parte do cérebro é dividida em dois hemisférios, e muitas estruturas, como o hipocampo, ficam em ambos os hemisférios. Para simplificar esse modelo, referimo-nos ao hipocampo, em vez de especificar os hipocampos direito e esquerdo, embora possa haver uma diferença funcional no tipo de processamento realizado em cada lado.

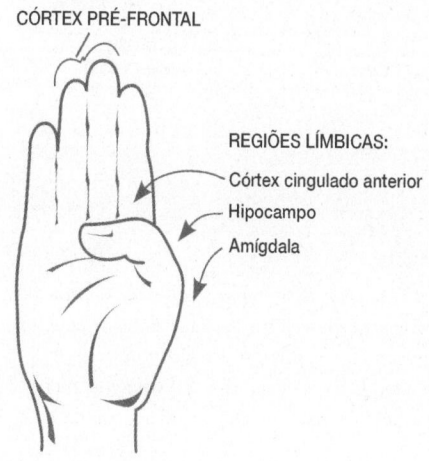

CÓRTEX PRÉ-FRONTAL

CÓRTEX CEREBRAL

REGIÕES LÍMBICAS:
Córtex cingulado anterior
Hipocampo
Amígdala

Córtex pré-frontal

Medula espinhal
Tronco encefálico

Dobre o polegar no meio da palma da mão como nesta figura.

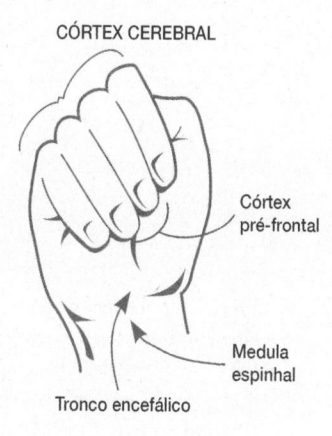

Agora cubra o polegar com os dedos, assim como o córtex é dobrado nas áreas límbicas do cérebro.

FIGURA 5

Quando um cientista diz que uma determinada estrutura no cérebro media uma função (por exemplo, que o hipocampo media a memória explícita), isso significa que vários estudos sugeriram que para que aquela função ocorra (memória explícita), uma estrutura intacta e saudável (o hipocampo) tem papel essencial. Ter um papel, muitas vezes, significa que o processamento neural daquela região é um bloco essencial de construção (como o processamento visual da luz e de contrastes escuros) ou um processo geral (como a percepção de um objeto).

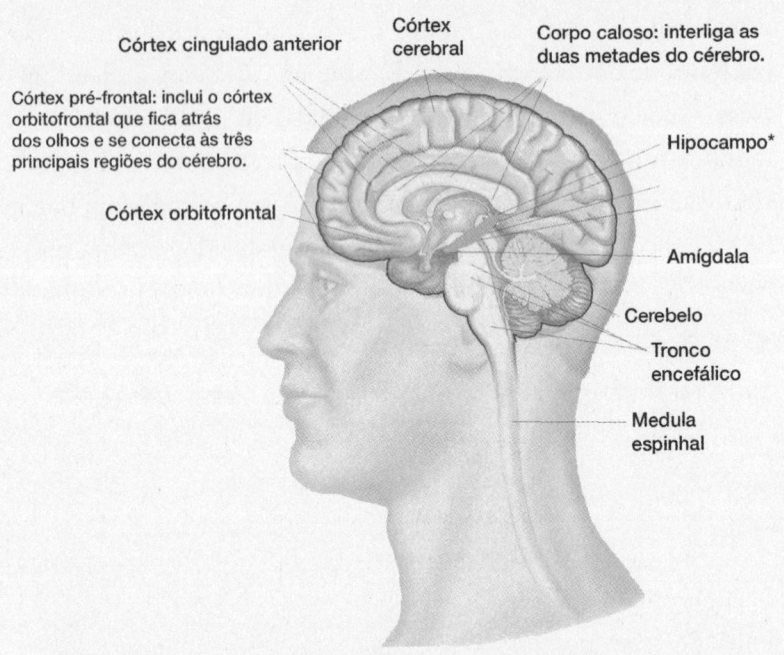

FIGURA 6. Diagrama do lado direito do cérebro humano. Algumas das principais áreas do cérebro estão indicadas, incluindo o tronco encefálico, as áreas límbicas (amígdala, hipocampo) e o córtex cerebral (com as regiões pré-frontais que, para alguns pesquisadores, incluem o córtex orbitofrontal com o córtex cingulado anterior, ambos os quais também podem ser considerados como estruturas límbicas).

*A área sombreada representa a localização do hipocampo no outro lado do tronco encefálico nesse diagrama. À frente do hipocampo está a amígdala, que processa emoções. As duas estruturas são parte do lobo temporal medial.

Isso também pode significar que a região está executando uma função integrativa essencial, reunindo o processamento neural de outras regiões em um todo funcional. Conforme veremos, as estruturas pré-frontais e límbicas são essenciais nessa maneira integrativa.

Várias áreas na região límbica são especialmente importantes para a parentalidade: o hipocampo, a amígdala, o cingulado anterior e o córtex orbitofrontal. O conjunto dessas estruturas permite que a mente desempenhe funções importantes para que a pessoa tenha equilíbrio corporal, se adapte a mudanças nas demandas ambientais e crie conexões significativas com os outros. Nossa hipótese é que por meio dos relacionamentos de apego (as conexões integradas da criança com os pais, que respeitam as diferenças e promovem encadeamentos compassivos) é que essas estruturas atingem um nível de funcionamento integrativo no cérebro que leve a criança a florescer.

No modelo cerebral na palma da mão, o hipocampo, que já foi abordado no capítulo sobre memória, é o segmento médio do polegar. O hipocampo faz um mapeamento cognitivo, criando elos entre vários *inputs* neurais amplamente distribuídos, que são importantes para integrar alguns processos que resultam na memória autobiográfica e factual explícita.

A amígdala é o nó antes do segmento médio do polegar, na ponta do hipocampo, e fica mais profundamente situada no cérebro. A amígdala é importante para o processamento de algumas emoções, especialmente o medo. "Processamento" significa gerar o estado emocional interno e sua expressão externa, assim como possibilitar a percepção desses estados nas expressões dos outros. Por exemplo, a amígdala tem células de reconhecimento facial que ficam ativas em reação a rostos emocionalmente expressivos. A amígdala é um dos vários centros de avaliação no cérebro que analisam o sentido de estímulos que estão entrando. Pesquisas sobre isso revelaram como a amígdala influencia uma "via rápida" de viés perceptivo no qual a consciência é desviada, a fim de alertar rapidamente o sistema perceptivo para aumentar a atenção a aspectos ameaçadores do ambiente. Há também uma "via lenta", na qual estados emocionais, como o medo, são sinalizados aos mecanismos de processamento da consciência no neocórtex mais alto. Essa configuração nos permite perceber o perigo e agir rapidamente, sem esperar a ativação do processamento mais lento da mente consciente.

No modelo cerebral na mão, o córtex cingulado anterior é representado pelas duas unhas do meio. No cérebro, o cingulado anterior fica acima do corpo caloso, as tiras de tecido que interligam os hemisférios esquerdo e direito. Essa região atua como o diretor operacional do cérebro, pois ajuda a coordenar o que fazemos com os pensamentos e o corpo. Ela "direciona a atenção", ou seja, determina no que prestamos atenção. O cingulado anterior também recebe *inputs* do corpo, um processo importante na geração de emoções. Além disso, o cingulado anterior tem papel importante em nossos relacionamentos, mediando o sentimento de rejeição social, assim como a dor corporal. É por isso que os relacionamentos complicados nos magoam profundamente!

Os circuitos límbicos afetam diretamente o funcionamento do hipotálamo, que não é facilmente localizado no modelo cerebral na mão. Certos autores consideram o hipotálamo uma parte dos conjuntos de circuitos límbicos. O hipotálamo é um centro neuroendócrino crucial do cérebro que inicia secreções hormonais e o fluxo neurotransmissor envolvidos na coordenação de muitas funções cerebrais e corporais, incluindo a sensação de fome e saciedade, e as reações ao estresse. Também não facilmente representado no modelo cerebral na mão, o cerebelo fica na parte de trás da mão, na junção com o punho. Ele é importante para o equilíbrio físico e para a influência e o processamento de informações. O cerebelo também envia fibras inibitórias de GABA (ácido gama-aminobutírico), que acalmam a irritabilidade emocional, ao hipotálamo e às estruturas límbicas. Vale notar que foi comprovado que trauma e negligência na infância afetam negativamente o crescimento dessas fibras calmantes de GABA e também inibem o crescimento do corpo caloso e do cérebro como um todo.

O córtex orbitofrontal, a última estrutura límbica no modelo cerebral, fica localizado no neocórtex, que é representado no modelo pelos dedos fechados sobre o polegar. Também chamado de córtex cerebral ou córtex, ele fica no topo do cérebro e é considerado o centro das funções cerebrais mais evoluídas: raciocínio abstrato, reflexão e consciência, que distinguem os seres humanos de outros animais. O córtex tem alguns lobos que mediam diversas funções, como processamento visual, processamento auditivo e ação motora. Na parentalidade, há especial interesse pelo lobo frontal do neocórtex. Representado pela frente dos dedos a partir do segundo nó, passando pelo último e indo até as unhas, o lobo frontal media processos de raciocínio e de associação. A parte frontal do lobo frontal é o córtex pré-frontal, que é simbolizado a partir dos últimos nós nos dedos indo até as unhas.

As partes laterais do córtex pré-frontal formam o córtex pré-frontal lateral dorsal, e as partes do meio incluem o córtex orbitofrontal, as regiões pré-frontais mediais e, segundo alguns, o córtex cingulado anterior e o córtex pré-frontal ventrolateral. O córtex pré-frontal lateral dorsal, simbolizado pelos últimos segmentos dos dois dedos nos extremos, são os centros da memória funcional — o quadro-negro da mente —, que possibilitam lembrar de um número longo de telefone ou memorizar uma frase longa. O córtex orbitofrontal tem esse nome porque fica atrás das órbitas, ou cavidades dos olhos. No modelo cerebral na mão, os dois dedos do meio desde os últimos nós até as unhas representam o córtex orbitofrontal e as outras regiões pré-frontais na linha mediana. Alguns neurocientistas agrupam o córtex orbitofrontal com o cingulado anterior, já que ambos são anatomicamente conectados. Estudos de J. Douglas Bremner e outros revelaram, por exemplo, que os córtices cingulado anterior e orbitofrontal funcionam como um circuito, que fica muito danificado em suas interações com o hipocampo e a amígdala quando a pessoa tem transtorno de estresse pós-traumático. Conforme veremos, a coordenação do córtex pré-frontal com essas outras estruturas límbicas é essencial para o funcionamento flexível. Por ora, basta pensar no papel integrativo dessas estruturas pré-frontais e límbicas atuando juntas como uma equipe no caminho alto, mas se separando e atuando de maneira descoordenada e desequilibrada no caminho baixo. Para simplificar, iremos nos referir apenas ao papel integrativo da região pré-frontal.

No modelo cerebral na mão, note como o córtex pré-frontal (as duas unhas do meio), ligado naturalmente ao neocórtex (dedos), também fica no topo das outras estruturas límbicas (o polegar) e toca o tronco encefálico (a palma da mão). Essa posição anatômica na mão é a mesma que no cérebro real! O córtex pré-frontal é a única área do cérebro a uma sinapse de distância das três principais regiões do cérebro e até do *input* do interior do corpo. Ele envia e recebe neurônios do córtex, estruturas límbicas e tronco encefálico, integrando essas três áreas em um todo funcional. Essa localização estratégica lhe confere um papel especial na integração do sistema complexo do cérebro. O córtex pré-frontal é a zona de convergência integrativa neural do cérebro por excelência. Além disso, a região pré-frontal também faz mapas das mentes dos outros, o *input* de outros sistemas nervosos. Isso significa que cinco fontes distintas de energia e informações são coordenadas e equilibradas pela área pré-frontal: o córtex, a área límbica, o tronco encefálico, o corpo e o mundo social. A região pré-frontal é integrativa porque coordena e equilibra esses elementos distintos em um todo funcional. Entre diversas funções importantes, o córtex pré-frontal se ocupa da regulação do sistema nervoso autônomo, o qual regula funções corporais como pulsação cardíaca, respiração e digestão. Ele tem dois ramos, o simpático, que é como um acelerador, e o parassimpático, que parece um sistema de freios. Os dois sistemas são regulados para manter o corpo equilibrado, pronto para entrar em ação com o estímulo simpático intensificado diante de uma ameaça e capaz de se acalmar quando o perigo já passou. Ter uma autorregulação equilibrada depende da capacidade da região orbitofrontal para atuar como uma espécie de embreagem emocional, equilibrando o acelerador e os freios do corpo.

    O córtex pré-frontal também ajuda a regular o hipotálamo, o centro neuroendócrino do cérebro que envia hormônios para o corpo. Além disso, estados de prontidão e estímulo emocional, mediados por estruturas no tronco encefálico como a formação reticular, estão sob influência direta do córtex. Vale notar que a região orbitofrontal se expande no lado direito do cérebro. Muitas dessas funções regulatórias são relacionadas aos mecanismos de reação ao estresse, que também são predominantemente ligados ao funcionamento do hemisfério direito. A região pré-frontal atua como o "diretor geral", pois ajuda a manter o equilíbrio no corpo e na mente por meio da integração das três principais áreas do cérebro e também as coordena com estados metabólicos no corpo como um todo e com o *input* do mundo social.

A região pré-frontal é de grande relevância para os pais, pois integra muitos aspectos do cérebro que são fundamentais para o bom funcionamento mental e emocional. Além de regular o corpo por meio do sistema nervoso autônomo, o córtex pré-frontal também atua na regulação das emoções e da comunicação interpessoal emocionalmente sintonizada, muitas vezes envolvendo contato visual. Junto com o cingulado anterior e as regiões estreitamente relacionadas, o córtex pré-frontal tem papel crucial na cognição social — a capacidade humana de sentir a experiência subjetiva dos outros e entender as interações interpessoais. Estudos recentes também sugeriram que essa região é crucial para o desenvolvimento do comportamento moral. O córtex pré-frontal também tem a ver com a flexibilidade responsiva, a habilidade de captar dados, pensar sobre eles, considerar várias opções para responder e, então, produzir uma resposta apropriada. Por fim, acredita-se que o córtex pré-frontal e as regiões relacionadas são essenciais para a criação de autoconsciência e memória autobiográfica nos humanos.

O córtex pré-frontal, incluindo sua região orbitofrontal, é a parte mais "elevada" do sistema límbico e a parte mais "límbica" do neocórtex. Ele é o desfecho para o *input* do sistema nervoso autônomo no tronco encefálico, registrando e controlando funções corporais. Devido à sua posição anatômica, ocupa-se de funções neurais integrativas cruciais. No nível das estruturas límbicas, é parte de um extenso circuito pré-frontal junto com o cingulado anterior. Essa região pré-frontal permite que a atenção se organize junto com os complexos processos autobiográficos, sociais, corporais e emocionais sob a jurisdição orbitofrontal. A interconexão do córtex orbitofrontal com o hipocampo viabiliza o processamento de mapas cognitivos extensos de contexto e memória para criar processamento autobiográfico explícito. Como se liga com o processamento emocional central da ágil amígdala, o córtex pré-frontal ajuda a moldar os estados emocionais. Por fim, o córtex pré-frontal auxilia a coordenar nossos estados com os estados dos outros. Dessa maneira, essa região integrativa é o portal entre a conexão interpessoal e o equilíbrio interno.

Manter-se no caminho alto requer, no mínimo, que as funções pré-frontais integrativas criem um fluxo de processos internos e interpessoais que possibilite atingir um funcionamento flexível, estável e adaptativo. "Manter o controle" pode, literalmente, depender da habilidade do cérebro para integrar suas funções. Uma região pré-frontal bem sintonizada e interconectada com as áreas principais do cérebro é essencial para a pessoa estar bem internamente e interpessoalmente. O caminho baixo pode ocorrer quando esses processos pré-frontais integrativos estão temporariamente desligados. Está comprovado que os aspectos mediais do córtex pré-frontal com o hipocampo e a amígdala funcionam mal em pessoas com transtorno de estresse pós-traumático (TEPT). Porém, mesmo em condições menos graves, muitas pessoas são propensas a entrar nesses estados de integração pré-frontal insuficiente mediante a combinação propícia de estressores e condições internas. Essa desconexão pode ocorrer com uma descarga emocional excessiva da amígdala, ou a secreção excessiva do hormônio do estresse sob o controle neuroendócrino do hipotálamo. À medida que ocorrem, esses estados no modo baixo podem ficar entranhados em uma forma de memória implícita, na qual têm mais probabilidade de ser ativados. Ou seja, os padrões de disparos neurais em um estado desconectado no caminho baixo podem ser prontamente recriados se tiverem ocorrido com intensidade emocional no passado.

No modelo cerebral na mão, você pode ver o estado no caminho alto fechando os dedos em torno do polegar. Esse sistema integrado representa como as regiões pré-frontais podem se conectar com mecanismos límbicos e do tronco encefálico. O estado desconectado no caminho baixo pode ser representado erguendo os dedos; agora a região pré-frontal não pode mais executar suas funções regulatórias e integrativas com as outras estruturas límbicas. Não mais coordenados com o cingulado anterior, os mecanismos de atenção, sociais e emocionais ficam desregulados. A atividade da amígdala não é mais contida pela regulação do córtex pré-frontal e as emoções do medo, raiva ou tristeza podem ficar excessivas. A criação de contexto no hipocampo é detida, pois essa região também fica desconectada da integração pré-frontal. Além disso, a embreagem emocional, que regula o acelerador e os freios, pode ficar disfuncional, e assim você fica no caminho baixo.

Se a região pré-frontal for danificada ou impedida temporariamente de coordenar a atividade das regiões relacionadas, como o cingulado anterior, a amígdala e o hipocampo, o indivíduo pode se sentir desconectado dos outros e ter uma pane no senso reflexivo do *self*. A liberação dos processos pré-frontais normalmente inibitórios pode resultar no surgimento de respostas automáticas, em vez de flexibilidade responsiva. Um trauma pode prejudicar a capacidade da região pré-frontal para integração neural, que é fundamental para a recuperação emocional após eventos traumáticos. O caminho para a recuperação provavelmente envolve novas formas de aprendizagem que permitam reaver a capacidade pré-frontal para integrar experiências corporais, emocionais, autorreflexivas e interpessoais em um todo coerente.

O CAMINHO BAIXO E AS REGIÕES PRÉ-FRONTAIS

O funcionamento no caminho baixo é um tipo de processamento, no qual as funções normalmente integrativas, de modo mais elevado, ou do "caminho alto", são desligadas. Há alguma prova da validade dessa proposição? Professores e terapeutas relatam que pais e mães frequentemente descrevem ocasiões em que "perdem a cabeça", "ficam malucos", "perdem a noção", "desmoronam" ou "caem no abismo". Essas descrições subjetivas revelam uma mudança temporária na mente de uma pessoa que geralmente é equilibrada. Nesse estado alterado, a pessoa para de processar informações internamente ou se comporta externamente de modo inusitado. Pais e mães descrevem que pensam e sentem de maneiras incontroláveis e plenas de fúria, medo ou tristeza. Seus comportamentos tornam-se ásperos, insensíveis às necessidades da criança e, às vezes, fisicamente agressivos.

Por que essas mudanças no funcionamento do comportamento e da mente ocorrem? É recomendável ler estudos sobre o cérebro para fazer algumas proposições bem embasadas. O cérebro funciona de maneiras complexas, baseadas em como diversos circuitos se integram em um todo funcional. Quando a integração neural está danificada, há um rompimento das funções normais do cérebro, que proporcionam uma mente coerente. Podemos consultar as ciências básicas e clínicas que examinam as funções integrativas do cérebro para obtermos dicas sobre como o estado de funcionamento pode se transtornar rapidamente em um modo menos integrado e adaptativo de processamento. Uma das áreas-chave para a integração neural é o córtex pré-frontal.

Mesulam (1998, p. 1035-1036) sugeriu a existência de um caminho baixo do funcionamento mental e o papel das funções integrativas do sistema pré-frontal: "Sua pronunciada conectividade anatômica com a amígdala sugere que os setores paralímbicos da área orbitofrontal podem ter papel proeminente na modulação emocional da experiência. Um dano ao córtex orbitofrontal pode causar graves disrupções no encadeamento da experiência com o estado emocional apropriado e pode levar a deficiências amplas no julgamento, *insight* e comportamento". Essas descobertas tomadas em conjunto com o papel do cingulado anterior adjacente sugerem que a disrupção funcional nessas áreas integrativas do córtex pré-frontal produzem mudanças significativas na experiência interna e no comportamento externo do indivíduo.

As funções interconectadas dos córtices orbitofrontal e cingulado anterior podem ser vitais para a criação de um estado no caminho alto do funcionamento flexível. A região orbitofrontal do córtex pré-frontal tem conexões amplas com o próprio córtex, com todas as estruturas límbicas e até com o tronco encefálico. Regula os ramos do sistema nervoso autônomo que equilibram funções corporais como a pulsação cardíaca, a respiração e o funcionamento gastrointestinal. O córtex cingulado anterior tem dois componentes, um que regula o fluxo de informações (a área "cognitiva") e atua como diretor operacional da atenção, e o outro que capta o *input* corporal e cria estados e expressões emocionais (a área "emocional"). Devinsky, Morrell e Vogt afirmaram (1995, p. 279; 285; 298): "Em geral, o córtex cingulado anterior parece ter um papel crucial no lançamento, na motivação e em comportamentos voltados a metas. O cingulado anterior e suas conexões fornecem mecanismos para a junção do afeto com o intelecto. O giro cingulado pode ser considerado simultaneamente um amplificador e um filtro, interconectando os componentes emocionais e cognitivos da mente. Interações sociais complexas como aquelas entre a mãe e a criança envolvem um nível de organização cerebral além daquele subservido por arcos simples de reflexo sensório-motor. Várias dessas interações podem envolver o afeto, funções executivas subservidas pelo córtex cingulado anterior e lembranças de longo prazo armazenadas no córtex cingulado posterior."

Em casos de disfunção do cingulado anterior resultante de dano cerebral, foram relatadas algumas mudanças marcantes que pareciam aspectos mais graves, porém, qualitativamente semelhantes, do estado no caminho baixo. Devinsky e seus colegas notaram: "Mudanças comportamentais após lesões no córtex cingulado anterior incluíam mais agressividade, embotamento emocional, menos motivação e interações prejudicadas entre a mãe e a criança, impaciência, limiar mais baixo para o medo, ou respostas chocantes, e comportamento impróprio interespécies" (ibid., 285). Estudos em macacos e *hamsters* revelam que lesões no cingulado rompem a habilidade materna de cuidar do filhote.

As experiências de um paciente com dano cerebral descritas na literatura clínica, revelaram que "as consequências sociais de um dano combinado ao cingulado anterior e ao córtex orbitofrontal podem ser devastadoras [Após uma avaliação clínica difícil] havia uma desconexão entre o entendimento intelectual das imagens e a expressão autônoma com as lesões no córtex cingulado anterior e no orbitofrontal. O córtex cingulado e o orbitofrontal são importantes para ligar estímulos emocionais, mudanças autônomas e as mudanças comportamentais após esses estímulos" (ibid., 292).

Um dano às partes mediais do sistema pré-frontal no cérebro pode levar a mudanças marcantes no funcionamento emocional e social que são mais persistentes e graves, porém, qualitativamente semelhantes às mudanças transitórias propostas para um estado no caminho baixo.

Convulsões na região do cingulado são um processo neural que produz evidência clínica para corroborar o conceito de que as funções das regiões pré-frontais podem ser temporariamente rompidas. A epilepsia no cingulado envolve disrupções funcionais no disparo neural do cingulado coerente e revela mudanças no comportamento e na experiência subjetiva que também são consistentes com a proposição de um estado alterado envolvendo mudanças transitórias, porém significativas, no funcionamento pré-frontal que levam a um estado temporário no caminho baixo. Devinsky e seus colegas afirmam: "Sob condições normais, respostas comportamentais, como vocalização em reação a estímulos emocionais, são facilitadas por circuitos no córtex cingulado anterior e na área motora adjacente. Da maneira semelhante, estados afetivos são em parte modulados pelo córtex cingulado anterior". Quando a disfunção no cingulado anterior é combinada com dificuldades com seus parceiros pré-frontais mediais, com o córtex orbitofrontal e, talvez, também com as regiões pré-frontais mediais, isso resulta em deficiências significativas no entendimento social: "Mudanças comportamentais drásticas após lesões no córtex cingulado anterior são associadas a outras lesões. Assim, quando combinadas com lesões no orbitofrontal, o resultado é uma 'agnosia social' devastadora" (ibid., 298). Ou seja, quando essas regiões límbicas pré-frontais não funcionam bem, ocorre uma grave disrupção no entendimento e nas interações sociais.

Talvez nunca haja conclusões definitivas sobre experiências dos pais no caminho baixo que sejam avaliadas, por exemplo, no contexto de um estudo com imagens do cérebro em funcionamento, mas descobertas clínicas em humanos e dados de pesquisas sobre primatas e outros mamíferos revelam um conjunto de mudanças nas funções emocionais, sociais, corporais e regulatórias que criam um paralelo poderoso com o que pais dizem que lhes acontece em certas condições com seus filhos. Além disso, estudos avaliando vítimas de trauma sugerem que o aspecto medial das conexões funcionais da região pré-frontal, como a amígdala e o hipocampo, também é rompido em estados pós-traumáticos. Condições pós-traumáticas, convulsões no cingulado e dano cerebral certamente são exemplos mais extremos do que a experiência de um pai entrando no caminho baixo. No entanto, o estresse pode causar uma alteração transitória na habilidade pré frontal para integrar um caminho alto mais coerente de ser, o qual pode ter características dessas condições clínicas mais crônicas e extremas. Além disso, certas situações, como trauma ou perda irresolvida, falta de apoios sociais ou outros estressores psicossociais podem predispor um pai ou uma mãe a entrar mais prontamente em um estado profundo no caminho baixo.

Uma abordagem convergente para entender as experiências humanas recorre a essas descobertas da ciência para sugerir o que provavelmente acontece dentro da mente e do cérebro. Essa visão pode ajudar a entender melhor o que se passa dentro dos adultos durante a criação dos filhos, e ir além da sensação de "estar perdendo a cabeça" e ficar paralisados pela culpa e vergonha por serem pais imperfeitos. Em vez disso, é possível buscar um autoconhecimento mais compassivo e reconhecer a importância de se reconectar com os estados no caminho alto e com os filhos, que estão aguardando o retorno dos pais. Em um de nossos *workshops*, no qual abordamos o modelo cerebral na mão e a ideia de comportamentos no caminho baixo, uma mãe partilhou que finalmente percebeu que, embora esses momentos frequentes de "loucura" não fossem por sua culpa, era sua responsabilidade consertar o estrago e tentar reduzir a frequência desses estados desintegrados. Aprender sobre o cérebro ajuda a pessoa a se livrar da culpa e da vergonha que dificultam muito a reconexão com os filhos. Afinal, é assim que o cérebro funciona, e devemos usar a mente para assumir responsabilidade pelos próprios comportamentos e reparar o malfeito aos filhos.

PARA SABER MAIS

BREMNER, J. D. *Does Stress Damage the Brain?* Nova York: W. W. Norton, 2002.

DEVINSKY, O.; MORRELL, M. J.; VOGT, B. A. Contribution of Anterior Cingulate to Behaviour. *Brain*, v. 118, p. 279-306, 1995

HAMNER, M.; LORNERBAUM, J.; GEORGE, M. Potential Role of the Anterior Cingulate Cortex in PTSD: Review and Hypothesis. *Depression and Anxiety*, v. 9, p. 1-14, 1999

MACLEAN, P. *The Triune Brain in Evolution*: Role in Paleocerebral Functions. Nova York: Plenum Press, 1990.

_____. The Triune Brain in Conflict. *Psychotherapy and Psychosomatics*, v. 28, n. 1/4, p. 207-220, 2010.

MEDFORD, N.; CRITCHLEY, H. D. Conjoint Activity of Anterior Insular and Anterior Cingulate Cortex: Awareness and Response. *Brain Structure and Function*, v. 214, n. 5/6, p. 535-549, 2010.

MESULAM, M. M. From Sensation to Cognition. *Brain*, v. 121, p. 1013-1052, 1998.

_____. The Evolving Landscape of Human Cortical Connectivity: Facts and Inferences. *Neuroimage*, v. 62, n. 4, p. 2182-2189, 2012.

SIEGEL, D. J. An Interpersonal Neurobiology of Psychotherapy: The Developing Mind and the Resolution of Trauma. In: SOLOMON, M.; SIEGEL, D. J. (ed.). *Healing Trauma*. Nova York: W. W. Norton, 2003.

_____. *The Mindful Brain*: Reflection and Attunement in the Cultivation of Well-Being. Nova York: W. W. Norton, 2007.

_____. *Mindsight*: The New Science of Personal Transformation. Nova York: Random House, 2010.

_____. *A Mente em Desenvolvimento*: Para Uma Neurobiologia da Experiência Interpessoal. São Paulo: Instituto Piaget do Brasil, 2004, cap. 1/7.

_____. *The Pocket Guide to Interpersonal Neurobiology*: An Integrative Handbook of the Mind. Nova York: W. W. Norton, 2012.

8

COMO NOS DESCONECTAMOS E RECONECTAMOS: ROMPIMENTO E REPARAÇÃO

INTRODUÇÃO

É inevitável que pais tenham mal-entendidos, discussões e outros problemas na comunicação com os filhos, a exemplo de um rompimento. É comum os pais e as crianças terem desejos, objetivos e planos diferentes, o que gera tensão no relacionamento. Às vezes, as crianças querem ficar acordadas até tarde se distraindo com jogos, mas você quer que elas durmam bem a noite toda. Provavelmente haverá um rompimento em razão de imposição de limites. Outros rompimentos, como quando o pai ou a mãe são atemorizantes para uma criança, são mais tóxicos e geram mais angústia na mente infantil. Embora rompimentos de vários tipos possam ser inevitáveis, estar ciente disso é essencial antes de o pai ou a mãe conseguirem restaurar a conexão colaborativa e acolhedora com a criança. Esse processo de reconexão se chama reparação.

Pais têm de entender o próprio comportamento e emoções e como eles podem ter contribuído para o rompimento, a fim de iniciar um processo de reparação. Rompimentos sem reparação levam a um senso profundo de desconexão entre pais e filhos. Uma desconexão prolongada pode gerar vergonha e humilhação, o que é tóxico para o senso do *self* em formação na criança. Portanto, é imperativo que os pais assumam sua responsabilidade e façam uma reconexão oportuna com os filhos após um rompimento.

Nossas mentes são fundamentalmente ligadas às dos outros por meio do envio e recepção de sinais. Uma conexão rompida, especialmente dos sinais não verbais, separa nossas emoções primárias daquelas da outra pessoa, nos deixa à deriva e sem sentir nossa mente na mente da outra. Passamos a nos sentir incompreendidos e sozinhos. Quando esse encadeamento com uma pessoa importante em nossas vidas é rompido, há uma disrupção no funcionamento equilibrado e coerente da mente. O ser humano não consegue viver no isolamento, pois depende dos outros para seu bem-estar emocional.

Às vezes, os relacionamentos com as crianças ficam tensos. Pais nem sempre gostam ou têm sentimentos positivos pelas crianças, especialmente quando estão agindo de maneiras que dificultam mais a vida dos adultos. Ser compassivo com a própria experiência emocional lhe permite aceitar essas alterações desgastantes com os filhos, com menos angústia e autorrecriminação. Às vezes, a culpa que uma mãe sente por ter raiva da criança pode impedi-la de ficar ciente, ou de se importar com uma conexão rompida. Lamentavelmente, essa culpa pode bloquear o início da reparação e aumentar o distanciamento entre pais e filhos. Ter autoconhecimento em relação a esses processos pode abrir a porta para a reconexão.

Pode ser difícil prover estrutura e impor limites ao filho e, simultaneamente, oferecer comunicação colaborativa, alinhamento e conexão emocional. Como os pais conseguem fazer isso? Equilibrar estrutura e conexão é uma meta parental básica, porém, impossível de atingir por completo. À medida que aprendem a equilibrar as próprias emoções, sem oscilar entre os sentimentos de culpa ou raiva em relação aos filhos, os pais ficam mais aptos a oferecer acolhimento e estrutura. Ser bondoso e empático consigo mesmo o ajuda a não se envolver totalmente com as próprias reações emocionais aos filhos.

No entanto, entender tudo isso não basta para evitar desgastes nas conexões, pois alguns são inevitáveis. O desafio para todos os pais é aceitar a própria falibilidade humana com humor e paciência para poder se relacionar com os filhos com abertura e bondade. Culparmo-nos constantemente por nossos "erros" nos mantêm presos às próprias questões emocionais e distantes do relacionamento com os filhos. É importante assumir responsabilidade pelas próprias ações, mas não devemos nos condenar por sermos incapazes de agir da maneira idealizada, ou por não estarmos mais evoluídos. Assim como nossos filhos, estamos fazendo o melhor possível e aprendendo maneiras mais respeitosas de nos comunicarmos. Por mais que apliquemos os melhores princípios da parentalidade, mal-entendidos e disrupções nas conexões com os filhos inevitavelmente ocorrerão. Desconexões são uma parte normal de qualquer relacionamento. É mais proveitoso canalizar a energia para explorar as possíveis rotas de reconexão e considerar essas situações como oportunidades de aprendizagem do que nos menosprezarmos por nossas supostas falhas. Respire fundo e relaxe! Todos nós continuamos aprendendo ao longo da vida.

DESCONEXÃO OSCILANTE E ROMPIMENTOS BENIGNOS

A conexão entre as crianças e os pais está sempre mudando. Às vezes, a comunicação é contingente e colaborativa e ambos os lados se sentem compreendidos. Esse alinhamento e junção gera bem-estar. Quando há experiências frequentes de conexão, pode haver um senso de ressonância, ou seja, sentimos a presença positiva do outro dentro de nós e que estamos presentes dentro do outro.

Mas esse nível ideal de conexão jamais é permanente. É inevitável haver rompimentos nesse senso maravilhoso de junção. Tais disrupções assumem muitas formas. Na convivência cotidiana, os pais e as crianças têm necessidades oscilantes de conexão e solidão.

A vida é repleta dessa tensão entre conexão e autonomia. Pais sintonizados percebem essas necessidades cíclicas da criança e abrem espaço para uma separação natural, mas ficam disponíveis quando a criança precisa estar perto deles. Às vezes, a necessidade de conexão de uma criança pode parecer intrusiva para os pais que querem ter algum tempo para si mesmos. No entanto, uma mãe ou um pai deve dedicar tempo prioritariamente a uma criança pequena e só depois ter um tempo para suprir as próprias necessidades. Crianças maiores conseguem entender e tolerar melhor a necessidade dos pais de ficarem sós, pois também possuem necessidades mais claras de conexão e solidão. Adolescentes são outra história, pois frequentemente buscam se isolar dos pais e ter mais conexão com seus pares.

TABELA XI. TIPOS DE DESCONEXÃO E ROMPIMENTO

Desconexão oscilante

Rompimento benigno

Rompimento em razão da imposição de limites

Rompimento tóxico

Se você está precisando ficar sozinho, exponha essa necessidade diretamente ao seu filho. É melhor dizer: "agora preciso ficar sozinho, mas daqui a dez minutos vou ler aquela história para você", do que tentar ignorar a criança ou se ressentir por ser "obrigado" a perder tempo. Explicar que seus sentimentos e ações têm a ver com as próprias necessidades e não com o comportamento dela fará a criança não achar automaticamente que sua busca por solidão significa uma rejeição pessoal. Sem essa clareza sobre as próprias necessidades, você pode tentar criar distância de maneiras erradas, ficando zangado com o filho ou achando que ele é "carente demais".

Outras formas de disrupção incluem os mal-entendidos, nos quais o pai ou a mãe não "entende" as mensagens que a criança está enviando. Talvez o adulto estivesse preocupado e, por isso, não prestou atenção ao que a criança estava comunicando. Talvez tenha havido uma falta de compreensão sobre o significado dos sinais. Crianças frequentemente não dizem com palavras exatamente o que têm em mente, porém, mesmo que a mensagem seja ambígua, desejam ser compreendidas. O pai ou a mãe talvez se concentre apenas no aspecto externo do comportamento infantil e não capte o nível mais profundo do significado. Os próprios pais podem passar mensagens incongruentes ou dizer algo diferente do que pretendiam, o que deixa as crianças muito confusas e tentando entender a verdadeira mensagem por trás dos sinais conflitantes.

Todas essas situações de rompimento benigno são frequentes na vida cotidiana com os filhos. Quando estão emotivas, empolgadas ou irritadas, as crianças têm ainda mais necessidade de ser compreendidas. Nessas ocasiões, até rompimentos benignos podem ser especialmente dolorosos para elas. Reatar a conexão de maneira oportuna e carinhosa é importante para as crianças se desenvolverem com resiliência e vitalidade.

ROMPIMENTOS EM RAZÃO DA IMPOSIÇÃO DE LIMITES

As crianças se beneficiam quando os pais estruturam bem suas vidas, pois aprendem quais são os comportamentos apropriados em família e na cultura mais ampla por meio dos limites impostos pelos pais. No entanto, impor limites pode gerar tensão entre pais e filhos. Quando uma criança deseja fazer alguma coisa e os pais não permitem, pode ocorrer um rompimento em razão da imposição de limites. Tal rompimento causa sofrimento emocional à criança e um senso de desconexão dos pais. Nessa situação, o desejo infantil de agir de uma certa maneira ou de ter alguma coisa não é apoiado pelos pais e essa falta de sintonia deixa a criança aflita. Afinal, ela deseja algo que os pais não podem lhe dar. Mas a verdade é que os pais não podem nem devem sempre dizer "sim" aos pedidos dos filhos.

Se as crianças pedem sorvete um pouco antes do jantar, exigem um brinquedo toda vez que vão à loja ou tentam subir na mesa da sala de refeições, os pais precisam impor limites. A imposição de limites é crucial para a criança desenvolver um senso saudável de inibição, com o qual aprende em um contexto familiar que aquilo que quer fazer não é seguro ou socialmente apropriado.

Quando ouve "não", uma criança acha que seu desejo ou ação era "errado". O pai ou a mãe pode ajudá-la a canalizar esse impulso a uma direção mais segura e socialmente apropriada. A chave para manter a conexão durante essas interações envolvendo a definição de limites é se realinhar com o estado emocional primário da criança. Você pode se solidarizar e refletir de volta para ela a essência de seu desejo, sem de fato realizá-lo: "Eu sei que você quer tomar sorvete agora, mas daqui a pouco nós vamos jantar. Talvez você possa tomar sorvete depois do jantar". Isso é bem diferente do que ouvir a mãe dizer com rispidez: "Agora não e ponto final!".

Muitas vezes, comentários empáticos e reflexivos ajudam seu filho a superar a frustração por não ter o que queria. No entanto, mesmo que os pais deem uma resposta mais solidária, a criança pode continuar irritada e inflexível com seu desejo insatisfeito. Deixar o filho zangado, sem tentar puni-lo ou ceder a ele, é uma oportunidade para o menino aprender a tolerar o próprio desconforto emocional. Você não tem de consertar a situação cedendo aos caprichos dele ou tentando se livrar de seus sentimentos desconfortáveis. Nesses momentos, o melhor a fazer é deixar o filho sentir a própria emoção e dizer que você entende que é difícil não ter o que se quer.

Os pais podem aprender a criar melhor os filhos refletindo sobre experiências insatisfatórias ou difíceis com eles. Aqui está uma história que ajuda a entender melhor a dinâmica entre uma mãe e um filho durante um rompimento devido à imposição de limites.

Às 7 e meia, a mãe está na cozinha preparando o café da manhã e repassando mentalmente tudo o que precisa fazer naquele dia. Agitado como sempre, Jack, de quatro anos, começa a subir em alguns cestos empilhados no canto perto da geladeira. "Não suba aí, pois é perigoso. Você está procurando alguma coisa?", pergunta a mãe. "Eu quero a palha do meu coelhinho de Páscoa", responde Jack. A mãe certamente não quer lidar com aquele resto de palha, então mente e diz a ele que não há mais palha em cima da geladeira. Sabendo que ela não está dizendo a verdade, Jack a confronta com a fala: "tem sim!". A mãe, sentindo-se culpada por ter mentido, pega a sacola com a palha, entrega-a relutantemente ao filho e pergunta: "o que você vai fazer com ela?". Jack começa a tirar toda a palha da sacola e vai para a sala de refeições. "Não tire isso da cozinha. Eu não quero palha por toda a casa, pois vai estragar o aspirador de pó". Jack a ignora até que ela o chama severamente pelo nome e ele volta à cozinha. "Só estava brincando", diz o menino e começa a brincar por ali "decorando" tudo com lascas de palha.

O pai está lendo o jornal à mesa. Poucos minutos depois, a mãe vê que Jack agora está "decorando" a mesa do café da manhã. Todas as esteirinhas, o saleiro e o moedor de pimenta já estão enfeitados com lascas de palha de plástico verde. A mãe vê essa bagunça que ela vai ter que arrumar e diz rispidamente: "não ponha palha no meu lugar". Jack a ignora e "decora" o lugar dela à mesa. "A maioria das crianças só tem palha do coelhinho na Páscoa", diz ela, mas Jack continua a ignorando. "Você não está escutando o que eu digo", ela o repreende.

O pai tenta dar algum apoio: "Sua mãe não quer palha do coelhinho aí". Mas Jack finge não ouvir e continua sua brincadeira. Exasperada, a mãe berra: "tire imediatamente essa palha daí!". O pai chama o menino pelo nome com um tom ameaçador.

Zangado por causa das broncas, Jack resmunga: "está bem", enquanto tira a palha do lugar de sua mãe e a atira no chão. Esse ato espalhafatoso de desrespeito enraivece o pai, que dá um salto e tenta arrancar a palha que ainda restava ao filho. "Basta! Chega de palha do coelhinho!", berra ele. Jack grita, chora e tenta agarrar a sacola com a palha, gemendo, "mas eu fiz o que você disse! Eu tirei a palha dali!".

A manhã se deteriorou depois dessa gritaria. A mãe e o pai tentam dar fim à palha de uma vez por todas, sentindo o quanto a situação era ridícula. Jack está com raiva e cada vez mais furioso. Exasperados, os pais propõem um "acordo", no qual a palha do coelhinho vai "descansar" no armário. Mais tarde, enquanto seus pais estão fora, Jack pede para a babá deixá-lo espalhar a palha por toda a casa. "Com certeza, a mamãe deixa fazer isso", ele tenta persuadi-la.

De que forma a manhã poderia ter se desenrolado de outra maneira? Uma solução óbvia seria jogar fora a palha que sobrou do coelhinho da Páscoa, já que não era permitido brincar com ela, mas sempre é fácil raciocinar depois. Vários pontos na comunicação poderiam ter contornado melhor a situação. Vejamos algumas possibilidades. A mãe poderia ter dito que a palha estava sobre a geladeira e imposto imediatamente o limite. "Sim, a palha do coelhinho está ali, mas você não vai brincar com ela agora. Você quer brincar depois que terminarmos o café da manhã?"

E que tal se a mãe já houvesse entregado a palha para apaziguá-lo e aliviar sua culpa por mentir, antes de se dar conta das dificuldades iminentes? Ela poderia ter parado de preparar o café da manhã e lidado direito com a situação, que até então parecia apenas um pouco irritante. "Jack, isso não vai dar certo agora! Você só vai brincar com a palha do coelhinho após o café da manhã. Vou pegá-la agora e você pensa em um lugar para brincar com ela depois, mas sem fazer bagunça". Ao impor logo um limite, ela teria sido mais efetiva, sem atemorizar ou desafiar o menino para ambos entrarem em uma luta pelo poder.

É possível imaginar a cena com diferentes opções em pontos nos quais a situação se encaminha para um conflito maior. Nesses pontos, o que os pais poderiam ter dito ou feito de modo diferente? Não há uma única resposta certa, mas poderiam ter feito diversas outras escolhas. No entanto, é importante que os pais tomem uma atitude, em vez de apenas reagir verbalmente e ameaçar a criança. Conforme vimos, Jack continuou forçando o limite para saber o que era "suficiente", pois os limites foram definidos com ambivalência e houve falta de clareza e coerência nas mensagens da mãe. Seus sinais confusos o estimularam a descobrir o que ela realmente queria dizer, de forma que continuou testando os limites.

Um exercício interessante envolve rever essa cena, pensar em outras escolhas e prever os possíveis resultados. Pense em uma situação na qual você perde a paciência com seu filho e não fica satisfeito com o resultado. Tente entender por que seu filho respondeu daquela maneira e o que você poderia ter feito para canalizar a energia em uma direção mais positiva.

É preciso fazer uma autoanálise para clarear a mente, sobre o limite que queremos estabelecer e a mensagem que queremos passar. Impor limites efetivos, antes de ficar com raiva, é uma maneira de demonstrar respeito por nós mesmos e pelos filhos.

ROMPIMENTOS TÓXICOS

Rompimentos que causam aflição intensa e uma desconexão desesperadora entre o pai ou a mãe e a criança são nocivos para o senso infantil do *self* e, portanto, são "tóxicos". Crianças se sentem rejeitadas e desamparadas durante esses momentos de atrito. Quando o pai ou a mãe perdem o controle sobre as próprias emoções e passam a berrar, xingar e ter um comportamento ameaçador com uma criança, ocorre um rompimento tóxico. Rompimentos tóxicos, muitas vezes, acontecem quando o adulto entrou no caminho baixo, o que impede uma comunicação contingente e flexível. Esse tipo de rompimento é a forma mais aflitiva de desconexão para as crianças, pois elas sentem uma vergonha incontestável que desencadeia uma reação fisiológica, como dor de estômago, um peso no peito e o impulso de evitar o contato visual. Elas podem se sentir vazias, retraídas e começam a se achar "más" e defeituosas.

Quando têm questões irresolvidas ou pendentes, os pais correm mais risco de causar rompimentos tóxicos com os filhos. Esses adultos podem ficar perdidos nas profundezas do caminho baixo e, mesmo que reconheçam o rompimento tóxico, é improvável que consigam reparar a situação enquanto não se centrarem. Voltar a se estabilizar, com frequência, implica em se abster de interações com a criança. Talvez não seja preciso manter uma distância física, mas apenas uma pausa mental para se centrar e se acalmar. Se continuarem tentando interagir enquanto estão no caminho baixo, os pais serão emocionalmente reativos e suas questões pendentes irão interferir em sua habilidade de exercer o papel parental efetivamente.

Rompimentos tóxicos frequentes podem gerar efeitos muito negativos no senso do *self* em formação na criança. É importante que esses rompimentos sejam reparados de maneira empática, efetiva e oportuna, caso contrário a identidade infantil em desenvolvimento é prejudicada.

Acalmar-se e conseguir refletir sobre a situação indicam que a pessoa saiu do estado no caminho baixo. Pode ser difícil admitir para si mesmo que você magoou ou assustou seus filhos, embora essa seja a verdade. Muitos adultos relutam em reconhecer que se descontrolaram, o que pode levar à negação da própria responsabilidade pela conexão toxicamente rompida com os filhos. É, porém, crucial assumir a responsabilidade pelas próprias ações e admitir o próprio papel na conexão rompida: "Sinto muito ter gritado quando você se atrasou para o jantar e não ter ouvido o que você tinha a dizer. Já estava anoitecendo e eu estava preocupado que algo pudesse ter acontecido com você. Minha intenção não era assustá-lo quando berrei tão alto. Eu realmente exagerei. Deveria tê-lo escutado e depois dizer por que eu estava preocupado". Refletir com uma criança sobre a experiência emocional resultante da altercação é crucial para o relacionamento entre pais e filhos. Essa reflexão geralmente repara o rompimento e o senso de vergonha e humilhação da criança por ter sido alvo dos comportamentos descontrolados do adulto no caminho baixo.

Diálogos reflexivos entre pais e filhos sobre o nível interno da experiência, com foco nos elementos mentais que contribuíram e foram criados pelo rompimento, são altamente recomendáveis. Dessa maneira, o adulto reflete sobre as próprias experiências internas e reações, assim como sobre as da criança. A meta final é atingir um novo nível de alinhamento no qual a criança e o adulto se sintam compreendidos e conectados e recuperem o senso de dignidade, de modo que se sintam bem consigo mesmos e com o outro.

Embora a ocorrência de rompimentos tóxicos deva ser evitada, quando eles ocorrem podemos usá-los como uma oportunidade para aumentar o *insight* pessoal e o entendimento interpessoal. No processo de reparação a criança aprende que, embora a situação às vezes fique difícil, a reconexão é possível e promove um novo senso de proximidade com o pai ou a mãe.

O SENTIMENTO DE VERGONHA

Um sentimento acabrunhante de vergonha dos pais ou dos filhos, em geral, está no cerne de rompimentos tóxicos. Sentir-se impotente para melhorar o comportamento do filho pode precipitar sentimentos como frustração, humilhação e fúria. A sensação de ter um defeito pode acompanhar a vergonha e ser relacionada à própria história na infância. Ocasiões em que fomos incompreendidos e maltratados na infância podem ressurgir como estados de espírito entranhados que têm modelos mentais de relacionamentos rompidos, e reações automáticas que nos defendem dos próprios sentimentos de vergonha gerados internamente. Presos na avalanche de sentimentos e defesas, podemos facilmente perder de vista as necessidades dos filhos quando entramos no caminho baixo. Quando estamos nesse estado, a comunicação colaborativa contingente passa longe da mente.

Quando estão envergonhados, os pais podem ficar excessivamente preocupados com as opiniões alheias e repletos de ideias sobre o certo e o errado. Quando as crianças se comportam mal em público, os pais ficam mais focados nas reações de estranhos do que em tentar entender o sentido daquele comportamento e orientar efetivamente os filhos. Talvez eles tratem as crianças mais asperamente nessas situações porque se sentem humilhados e não estão sintonizados com as necessidades emocionais delas. Tais preocupações podem dificultar o entendimento dos sinais dos filhos. Os pais também podem ficar especialmente vulneráveis à sensação de que estão sendo julgados como incompetentes e ineficientes. Se um adulto sente que não consegue controlar os filhos conforme os outros esperam, começa a aflorar a vergonha pela própria impotência. Para alguns, essa vergonha evoca questões pendentes que ativam um velho padrão de respostas rígidas. A pessoa então entra no caminho baixo, empurrada pela cascata de defesas que surge contra aquele sentimento de vergonha.

Um mecanismo de defesa é uma reação mental automática que tenta nos manter em equilíbrio bloqueando a consciência de uma emoção desestabilizadora. Nesse caso, adaptações antigas ao sentimento de vergonha podem ter incluído uma defesa que poupa a mente consciente dessas dolorosas experiências emocionais na infância; esse conjunto de mecanismos de defesa compõe a dinâmica da vergonha. Quando ela é ativada, podemos ser tragados por uma torrente de velhos padrões responsivos que servem para manter a vergonha escondida da mente consciente. Essas reações de natureza histórica se tornam tentativas atuais de abafar esse sentimento embaraçoso.

Assim como todos os mecanismos de defesa, a dinâmica da vergonha ocorre à revelia das pessoas. A complexa mente humana utiliza desses processos automáticos a fim de minimizar pensamentos e emoções disruptivos que interfeririam no funcionamento diário. Conscientizar-se dessa dinâmica aumenta as possibilidades de ter uma vida melhor e se autoconhecer.

A vergonha também tem um papel central para a criança durante os rompimentos tóxicos. Em momentos de emoção intensa, o sentimento de desconexão pode induzir automática e biologicamente a um estado de vergonha. Isto é, uma reação natural à desconexão em uma situação na qual a criança precisava desesperadamente de conexão e contingência. Se o rompimento for prolongado, a vergonha pode se tornar tóxica, prejudicando o senso infantil do *self*. Se a desconexão for associada à raiva parental, a criança pode sentir vergonha e humilhação, então se afasta dos outros, sente uma angústia intensa e acredita que tem algum defeito. Com isso, pode criar defesas rígidas que irão moldar diretamente o desenvolvimento de sua personalidade. Rompimentos tóxicos frequentes, prolongados e não sanados são altamente danosos para a mente em desenvolvimento da criança.

Se havia rompimentos tóxicos frequentes e sem reparação em nossa infância, a vergonha pode ter papel significativo, mesmo que inconsciente, em nossa vida mental. Mudanças repentinas nos sentimentos e na comunicação com os outros podem indicar que as defesas da vergonha estão sendo ativadas. Situações em que a pessoa se sente vulnerável ou impotente podem desencadear as defesas mentais construídas na infância para que ela se proteja contra um estado doloroso de vergonha. Essas defesas podem persistir até a fase adulta e influenciar o exercício da parentalidade. É importante iniciar um processo de reflexão para se desembraçar dos mecanismos complexos e rápidos da dinâmica da vergonha que estão prejudicando a habilidade de criar bem os filhos.

Os sinais de que houve um rompimento na comunicação com os filhos podem ser sutis ou extremos. Em sua forma mais extrema, o rompimento pode fazer a criança se retrair ou ter reações agressivas. Nas formas sutis de rompimento, a criança ou o adulto evitam o contato visual, mudam o tom de voz e se distanciam, o que reflete sua vergonha. Em outras situações, a conexão rompida faz a criança ou o adulto focar apenas em um determinado aspecto da discussão e se fechar para a comunicação com o outro. Como não se sentem ouvidos, pais e filhos ficam mais assertivos em seus pontos de vista, assim iniciando uma discussão acalorada que gera mais desconexão. Questões pendentes podem conter temas de desconexão facilmente reativados durante essa cascata de emoções intensas, que pioram ainda mais a comunicação à medida que o adulto entra no caminho baixo. Isso cria uma espiral de *feedback*, na qual tanto pais quanto filhos se sentem ignorados e cada vez menos ouvidos e compreendidos.

REPARAÇÃO

A reparação é uma experiência interativa que geralmente começa quando o pai ou a mãe tenta ficar centrado. É extremamente difícil para os pais sanarem a situação quando ainda estão com raiva e no caminho baixo. Ambos necessitam de tempo para voltar ao caminho alto antes de iniciar o processo interativo de reparação, o qual requer um estado centrado e atento. É muito difícil para a criança iniciar a reconexão com o pai ou a mãe que ficou raivoso e se desconectou dela de maneira atemorizante. Essa desconexão, especialmente quando envolve emoções demasiado intensas e a necessidade de conexão, gera vergonha. Assim, a reparação pode ser complicada tanto para os pais quanto para os filhos e, por isso, muitas vezes não é feita. Alguns pais tentam apenas "superar" o mau humor e as interações desagradáveis e, então, agir como se o rompimento nunca houvesse ocorrido, mas isso faz a criança sentir uma desconexão ainda maior com os próprios sentimentos.

Mesmo que suas experiências na infância tenham incluído rompimentos tóxicos que seus pais foram incapazes de reparar, você ainda pode mudar esse impulso natural de "apenas esquecer" o rompimento. Essa negação das desconexões tóxicas pode ter a ver com suas questões pendentes em relação a sentir vergonha. Agora você tem a oportunidade de sanar suas questões emocionais e proporcionar experiências emocionalmente enriquecedoras para seu filho. Em vez de serem considerados fardos temidos, os momentos e questões mais desafiadores da parentalidade podem ser transformados em oportunidades para evoluir. A intimidade e a resiliência podem ser fomentados após essas experiências de rompimento e reparação. Como o pai ou a mãe pode se centrar, a fim de iniciar o processo de reparação? Primeiro, para ter uma perspectiva correta sobre a interação que causou o conflito, é preciso criar um certo distanciamento mental e, talvez, também físico. A maioria dos rompimentos não é resolvida imediatamente. Cada indivíduo precisa de uma parcela diferente de tempo para processar os eventos e seus sentimentos em relação a eles. Abster-se da interação é importante. Respirar profundamente e relaxar a mente parando de pensar no rompimento ajuda a entrar em um estado de espírito mais tranquilo. Fazer alguma atividade física melhora o ânimo, graças ao uso saudável da energia da adrenalina. Movimentar o corpo pode ajudar a ter uma nova perspectiva sobre a situação. Sair e ficar em contato com a natureza acalmam a mente. Tomar água ou uma xícara de chá, ou ir para outro lugar, ajuda a sair do caminho baixo.

Após se acalmar e recuperar a clareza, pense como irá se reconectar com seu filho. No entanto, jamais tente se reconectar enquanto sua mente estiver enevoada, pois você pode se descontrolar e voltar rapidamente ao caminho baixo. Nesse caso, você pode dizer ou fazer coisas para seus filhos das quais se arrependerá depois. Se possível, não encoste em seu filho enquanto você estiver no caminho baixo. Sua fúria pode extrapolar para ações nocivas, sem que sua mente tenha tempo para inibir esses impulsos. Se sua raiva for expressa machucando fisicamente seu filho, o processo de reparação se torna ainda mais complicado, demandando que seja realizado de maneira oportuna.

Ao retornar para o caminho alto, pense em como irá abordar seu filho. Pense em suas questões pendentes e por que elas foram ativadas durante essa interação. Sua consciência acerca dessas questões deve ter um foco duplo: você precisa entender a própria bagagem emocional e também sintonizar-se com a experiência e os sinais de seu filho. Esse foco duplo é crucial para que você não volte rapidamente para o caminho baixo, caso seu filho inicialmente resista às suas tentativas de se reconectar. É importante respeitar o tempo dele, assim como o seu.

Após se acalmar e ficar centrado, considere suas questões históricas. Como a interação ativou um determinado tema de sua história de vida? Como a reação de seu filho desencadeou sua entrada no caminho baixo? Tente entender a interação pelo ponto de vista de seu filho. Como você acha que ele se sentiu em relação a essa interação e ao rompimento? É fácil esquecer o quanto nossos filhos são pequenos e frágeis, o que torna os rompimentos muito mais intensos e atemorizantes para eles. Crianças, notadamente as pequenas, se sentem abandonadas e aflitas em períodos longos de desconexão, portanto precisamos fazer esforços para nos reconectar o quanto antes com elas.

A raiva que os pais sentem de si mesmos por agir descontroladamente pode impedi-los de se empenhar pela reparação. As próprias defesas dos pais a reações emocionais da criança podem impedi-los de enxergar a necessidade infantil de reconexão. Certos pais podem odiar a própria vulnerabilidade ou necessidades emocionais de conexão e projetar esse ódio nas crianças, enfurecendo-se com o comportamento delas. Dessa maneira, as questões pendentes dos pais bloqueiam o processo de reparação.

INICIANDO A REPARAÇÃO

Conseguir enfocar a própria experiência e a de seu filho é essencial para uma reparação efetiva. Com esse foco duplo em mente, você pode iniciar o processo interativo de reparação. Colocar-se no mesmo nível físico do filho ajuda a fazer a reconexão. Crianças muito pequenas gostam de uma proximidade estreita com você; crianças maiores podem se sentir invadidas e preferir que você mantenha uma certa distância. Embora as crianças não o convidem para se reconectar ou falem sobre o rompimento, é importante que você faça uma tentativa empática e não intrusiva para iniciar o processo de reparação. Dependendo do temperamento, as crianças têm maneiras distintas de estar no caminho baixo ou em crise. Algumas precisam de mais tempo para se recuperar; outras se recuperam rapidamente. Em geral, as crianças só se recuperam quando os pais as procuram para restabelecer a conexão.

Aprenda e respeite o estilo de seu filho de processar um rompimento e fazer uma reconexão. A sincronização é importante. Se sua primeira tentativa for rechaçada, não desista. Seu filho quer voltar a ter um relacionamento caloroso e positivo com você. Cabe aos pais iniciar a reparação e continuar tentando até a reconexão ser estabelecida. É útil falar sobre o rompimento de uma maneira neutra, mantendo o foco duplo em mente: "Tem sido muito difícil para nós dois ficarmos de mal desse jeito. Eu quero demais que a gente faça as pazes. Vamos conversar sobre isso". Você e seu filho sofreram com a desconexão, mas cada um tinha uma percepção distinta dos eventos. Se você tentar culpar o menino pelo que aconteceu, não haverá reconciliação. Os pais têm responsabilidade pelo próprio comportamento e devem reconhecer as próprias questões internas.

Após dar o primeiro passo afirmando suas intenções de restabelecer a conexão e admitindo as dificuldades que vocês têm tido um com o outro, peça ao menino que fale sobre os seus sentimentos e pensamentos. Não o interrogue. Refreie a tendência de julgar suas respostas. Apenas ouça e fique aberto ao seu ponto de vista. Você não precisa se defender. Ouça o que seu filho tem a dizer e só depois fale sobre o que acha da interação. Reflita com seu filho sobre a experiência dele em relação aos eventos. Preste atenção ao conteúdo das percepções e ao sentido da experiência emocional.

Ao começar a conversar sobre o aspecto tóxico do rompimento — os berros, os xingamentos e aquele frasco de *ketchup* atirado no chão —, é importante explicar que, às vezes, as pessoas, inclusive os pais, têm crises nas quais não agem racionalmente. As pessoas "perdem temporariamente a cabeça" e depois se recompõem. As crianças precisam ouvir isso para que passem a entender as pessoas, seus pais, a mente e a natureza dos rompimentos tóxicos. Sem esse entendimento, não conseguem enxergar uma história coerente nesses rompimentos atemorizantes.

Conforme a idade e o temperamento, as crianças toleram esses rompimentos e se esforçam pela reparação de maneiras bem diferentes. Crianças pequenas são especialmente vulneráveis a rompimentos tóxicos e não têm condições de processar o que ocorreu. Crianças na fase pré-escolar podem reagir aos caminhos baixos dos pais ficando confusas e encenando comportamentos, precisando de mais consolo e conexão não verbal do que crianças mais velhas. Essas crianças pequenas precisam de mais ajuda para incorporar rompimentos tóxicos em uma história coerente, por meio da encenação de papéis, fantoches, contação de histórias e desenhos. Crianças maiores e com mais domínio verbal podem responder em conversas sobre o que ocorreu e estar abertas a explorar sua experiência e reações diante do comportamento parental.

O ACELERADOR E OS FREIOS

Nossa forma de comunicação ensina os filhos a regularem as próprias emoções e impulsos. Conforme já mencionamos, a região pré-frontal do cérebro ajuda a coordenar a autoconsciência, a atenção e a comunicação emocional, sendo também crucial na regulação das emoções. Uma parte dessa região é situada em um ponto que conecta diretamente as três áreas principais do cérebro e coordena suas funções: (1) processos mais elaborados do neocórtex, como raciocínio e pensamento conceitual complexo; (2) a região límbica, que gera emoções e motivação no meio do cérebro; e (3) as estruturas do tronco encefálico, que captam *input* do corpo e estão envolvidas em processos básicos como os instintos e a regulação de ciclos de sono-vigília e de estados de prontidão e estímulo.

A região pré-frontal fica no topo da parte do sistema nervoso que regula órgãos como o coração, os pulmões e os intestinos. Muitos pesquisadores acreditam que os sinais oriundos dessas partes do corpo entram no cérebro e influenciam como nós nos sentimos. O fato é que a região pré-frontal não só recebe sinais desses sistemas corporais como também atua como o "diretor geral" e regula seu funcionamento, pois tem um mecanismo de "embreagem" que ajuda a equilibrar as funções de aceleração e frenagem. A região pré-frontal controla os ramos simpático (acelerador) e parassimpático (desacelerador) do sistema nervoso autônomo. Quando o acelerador é ativado, o coração acelera, os pulmões respiram mais rapidamente e o intestino começa a se revolver. Quando os freios são aplicados, ocorrem as reações opostas e o corpo fica mais calmo. Manter o acelerador e os freios em equilíbrio é a chave para a regulação emocional saudável.

Quando a pessoa está empolgada com alguma coisa, o acelerador é ativado. Quando ela ouve "não", os freios entram em ação. Você pode fazer um experimento em casa que mostra essa dinâmica. Peça a alguns amigos ou parentes que se sentem, fechem os olhos, fiquem em silêncio e observem as próprias sensações internas. Agora diga a palavra "não" e a repita clara e lentamente cinco vezes. Aguarde alguns momentos e deixe o pessoal notar as próprias reações. Diga agora cinco vezes a palavra "sim" clara e lentamente. Após dar algum tempo para o pessoal refletir, peça que eles digam o que sentiram. Em geral, as pessoas sentem o "não" com um vago desconforto e como um sinal para se retrair, ao passo que o "sim" gera uma sensação positiva, animadora ou tranquila.

"Sim" ativa o acelerador; "não" ativa os freios. A parentalidade frequentemente implica a necessidade de impor limites. Especialmente após o primeiro ano de vida, as crianças nos ouvem dizer "não" com frequência. Uma bebê de um ano e meio está empolgada explorando o ambiente e agora tem as habilidades motoras para agir conforme seus desejos. Inevitavelmente, ela irá querer explorar algo perigoso e os pais terão de impor limites. Quando impomos um limite, o acelerador cerebral da criança é ativado e depois os freios são aplicados. Em uma situação ideal, à medida que os freios detêm o comportamento dela, seu acelerador será liberado e ela escutará o que estamos lhe pedindo para fazer.

Em termos do funcionamento cerebral, a ativação do acelerador seguida pela aplicação dos freios faz o sistema nervoso reagir e a pessoa desvia o olhar, sente um peso no peito e a sensação de afundar. Ou seja, um quadro semelhante ao da vergonha. Essa vergonha induzida por ouvir um "não" limitante é o que alguns pesquisadores chamam de tipo "saudável" de vergonha, diferente daquela de teor tóxico. Crianças aprendem a regular seus comportamentos desenvolvendo uma embreagem emocional no córtex pré-frontal, a qual desliga o acelerador quando os freios são aplicados e redireciona seus interesses para coisas mais aceitáveis. Crianças aprendem que aquilo que querem, às vezes, não é permissível e que precisam redirecionar suas energias.

Crianças cujos pais e outros cuidadores não impõem os devidos limites podem ter um subdesenvolvimento da embreagem emocional, que é um bloco de construção da flexibilidade responsiva. Pais que não querem ser considerados "maus" muitas vezes relutam em impor limites, sendo incapazes de proporcionar essas experiências importantes para o desenvolvimento infantil. A embreagem emocional pouco desenvolvida impede a criança de redirecionar sua energia produtivamente. Cabe aos pais facilitar o desenvolvimento da habilidade dos filhos para equilibrar os freios e aceleradores, de modo a adiar a gratificação e controlar seus impulsos. Isso significa que as crianças aprendem a ouvir "não" sem perder a crença em si mesmas. Esses são componentes essenciais da inteligência emocional. Seu filho está empolgado atirando brinquedos ou subindo na bancada da cozinha. Você diz "não" para botar um freio na criança e, para redirecionar sua energia e desejo de se movimentar, pode dizer também: "Que tal você ir brincar com aquelas bolas na cesta lá fora? Aposto que você consegue atirá-las para bem longe" ou "você não pode subir na bancada, mas pode ir lá fora e escalar até o alto da torre ao lado do balanço. Lá no alto você consegue enxergar muitas coisas distantes". Agora o acelerador está ligado novamente e a criança sente que você está sintonizado com a empolgação dela porque irá atirar bolas ou escalar a torre; os freios foram desativados e agora o acelerador redireciona a criança para atividades mais apropriadas. Impor limites claros para comportamentos aceitáveis e oferecer estrutura às crianças são medidas importantes que elas tenham um senso de segurança. Ouvir esses "nãos" essenciais faz com que elas desenvolvam a capacidade de se autorregular, ativando assim os freios e redirecionando suas energias para outras atividades. A embreagem emocional das crianças que não tiveram a chance de desenvolver esse aspecto importante da autorregulação é incapaz de se adaptar flexivelmente ao ambiente. O "não" é seguido de uma torrente de indignação e um acesso de raiva, pois a região pré-frontal da criança não consegue dominar a embreagem e criar uma reação flexível. A crise e o comportamento inflexível resultante são exaustivos para a criança e os pais.

Para ajudar as crianças a aprenderem a regular sua embreagem emocional, os pais precisam tolerar a tensão e o desconforto delas quando impõem um limite. Se os pais não toleram as birras da criança, dificilmente ela irá aprender a regular suas emoções. Um "não" limitante deve ser seguido por uma postura parental clara e calma. Se sempre capitularmos e dermos o que a criança quer só para não irritá-la, não estaremos apoiando-a para desenvolver a habilidade saudável de aplicar os freios e redirecionar uma atividade. Não é necessário nem útil argumentar verbalmente o tempo todo com os filhos. Se valorizarmos apenas a lógica, entraremos em discussões e negociações sem fim, e os filhos irão achar que, se apresentarem um argumento razoável, nós sempre iremos agir conforme a vontade deles. Às vezes, não há problema em dizer "não, não concordo com isso" ou "entendo como você se sente, mas isso não muda minha opinião". Nós não temos de explicar todas as nossas decisões ou justificar tudo o que fazemos esperando que os filhos concordem prontamente conosco.

Se berramos com uma criança quando ela reclama por ouvir um "não", isso aumenta sua vergonha e humilhação. Com a vergonha tóxica, a criança se sente desconectada de nós e incompreendida, e acha que seus impulsos são "maus", pois não entende que eles precisam apenas ser redirecionados. Se uma criança também sente raiva do pai ou da mãe, sua região pré-frontal pode pisar nos freios (após um "não") e continuar pisando no acelerador (em reação à raiva parental). Essa situação tóxica é como tentar dirigir um carro pisando ao mesmo tempo no acelerador e nos freios. O resultado dessa falha na embreagem emocional da criança é um estado de "furor infantil". Os circuitos têm uma sobrecarga e a criança entra rapidamente no caminho baixo. Outras vezes, essa situação de sobrecarga e caminho baixo também acontece com os pais.

CRISE PARENTAL NA LOJA DE BRINQUEDOS

Como exemplo da dinâmica de rompimento e reparação, Dan relata um episódio que viveu com seu filho.

Eu e meu filho de 12 anos tínhamos combinado de ir à loja de brinquedos para comprar uma peça de *hardware* que ele queria para seu console de videogame. O único horário disponível naquele dia era um pouco antes de uma reunião muito importante e só tínhamos meia hora para ficar na loja. Eu estava apreensivo com esse horário apertado, mas não queria decepcioná-lo adiando a compra para o dia seguinte. Sem nem almoçar, fomos à loja e achamos a peça que ele queria, a qual custava 20 dólares. Enquanto o atendente foi buscar a tal peça, meu filho teve alguns minutos para olhar outros *softwares* recém-lançados e viu um novo jogo de beisebol bem caro que também queria comprar. Eu não estava preparado para despender mais tempo nem dinheiro, então lhe disse: "Isso custa muito dinheiro e já temos que ir embora". Ele queria usar parte dos 65 dólares que havia poupado de sua mesada e ganhado com tarefas adicionais, mas eu tentei convencê-lo a comprar o jogo mais barato. Nós discutimos sobre os méritos do jogo que ele preferia, o valor do dinheiro, e que ele não precisava ter tudo que seus amigos tinham.

Eu estava com fome, preocupado com a reunião e irritado por ele nunca estar satisfeito com os jogos que já tinha e ficar sempre pedindo mais.

Comecei a lamentar comigo mesmo que a vida atual nos Estados Unidos é tão centrada em bens materiais que fica difícil incutir bons valores nas crianças. Comecei então a passar um sermão no menino: "Bem, 40 dólares é muito dinheiro. Precisa se planejar com antecedência para esse tipo de compra. Você precisa valorizar as coisas que tem e não pode comprar tudo o que quer. Pense sobre isso nos próximos dias e, se ainda quiser a mesma coisa no outro fim de semana, nós voltamos aqui e você pode comprar o que quiser com o seu dinheiro".

"Eu tenho dinheiro em casa, já pensei bastante e é isso que quero. Eu ganhei dinheiro suficiente e você não pode me impedir de ter o que eu quero", disse ele.

Diante dessa ameaça, eu o enfrentei rispidamente: "Você não vai comprar isso agora! Vamos embora!".

Ele voltou à tona com, "certo. Quando chegarmos em casa, vou contar tudo para a mamãe, aí ela vai me trazer aqui de novo e comprar o que eu quero".

"Não, ela não vai."

"Vai sim", ele me espicaçou. "Quem toma as decisões finais é ela, não você. Ela vai vir aqui comigo e eu vou conseguir o que quero."

Incrédulo, eu disse, "não, ela não vai. Você não vai vir aqui com sua mãe para comprar essa coisa".

"Vou sim", insistiu ele. "Nós vamos entrar no carro dela e vir para cá."

"Agora basta, senão você não vai ter nem essa peça de *hardware* que nós viemos comprar."

"Vou dizer a ela o quanto você é mau. E ela vai me trazer logo de volta para a loja."

"Se você disser isso mais uma vez, nós vamos para casa sem esse *hardware*."

"Sem problema. A mamãe também vai comprá-lo para mim."

Eu bati o *hardware* com força no balcão. Agora, entrando em crise, eu disse, "agora acabou. Vamos embora". Então saí apressado em direção ao carro. Quando estávamos a caminho de casa, ele disse em meio às lágrimas que achava que eu era apenas um cara suscetível demais e que, quando eu menos esperasse, ele iria revidar de alguma forma.

Essa ameaça me arremessou para o caminho baixo. Eu comecei a praguejar e disse que ele estava proibido de se entreter com videogames pelos dez meses seguintes.

Assim que entramos em casa, ele correu para contar à mãe que eu havia praguejado e tinha sido mau, e começou a implorar a ela que o levasse à loja. Ele foi para seu quarto e eu fui para o meu. Meu sangue fervia e eu mal podia conter a fúria, mas sabia que não estava raciocinando direito. Eu realmente precisava me acalmar e ficar centrado. Fiz algumas respirações profundas e me movimentei para tentar aliviar a tensão no corpo. Pensei se devia punir meu filho até o ano seguinte ou apenas deixá-lo sem o console de videogame. Quando comecei a me acalmar, pensei no garoto e em nossa conexão rompida. Nós havíamos tido uma manhã excelente jogando juntos. Eu estava empolgado em ir com ele atrás daquela peça de *hardware*. Então me lembrei da expressão de pura animação em seu rosto ao falar sobre o novo jogo de beisebol. Após descrever todas as características do jogo, ele disse que me ensinaria a jogar para nos divertirmos juntos. Lembrei da minha preocupação em não chegar atrasado à reunião e, ao mesmo tempo, da satisfação por manter o que havíamos combinado e ter tempo de ir comprar com ele o item de *hardware*. Eu não estava preparado para fazer uma compra que ia custar mais 40 dólares, mesmo que o dinheiro fosse do garoto, então passei uma série de mensagens confusas. Se não havia problema em comprar um jogo mais barato, por que ele não podia usar o próprio dinheiro e comprar outro mais recente e mais caro? Isso realmente não tinha a menor lógica, conforme ele sabia e até me disse. Mas eu não dei abertura para escutá-lo. Quando ele começou a ameaçar que ia convencer a mãe a me contrariar, afundei totalmente no caminho baixo. Quando ignorei completamente sua necessidade de autonomia (afinal de contas, o dinheiro era dele), o garoto revidou ameaçando pedir a ajuda materna. Que triangulação! Sem enxergar o sentido emocional de tudo isso, eu continuei focado nos elementos externos: a "criança mimada" e ingrata pelo *hardware* que ia ganhar agora era tão desrespeitosa que não aceitava sequer um limite razoável para as futuras compras.

Impor limites é importante para as crianças aprenderem a lidar com as frustrações e terem flexibilidade responsiva e um funcionamento equilibrado de sua embreagem emocional. Por outro lado, é preciso deixar as crianças tomarem decisões e aprenderem com os próprios erros. Embora fosse plenamente razoável limitar o que meu filho estava comprando, minha incapacidade de enxergar sua frustração, que ele expressou com as ameaças de me "delatar para sua mãe", me deixou em crise. Eu não sabia mais como criar um filho efetivamente. Eu me tornei um saco de neurônios reativos me chicoteando por causa das consequências negativas e da linguagem imprópria. Fiquei totalmente imerso no caminho baixo.

Uma maneira de ver essa situação seria que, como meu acelerador e os freios estavam sendo pisados simultaneamente, eu não consegui mais "dirigir o carro" das minhas emoções. Minha falta de sintonia com a empolgação do garoto com o jogo pode ter desencadeado uma sobrecarga e ele começou a arquitetar sua vingança. Minha reação foi tão equivocada quanto a dele e nenhum de nós conseguiu mais se comunicar direito.

Após refletir sobre toda a experiência, queria buscar a reconciliação. Fui ao quarto dele e me sentei no chão ao lado da cama, onde ele estava sentado e chorando. Eu disse que sentia muito por termos brigado e que queria fazer as pazes. Ele desviou o olhar, mas parou de chorar. Eu disse que sabia que o que havia dito a ele era errado e que queria que nós descobríssemos juntos o que aconteceu. Ele falou que estivera pensando naquele jogo por muito tempo, algo que eu não sabia, e que eu deveria tê-lo deixado fazer a compra que queria. Contei como entendi o que aconteceu e que estava preocupado em não me atrasar para a reunião. Disse que agora entendia sua empolgação com o jogo, o que não ocorreu antes por causa das minhas preocupações. Ele começou a chorar. Eu o abracei, e ele me disse que eu havia sido muito bobo e pedi desculpas por ter praguejado. Expliquei que tudo isso me deixou em crise e que exagerei na punição de dez meses sem videogames.

Disse que agora entendia e respeitava o quanto era importante para ele decidir como gastar o próprio dinheiro. Expliquei também como achava que ele tinha contribuído para a briga, apontando que forçou demais o limite ameaçando recorrer à mãe para me "dar o troco". Disse que entendia que ele perdeu a cabeça, mas que, mesmo assim, ele havia ido longe demais, da mesma forma que eu.

Eu disse também que mais tarde conversaria com sua mãe para decidirmos como lidar com toda essa confusão. Então juntos decidimos suspender a punição extrema, assim como todas as compras por uma semana. Posteriormente, naquele dia tivemos uma reunião de família para superar o que aconteceu. Ele e eu contamos a história da crise na loja de brinquedos e, após algumas lágrimas durante o relato, demos boas risadas enquanto um imitava o comportamento do outro. Ele sabe me imitar direitinho.

EXERCÍCIOS DE DENTRO PARA FORA

1. Como eram os rompimentos na família durante sua infância? Você se lembra de algum rompimento benigno ou devido à imposição de limites? Como seus pais lidavam com isso? Pense agora em uma ocasião na sua infância quando você teve um rompimento tóxico. O que aconteceu? Como você se sentiu? Como seus pais se comportaram? Qual foi a consequência desse rompimento? Houve um processo de reparação? Como o processo mudou o relacionamento de vocês?

2. Reflita sobre um rompimento com seu filho. O que aconteceu? Como você se sentiu? Como seu filho reagiu? Alguma questão irresolvida sua foi ativada? Você consegue reconhecer como essa questão costumeiramente prejudica sua habilidade de manter uma conexão colaborativa com seu filho? Houve algum elemento tóxico nesse rompimento? Se você entrou no caminho baixo, para onde você foi levado internamente em suas ações? Como você se recuperou do caminho baixo? Se não se empenhou pela reparação, como você faria isso agora e no futuro?

3. Qual aspecto da reparação você acha mais difícil? O que o ajuda a identificar o caminho baixo e a sair dele? Você sente quando a desconexão está ocorrendo? Após ela ocorrer, como você consegue se abster das interações tóxicas a fim de ficar centrado e voltar para o caminho alto? Como você aborda o processo de reconexão? Quais aspectos da comunicação são mais difíceis para você durante a reparação? Como o sentimento de vergonha influencia o caminho baixo e os possíveis obstáculos para a reparação?

4. Você consegue se reconciliar consigo mesmo? Quais processos defensivos podem estar mantendo-o inconsciente dos sentimentos de vergonha? Talvez haja experiências frequentes

> nas quais você já começa reagindo intensamente a uma interação com seu filho e só após uma reflexão se torna ciente dos sentimentos de vergonha ou humilhação. Pense se algum acontecimento na infância lhe causou um senso de desconexão e vergonha. Deixe as imagens e sensações desse acontecimento emergirem em sua consciência. Não as censure; apenas observe. Quando estiver preparado, pergunte a si mesmo qual seria a melhor maneira de curar essas velhas feridas. Deixe as questões do passado aflorarem para poder reconhecê-las e se livrar delas. Você pode se cuidar de dentro para fora.

HOLOFOTE NA CIÊNCIA

A TENSÃO ENTRE CONEXÃO E AUTONOMIA:
SISTEMAS COMPLEXOS E BEM-ESTAR MENTAL

A complexidade de nossas vidas: inúmeras pesquisas sobre a natureza das experiências humanas exploram a tensão entre conexão e autonomia. As narrativas mostram como o *self* tenta manter a integridade quando a pessoa se conecta com os outros. Estudos sobre desenvolvimento revelam o quanto hesitamos entre a individuação e a junção da infância em diante. A adolescência envolve a tarefa de descobrir a própria identidade longe dos pais e procurar novas maneiras de ser no mundo. Ao mesmo tempo, os adolescentes ficam mais focados no universo de seus pares e são influenciados pela cultura jovem que anima o mundo em que vivemos. Conforme um adolescente disse: "preciso usar essas calças desse jeito para parecer com todo mundo que está tentando ser diferente". Mas a tensão não acaba com a puberdade. Em seu livro *Cérebro Adolescente – O*

Grande Potencial, a Coragem e a Criatividade da Mente dos 12 aos 24 Anos, Dan mostra como essas questões continuam se desenvolvendo de dentro para fora durante essa fase importante da vida. Talvez com menos alvoroço, muitos adultos maduros ainda se digladiam entre o compromisso com um grupo e a autonomia.

Por que há essa tensão? A maioria das pessoas tem necessidades oscilantes de conexão e solidão. Aprofundar o conhecimento sobre essa questão passa pelo estudo dos sistemas complexos. Conhecida como teoria do caos, teoria da complexidade ou "dinâmica não linear dos sistemas complexos", essa visão derivada da matemática investiga como sistemas complexos — como nuvens e mentes humanas — organizam seu funcionamento ao longo do tempo. Nesta parte do livro mergulharemos brevemente nas águas da complexidade e apontar alguns princípios particularmente relevantes para entender a parentalidade e os relacionamentos.

Por que as nuvens apresentam formas extraordinárias? Por que essas moléculas de água que compõem as nuvens se distribuem aleatoriamente pela atmosfera? Por que elas não se enfileiram como uma faixa de vapor no céu? Intrigados com perguntas desse tipo, cientistas usaram a teoria da probabilidade para explorar algumas respostas possíveis. Suas fórmulas matemáticas sugerem algumas razões por que as nuvens e outros sistemas complexos fluem pelo tempo nas trajetórias que adotam. Um sistema complexo é aberto (recebe *input* externo constante, como a luz solar ou sinais de outras pessoas) e suas camadas de componentes podem se comportar caoticamente. A mente e o cérebro humanos se enquadram nesses critérios de complexidade.

A ideia básica é que sistemas complexos têm auto-organização inata e incrustada na ligação física de seus componentes. A auto-organização determina o fluxo do sistema ao longo do tempo, ou seja, a posição ou atividade dos componentes do sistema. Para uma nuvem, isso significa onde as moléculas estão e como estão se movimentando em um certo momento no tempo. Para o cérebro, isso significa que grupos neuronais estão disparando. Para a mente, isso quer dizer como as informações e a energia estão fluindo. Aqui estão algumas características de um sistema auto-organizado:

- Auto-organização — O sistema tende a se mover em direção à complexidade.

- Não linearidade — Pequenas alterações no *input* para o sistema podem causar mudanças grandes e imprevisíveis em seu fluxo no decorrer do tempo.

- Recursividade — No decorrer do tempo, o fluxo do sistema tende a se retroalimentar para reforçar sua direção.

- Entraves — Entraves internos e externos tendem a influenciar o caminho do sistema.

- Estados — O sistema se movimenta pelo tempo entrando em estados de ser, ou ativação. Há mais probabilidade de entrar em certos estados do que em outros. Entraves internos e externos podem influenciar a probabilidade de certos estados serem gerados: (1) estados atratores são aqueles cujas características entranhadas aumentam a probabilidade desses estados ocorrerem; (2) estados repulsores são aqueles cujas características diminuem a probabilidade de sua ocorrência; (3) a mudança de um estado para outro envolve a desorganização e a reorganização do fluxo do sistema — esses são os estados de transição intermediários; e (4) quando ocorrem estados atratores estranhos, as configurações improváveis e geralmente instáveis do sistema se reforçam e têm mais chance de ser ativadas.

Bem-estar mental e complexidade: Essa visão da teoria da complexidade também se aplica à noção de saúde mental e bem-estar emocional. A teoria da complexidade sugere que o fluxo de estados fica mais estável, flexível e adaptativo de estados quando os processos auto-organizadores de um sistema o encaminham para a complexidade. É difícil descrever exatamente o que é complexidade, então vamos começar pelos extremos na escala de graduação. Em um extremo estão a mesmice, a rigidez, a previsibilidade e a ordem total; no outro, estão a mudança, a aleatoriedade, a imprevisibilidade, a desordem e o caos. A complexidade reside entre esses dois extremos.

Um coro ilustra bem a noção de complexidade. Se todos os integrantes cantassem as mesmas notas da mesma maneira, haveria rigidez — um apanhado de sons tediosos e altos. Se cada membro do coro cantasse de maneira totalmente independente, isso geraria cacofonia e caos. Complexidade, o caminho entre esses dois extremos, é o mesmo que harmonia. A harmonia surge quando a diferenciação e o encadeamento se desenvolvem no decorrer do tempo. Essa é nossa definição de integração. Assim, sistemas complexos se auto-organizam da melhor maneira interligando elementos diferentes. A sensação subjetiva nos extremos sem integração é de tédio por um lado e de ansiedade pelo outro. O senso revigorante de complexidade e integração emerge quando os sistemas fluem de forma natural e auto-organizada, em direção à complexidade e à harmonia.

A teoria da complexidade também aponta que esse fluxo auto-organizado é o mais estável, adaptável e flexível. Aí está uma ótima definição para saúde mental! Em outras palavras, a saúde deriva da integração. Caso queira saber mais sobre isso, leia *O Cérebro da Criança* e *Disciplina sem Drama*, ambos escritos por Dan.

Como o sistema complexo da mente entra nesse fluxo? Inicialmente, há um movimento natural em direção à complexidade, uma pulsão natural da mente em direção à saúde. Essa é uma ótima notícia! Curar-se requer a liberação desse processo inato. Experiências e situações que prejudicam o movimento mental em direção à complexidade "estressam" o sistema. Um sistema estressado tende a se distanciar da complexidade harmoniosa e rumar para o extremo da rigidez ou do caos.

Aplicar essa visão à mente individual esclarece melhor o que é um funcionamento equilibrado. Quando a mente está em um estado saudável de fluxo, a energia e as informações se movimentam constantemente para maximizar a complexidade. A aprendizagem ao longo da vida exemplifica o estado permanente de abertura a mudanças. No entanto, às vezes, a mente se estressa e seu fluxo de energia e informações entra em "estados atratores", que são nocivos. Retrair-se por sentir vergonha significa distanciar-se da harmonia e abraçar a rigidez. Outro exemplo é quando a pessoa se enfurece incontrolavelmente e sua mente se torna caótica. Tanto o retraimento quanto a fúria são movimentos do sistema mental que se distanciam da harmonia da complexidade.

A TENSÃO COMPLEXA ENTRE CONEXÃO E AUTONOMIA

Com base nesses princípios, a questão da tensão entre autonomia e conexão fica mais clara. A mente humana é um sistema aberto, pois recebe *inputs* externos, e pode ter um comportamento caótico — como se vê em tantas pessoas! Esse sistema dinâmico e complexo é impactado por entraves internos e externos. No trabalho de Dan com neurobiologia interpessoal, a mente é definida como um processo auto-organizado, emergente, entranhado e relacional que regula o fluxo de energia e informações. Em suma, a mente é um processo entranhado e relacional que regula o fluxo de energia e informações. A mente está dentro de nós (é entranhada) e entre nós (é relacional). Pode-se dizer que os entraves internos da mente são como as conexões sinápticas entre os neurônios do cérebro, que regem a natureza do fluxo de energia e informações dentro do corpo que, por sua vez, molda os processos mentais. Os entraves externos do sistema equivalem aos relacionamentos que temos com outras pessoas. Em termos mentais, os relacionamentos envolvem a transmissão de energia e informações entre duas pessoas. Ou seja, a comunicação interpessoal é o entrave externo que também molda o sistema mental. Naturalmente, temos consciência e experiência subjetivas, uma vida mental repleta de sentimentos, pensamentos e lembranças. Mas além desses aspectos mentais, considerar essa função como um processo auto-organizado nos empodera para construir nossas funções regulatórias. Essas funções são internas e interpessoais. A mente está dentro de nós e entre nós.

Quando há necessidade de conexão, focamos no uso de entraves externos para modificar o sistema complexo da mente. O cérebro conta com os *inputs* sociais externos para regular seu funcionamento. Desde o início da vida, bebês precisam de conexões com os cuidadores para organizar seu funcionamento cerebral, e a cada momento desenvolvê-lo apropriadamente no decorrer do tempo. Essa é a chamada "regulação diádica", na qual as interações do par ou díade (criança e mãe), permitem que a mente da criança atinja o equilíbrio ou a regulação. As interações com os cuidadores fazem o cérebro infantil desenvolver as estruturas neurais necessárias para evoluir da regulação diádica para formas mais autônomas de autorregulação. Estruturas auto-regulatórias no cérebro incluem as regiões integrativas do córtex pré-frontal, a exemplo das regiões pré-frontais ventrolaterais e mediais e os córtices orbitofrontal e cingulado anterior. Essas regiões captam informações do mundo social em forma de comunicação interpessoal, e as utilizam para regular os estados do fluxo de informações, do processamento emocional e do equilíbrio corporal. O encadeamento desses quatro elementos de processos sociais, cognitivos, emocionais e somáticos é o papel integrativo e regulatório fundamental das regiões pré-frontais.

Por exemplo, as interações interpessoais permitem que a região pré-frontal module os dois ramos do sistema nervoso autônomo. Os ramos simpático (acelerador) e parassimpático (freios) desse sistema estão sob influência direta do córtex orbitofrontal, especialmente no hemisfério direito. A importância dos sinais não verbais emitidos pelos outros e percebidos e processados pelo hemisfério direito se deve ao fato de que é assim que o hemisfério direito usa esse tipo de informações para interligar o interpessoal com o interno. A conexão de funções corporais com os domínios emocional, cognitivo e social revela o processo integrativo máximo dos sistemas complexos da mente dos humanos como seres sociais.

Com a autorregulação adaptativa, os dois ramos do sistema nervoso autônomo ficam flexivelmente em equilíbrio. Em razão dessa imensa complexidade, constata-se a natureza adaptativa e estável do estado de auto-organização. O desequilíbrio desses processos também pode revelar um movimento em direção a algum dos dois extremos distantes da complexidade. Com a atividade excessiva do acelerador simpático, o *self* fica imerso na ativação e entra em um estado excessivamente excitado e caótico, como se vê nos surtos de agitação e raiva descontrolada. Com a atividade excessiva do parassimpático, o *self* se fecha e há um movimento em direção à rigidez e ocorre a paralisia emocional, conforme nota-se em estados de grande desespero e depressão. Em certas ocasiões, os freios e o acelerador são acionados simultaneamente, a exemplo do estado de "atrator estranho" no furor infantil. O encaminhamento para esses vários estados de desequilíbrio pode ser induzido por interações com o ambiente social e, mais provavelmente, por experiências no passado que geraram vulnerabilidades no indivíduo. Tais vulnerabilidades estão gravadas na memória como gatilhos que influenciam diretamente os padrões auto-organizacionais.

Entraves externos (relacionamentos) fazem a criança pequena desenvolver a capacidade regulatória emocional para também contar com entraves internos (estrutura e funcionamento neurais que emergem da conectividade neural). No cérebro, o equilíbrio entre esses processos regulatórios externos e internos parece ser mediado pelas regiões pré-frontais. Ao longo da vida, todos nós temos necessidades cíclicas de conexão e solidão, e nos auto-organizamos confiando nas influências oscilantes dos entraves internos e externos que moldam os caminhos dos complexos sistemas mentais.

INTEGRAÇÃO É EQUILIBRAR DIFERENCIAÇÃO E ENCADEAMENTO

É possível conceituar mais claramente o caminho em direção à complexidade? Sim, a teoria da complexidade pode ser explicada por meio de conceitos menos abstratos e mais acessíveis. Conforme já mencionado, a teoria da complexidade deriva matematicamente da ideia de que a complexidade é obtida quando os sistemas conseguem equilibrar os dois processos contrastantes de diferenciação (componentes especializados) e encadeamento (componentes reunidos como um todo funcional). Por exemplo, ao examinar um sistema como o indivíduo, é preciso ver como os circuitos do cérebro conseguem se diferenciar e depois se ligar funcionalmente ao processo de integração neural. A integração de componentes distintos faz o sistema se movimentar em direção à complexidade máxima, que é o fluxo da harmonia. Esses estados altamente adaptativos, flexíveis e estáveis são sinônimos de bem-estar.

O conceito do sistema complexo é aplicável a quaisquer níveis de análise, seja do indivíduo, de um par, de uma família, de uma escola, de uma comunidade, de uma cultura e, talvez, até da sociedade global. Respeitar as identidades singulares dos indivíduos nesses agrupamentos sociais permite valorizar a diversidade. A junção desses indivíduos em uma colaboração funcionalmente interligada resulta em integração. Quando o encadeamento e a diferenciação estão em equilíbrio, a complexidade integrativa e o bem-estar resultante são obtidos.

A perspectiva da teoria da complexidade ajuda a entender a comunicação interpessoal. Um estado harmonioso de comunicação requer que as duas pessoas se respeitem mutuamente por sua individualidade, mas que se juntem para integrar seus *selfs* distintos. Há simultaneamente um senso de integridade individual e um senso de junção entre as duas pessoas. Essa é a solução idealizada para a tensão entre a pulsão por conexão ou por autonomia. Pesquisas com crianças seguramente apegadas e seus pais revelam evidências desse intercâmbio extremamente complexo no qual cada pessoa contribui para o diálogo e consegue prever, embora não totalmente, a resposta da outra. A combinação vibrante e a vivacidade na conexão entre as duas exemplificam a forma diádica de ressonância.

Certas famílias não têm esses níveis complexos e vibrantes de junção e individualidade. Por sua vez, nas famílias "enredadas" não há espaço para a individualidade. Todos precisam gostar das mesmas comidas, ter comportamentos semelhantes e apresentar visões iguais. A diferenciação altamente prejudicada limita o grau de complexidade e a vitalidade do sistema familiar. Em contraste, em algumas famílias inexiste encadeamento, pois seus membros não partilham as refeições, os interesses nem as atividades. As conversas revelam a falta de interesse pela vida interior de seus membros. Os indivíduos altamente singulares podem passar a vida inteira sem um senso de junção. Sem o equilíbrio do encadeamento para contrabalançar essa diferenciação, o nível de complexidade nesse sistema familiar também é seriamente prejudicado. Ambos os extremos de integração insuficiente são exemplos de sistemas estressados.

Na vida cotidiana das famílias saudáveis, os rompimentos inevitáveis entre seus membros também podem ser examinados pela perspectiva da teoria da complexidade. Com o rompimento, a sensação vibrante de estar vivo e conectado é rompida. O cérebro pode entrar em estados de caos ou rigidez, e a integração entre os dois comunicadores é interrompida. Às vezes, há um rompimento quando uma pessoa se sente pressionada a corresponder às expectativas da outra. Nesse caso, a comunicação se encaminha para um encadeamento excessivo, sem respeitar as particularidades de cada indivíduo. No outro extremo, há uma disrupção quando os sinais são ignorados, quando o encadeamento ou junção é ansiado, mas falha, e o indivíduo fica em um estado de diferenciação excessiva, sem integração. Esse estado de isolamento deixa a pessoa por conta da autorregulação autônoma em um momento em que precisava de conexão. Qualquer forma de desconexão pode levar o indivíduo a se afastar da complexidade, estressando o sistema, entrando em estados reativos de rigidez ou caos e perdendo a capacidade equilibrada de ter auto-organização integrativa.

No decorrer do tempo, as pessoas criam adaptações, ou padrões defensivos, que representam como a mente reagiu nesses momentos de intrusão ou isolamento. Quando alguém se torna pai ou mãe, esse novo cenário pode ativar os velhos padrões de lidar com a tensão entre autonomia e conexão que se originaram na infância. As pessoas podem se perder em divagações quando reativam velhos padrões de defesa em reação às conexões íntimas entre pais e filhos.

Achar uma maneira de abordar essa tensão entre autonomia e conexão, entre diferenciação e encadeamento, é um desafio perene e universal para quem busca a integração.

PARA SABER MAIS

CHAMBERLAIN, L. Strange Attractors in Patterns of Family Interaction. In: ROBERTSON, R.; COMBS, A. (ed.). *Chaos Theory in Psychology and the Life Sciences*. Mahwah: Erlbaum, 1995, p. 267-273.

CICCHETTI, D.; ROGOSCH, F. A. (ed.). Self-Organization. *Edição especial de Development and* Psychopathology, v. 9, n. 4, 1998.

LEWIS, M. D. Personality Self-Organization: Cascading Constraints on Cognition-Emotion Interaction. In: FOGEL, A., LYRA, M. C. D. P.; VALSINER, J. (ed.). *Dynamics and Indeterminism in Developmental and Social Processes*. Mahwah: Erlbaum, 1997, p. 193-216.

SCHORE, A. Early Shame Experience and the Development of the Infant Brain. In: GILBERT, P.; ANDREWS, B. (ed.). *Shame*: Interpersonal Behaviour, Psychopathology, and Culture. Londres: Oxford University Press, 1998, p. 57-77.

SIEGEL, D. J. *Mindsight*: The New Science of Personal Transformation. Nova York: Random House, 2010.

_____. *A Mente em Desenvolvimento*: Para Uma Neurobiologia da Experiência Interpessoal. São Paulo: Instituto Piaget do Brasil, 2004, cap. 6/7.

_____. *Pocket Guide to Interpersonal Neurobiology*: An Integrative Handbook of the Mind. Nova York: W. W. Norton, 2012.

_____. *Cérebro Adolescente*: O Grande Potencial, a Coragem e a Criatividade da Mente dos 12 aos 24 Anos. São Paulo: Editora nVersos, 2016.

SIEGEL, D. J.; PAYNE BRYSON, T. *O Cérebro da Criança*: 12 Estratégias Revolucionárias para Nutrir a Mente em Desenvolvimento do Seu Filho e Ajudar sua Família a Prosperar. São Paulo: Editora nVersos, 2014.

SROUFE, L. A. *Emotional Development*: The Organization of Emotional Life in the Early Years. Nova York: Cambridge University Press, 1996.

SROUFE, L. A.; COFFINO, B.; CARLSON, E. A. Conceptualizing the Role of Early Experience: Lessons from the Minnesota Longitudinal Study. *Developmental Review*, v. 30, n. 1, p. 36-51, 2010.

WALSH, F. *Normal Family Processes*: Growing Diversity and Complexity. 3 ed. Nova York: Guilford Press, 2012.

9
COMO DESENVOLVEMOS A *MINDSIGHT*: COMPAIXÃO E DIÁLOGOS REFLEXIVOS

INTRODUÇÃO

Como pais, proporcionamos experiências que ajudam a moldar as mentes em desenvolvimento dos filhos, assim como as nossas. Crianças aprendem observando os pais e imitando aquilo que eles fazem. Se ensinar fosse apenas transmitir aspectos da fala, a tarefa seria fácil. Crianças aprendem o que é importante para nós e o que valorizamos na convivência cotidiana, não só ouvindo o que dizemos. Quem nós somos, a natureza de nosso caráter, revela-se pela maneira de viver e de tomar decisões sobre o que fazemos. Não importa o quanto os pais reflitam e aprofundem sua introspecção, a maneira de agir é o que de fato passa a verdadeira mensagem de seus valores. Crianças observam essas expressões externas do caráter dos pais, as memorizam, as imitam e recriam essas maneiras de ser no mundo. O velho ditado "faça o que eu digo, não o que eu faço" reproduz bem o que acontece com certos pais. Nossos filhos nos observam porque querem saber quem somos.

O caráter se desenvolve a partir das características inatas que são moldadas por experiências no mundo social. Que tipo de caráter queremos que nossos filhos adquiram? Para que os filhos cresçam sendo compassivos, respeitando e se importando consigo mesmos, com os outros e o mundo ao redor, os pais precisam apoiar o desenvolvimento da empatia. As maneiras de nos relacionarmos com as crianças podem fomentar sua compaixão e empatia. Indivíduos compassivos que pensam e raciocinam, que aproveitam bem a vida e constroem relacionamentos saudáveis com os outros são mais aptos a usar seus dons como membros produtivos da comunidade. Então, o que os pais devem fazer para fomentar a empatia nos filhos?

INTENCIONALIDADE E *MINDFULNESS*

Ser pai ou mãe com intenções bem definidas é um bom ponto de partida. Nenhum livro ou profissional tem todas as respostas certas para as situações que surgem na vida cotidiana com os filhos. Ao invés de se sujeitar à técnicas, os pais podem aprender maneiras de estar com seus filhos, que promovam o desenvolvimento de presença, bondade, empatia e entendimento compassivo.

Essa maneira de ser está enraizada no autoconhecimento compassivo dos pais. Quando começa a se conhecer de maneira aberta e solidária, o adulto está dando o primeiro passo no processo que estimula os filhos na direção do autoconhecimento. Essa postura intencional de se manter centrado na autoconsciência é uma abordagem deliberada à parentalidade.

Como o autoconhecimento pleno promove a empatia? Pesquisas sobre desenvolvimento infantil e outras mais recentes de neurobiologia apoiam a visão de que três aspectos do funcionamento cerebral coexistem e determinam como evoluímos: a *mindsight* (uma fusão da "teoria da mente", da *mind-mindedness*, da função reflexiva e da "mentalização"), o autoconhecimento (memória e narrativas autobiográficas) e a flexibilidade responsiva (função executiva de planejar, organizar e adiar a gratificação). Esses processos mentais de ordem muito elevada nos permitem responder com intenção bondosa em vários cenários, incluindo situações ambíguas e difíceis.

Ter funções executivas bem desenvolvidas e abordagens intencionais para o que fazemos e para tomarmos decisões dá flexibilidade às nossas ações. Capacidades executivas, uma preocupação positiva com os outros e um autoconhecimento emocional nos permitem agir com compaixão e empatia. Crianças que desenvolvem os processos inter-relacionados de *mindsight*, autoconhecimento e funções executivas são mais aptas a fazer escolhas intencionais em seus comportamentos.

A consciência com atenção plena é um processo formal detalhadamente estudado no início deste milênio que é praticado há milhares de anos em muitas culturas orientais e ocidentais. Quando escrevemos há tempos sobre ter atenção plena, a noção geral era que a mente fosse intencional e bondosa. À medida que a ciência da *mindfulness* evoluiu, tornou-se evidente que a presença e a abertura inerentes à consciência com atenção plena se sobrepõem diretamente à abordagem de dentro para fora. O ponto fundamental é sermos curiosos, abertos, acolhedores e amorosos.

O que os pais devem fazer para promover o desenvolvimento desses atributos e capacidades nos filhos? Vários estudos mostraram que os pais podem promover ativamente o desenvolvimento da capacidade das crianças de entender sua vida interior e as dos outros com bondade e compaixão por meio de interações, como brincadeiras, contação de histórias e conversas sobre as emoções e seu impacto no comportamento. De várias maneiras, esses elementos são a base da inteligência emocional e social, processos que têm a *mindsight* em sua raiz.

MINDSIGHT

Mindsight é a capacidade de perceber a experiência interna da outra pessoa e captar o sentido dessa experiência imaginada, assim oferecendo respostas compassivas que refletem compreensão e preocupação. A *mindsight* também nos permite entender a nós mesmos e promover a integração em nossas vidas. *Insight*, empatia e integração são os três pilares da *mindsight* em nossas vidas. Colocar-se no lugar da outra pessoa requer estar ciente da própria experiência interna e se permitir imaginar o mundo interior daquele indivíduo. Esse processo cria uma imagem da mente do outro dentro de nós. A *mindsight* também promove integração quando respeitamos as diferenças entre nós e os outros, depois ligando nossos *selfs* distintos por meio da comunicação compassiva.

O desenvolvimento da *mindsight* permite que as crianças imaginem e expliquem o que veem os outros fazerem em termos do que está acontecendo nas mentes deles. Ao desenvolver esse processo, elas criam um modelo que inclui o senso de que a mente dos outros é a fonte de motivação de suas ações. Entender a mente de outras pessoas ajuda as crianças a entenderem o comportamento e o mundo social em que vivem. Esse entendimento começa como uma habilidade dos bebês para reconhecer a diferença entre seres vivos e objetos inanimados. As crianças aprendem rapidamente os princípios básicos da interação humana, moldando suas expectativas em termos de contingência, reciprocidade, comunicação, atenção partilhada e expressão emocional. Essas experiências interativas moldam seu entendimento contínuo sobre o funcionamento das mentes humanas.

Com as capacidades de *mindsight*, a criança "vê" a mente da outra pessoa; é por isso que se usa o termo "*mindsight*", ou visão mental, para essa importante capacidade humana. Quando vemos a mente de outra pessoa, podemos entender o que ela está pensando e sentindo, e responder com empatia. A *mindsight* ajuda a ter imaginação empática, com a qual consideramos o sentido de eventos na própria vida e também nas vidas dos outros. A imaginação empática nos ajuda a entender as intenções dos outros e a tomar decisões flexíveis sobre o comportamento apropriado em uma situação social. A *mindsight* nos permite entender os outros e também aprofunda o entendimento sobre a própria mente.

Cientistas propuseram que essa capacidade humana de desvendar a mente (ver tabela na página a seguir) está entrelaçada com a aquisição da linguagem e com a habilidade superior de ter raciocínio abstrato. A linguagem e o raciocínio abstrato ampliam a visão, possibilitando criar e manipular imagens mentais que transcendem o mundo físico diante de nossos olhos. Os bebês humanos nascem com a capacidade genética de ter *mindsight*, mas o desenvolvimento dessa habilidade cognitiva é moldado pelas experiências de vida de uma criança. Aparentemente, a *mindsight* depende de um processo mental voltado à coerência e que envolve as fibras integrativas no hemisfério direito e na região pré-frontal. Futuras investigações poderão gerar informações sobre até que ponto as experiências na infância moldam as regiões integrativas do cérebro que permitem o desenvolvimento da *mindsight*.

ELEMENTOS DA MENTE

Conversas reflexivas com as crianças são úteis para que elas desenvolvam as capacidades de *mindsight*. Por isso, é importante entender os elementos básicos da mente que criam seus mundos interiores. Esses elementos incluem pensamentos, sentimentos, sensações, percepções, lembranças, crenças, atitudes e intenções. Aqui está uma visão geral de alguns aspectos desses elementos mentais.

TABELA XII. DESVENDANDO A MENTE

COMPAIXÃO — A habilidade de sentir como o outro; de ser sensível e solidário; e de se importar com a aflição emocional da outra pessoa. A compaixão pode depender de sistemas dos neurônios-espelhos, que evocam um estado emocional em nós que espelha o da outra pessoa, o que nos faz sentir o sofrimento dela, não identificá-lo como o nosso sofrimento e ficar disponível para ajudar a aliviar sua aflição.

EMPATIA — Entender a experiência interna de outra pessoa; a projeção imaginativa da própria consciência acerca dos sentimentos da outra pessoa ou animal; entendimento solidário. Esse processo cognitivamente complexo envolve as capacidades mentais para imaginar a mente do outro, mas o termo "empatia" tem várias definições, a exemplo de ressonância emocional e preocupação empática que também têm a ver com a compaixão. A empatia pode depender da capacidade para a *mindsight*, mediada pelo hemisfério direito e as regiões pré-frontais integrativas do cérebro.

> *MINDSIGHT* — A capacidade de "ver" ou imaginar a própria mente ou a do outro, o que permite um entendimento do comportamento em termos de processos mentais. Outros termos relacionados aos processos de sobreposição são "mentalização", "teoria da mente", "leitura da mente" e "função reflexiva". A *mindsight* envolve *insight*, empatia e integração.
>
> *INSIGHT* — O poder de observação penetrante e discernimento que leva ao conhecimento. Quando usado com a noção de introspecção pessoal, o *insight* implica um conhecimento profundo do *self*. O *insight* não envolve necessariamente a habilidade de ter empatia nem uma abordagem compassiva com os outros.
>
> *DIÁLOGOS REFLEXIVOS* — Conversas com os outros sobre os processos internos da mente. Diálogos reflexivos focam em pensamentos, sentimentos, sensações, percepções, lembranças, crenças, atitudes e intenções. No mínimo, esses diálogos equivalem a "peneirar" a mente para explorar sensações, imagens, sentimentos e pensamentos um do outro.

PENSAMENTOS

Pensar é processar informações de várias maneiras, muitas vezes sem plena consciência. Por meio de palavras ou imagens, podemos ficar conscientes do resultado de nossos pensamentos. É importante entender o significado por trás das palavras e imagens a fim de se comunicar mais plenamente com os outros. Resumidamente, pode-se dizer que há o "modo esquerdo" e o "modo direito" de pensar.

Pensamentos baseados em palavras são criados pelo modo esquerdo de processamento, que é linear e lógico e tenta captar as relações entre causa e efeito. O processamento no modo esquerdo faz avaliações de certo e errado e aparentemente tem pouca tolerância à ambiguidade. Esse modo não lida bem com informações contraditórias e tende a simplificar rapidamente pontos de vista conflitantes, a fim de achar uma solução lógica para o problema que o hemisfério esquerdo do cérebro considere correta. Sinais não verbais e o contexto do mundo social, que são o domínio do hemisfério direito, muitas vezes, são ignorados pelo modo esquerdo de pensar. Tenha em mente essas limitações do processamento no modo esquerdo quando refletir sozinho ou com seu filho sobre o pensamento. Muitas linguagens dos mundos interiores e sociais podem ser expressas de outras maneiras. O processamento no modo direito é diferente e pode parecer relativamente calmo, mas está aguardando a chance de ser reconhecido e compreendido. Os pensamentos no modo direito têm a forma de imagens e sensações não lineares e disparatadas. Embora seja difícil traduzir esses processos com palavras, eles nos dão acesso direto a informações sobre como nos sentimos, lembramos e criamos sentido em nossas vidas.

Os bebês são basicamente regidos pelo hemisfério direito do cérebro e precisam de comunicação não verbal com os pais. Crianças na fase pré-escolar têm os dois hemisférios bem envolvidos, mas as fibras do corpo caloso que interligam as duas metades do cérebro ainda estão bem imaturas. Durante essa fase, a criança começa a desenvolver a habilidade de descrever com palavras aquilo que sente. Da escola primária em diante, o corpo caloso amadurece e permite a obtenção de um funcionamento bem mais integrativo. Na adolescência, ocorre um processo de reorganização e remodelação cerebral que muda profundamente a natureza dos pensamentos.

SENTIMENTOS

A experiência subjetiva é marcada por um fluxo e refluxo contínuos dos impulsos de energia e do processamento de informações na mente. Sentimentos, a consciência das emoções internas, revelam a sensação consciente dessa música básica da mente. Quando essas emoções primárias se tornam mais elaboradas, a mente cria uma noção de sentido. Sentido e emoção são intimamente urdidos nos mesmos processos. Peneirar a mente acerca da experiência emocional que outra pessoa está tendo revela o sentido do fluxo mental que surge a cada momento.

Às vezes, as emoções primárias se elaboram e transformam em emoções categóricas, a exemplo de tristeza, raiva, medo, vergonha, surpresa, alegria e aversão. Essas emoções elaboradas, intensas e, muitas vezes, expressas externamente podem ser rotuladas com palavras. Às vezes, porém, o foco excessivo nas emoções categóricas e sua definição com palavras atrapalha a visão do sentido mais profundo de uma experiência, seja para nós ou para os nossos filhos. Imagens e sensações corporais podem esclarecer muito o sentido mais profundo das emoções e pensamentos.

Diálogos reflexivos focam nos elementos da mente, incluindo a dimensão importante dos sentimentos vivenciados como as emoções primárias. Dessa maneira, ao conversar sobre sentimentos com seus filhos é importante saber o que está atraindo a atenção deles, o que acham importante, se distinguem que alguma coisa é "boa" ou "ruim", o que têm vontade de fazer, o que algo significa para eles e dar nomes às emoções categóricas e que talvez estejam sentindo.

SENSAÇÕES

Antes da aquisição da linguagem, o ser humano vive em um mar de sensações que molda suas experiências subjetivas. Às vezes, essas sensações são amorfas e bem vagas. De fato, a dominância da consciência baseada na linguagem a cargo do modo esquerdo pode fazer esses processos internos ambíguos, dinâmicos e fluidos parecerem insignificantes e indignos de atenção. No entanto, pesquisas recentes sugerem que essas sensações são um indício vital para saber o que tem significado para nós. Sensações físicas são uma base para o processo racional de tomar decisões e nos dão vitalidade.

Sensações são o cerne da vida mental. No mundo atual, a consciência das sensações muitas vezes é menosprezada, embora sejam uma fonte plena de *insights* e sabedoria. O autoconhecimento coerente depende de nos tornarmos mais sensíveis e cientes de nossos estados internos e das sensações resultantes.

Ao refletir sobre as sensações junto com nossos filhos, é importante considerar o que o corpo sente. Devemos perguntar a nós mesmos e às crianças o que nossos corpos estão sentindo. Como está seu estômago agora? Seu coração está acelerado? Seu pescoço está tenso? Foque nessas sensações e pense no que elas significam para você e as crianças. Você pode perguntar a seu filho, "você entende o que seu corpo está tentando lhe dizer agora?". Fique aberto a essas mensagens não verbais e descreva o que sente, em vez de explicar ou interpretar. As sensações são um caminho direto para saber mais sobre nós mesmos e nossos filhos.

PERCEPÇÕES

Cada pessoa tem uma percepção própria da realidade. Respeitar o ponto de vista de cada pessoa não é apenas uma questão de "polidez", mas também uma abordagem neurologicamente validada. Manter-se aberto à singularidade da experiência de cada pessoa nem sempre é fácil. É comum achar que só a própria visão é correta e que a dos outros é distorcida. É fácil se apegar à noção de que a própria perspectiva é a única maneira de ver as coisas. Médicos que exploram a vida interior dos pacientes, perguntando com empatia como se sentem ou o que percebem, aceleram a recuperação e fortalecem o sistema imunológico dessas pessoas.

"Metacognição", que significa pensar sobre o pensar, é um processo que as crianças aprendem. Uma parte importante desse processo, que começa a se desenvolver entre três e nove anos de idade, é aprender a "distinção entre aparência e realidade".

A criança passa a entender que uma coisa pode parecer de certa maneira, mas ser algo bem diferente. Por exemplo, crianças pequenas podem achar que o que veem na televisão é real, ao passo que crianças maiores sabem que efeitos especiais nos filmes parecem reais, mas são criações humanas. Outro elemento da metacognição é a "mudança representacional", o que significa mudar de opinião sobre as coisas. Você pode mudar sua mente. "Diversidade representacional" é a habilidade de aceitar que você vê as coisas de certa maneira, mas que outra pessoa as vê de modo bem diferente. Esse processo é revelado quando uma criança consegue entender, por exemplo, que uma pessoa acha empolgante andar na montanha russa, ao passo que outra acha apavorante.

Outro elemento da importante habilidade metacognitiva é o entendimento sobre as emoções: a metacognição emocional. Crianças aprendem que emoções influenciam suas percepções e comportamentos, e que é possível ter várias emoções aparentemente conflitantes ao mesmo tempo. A metacognição emocional e as demais características da metacognição são componentes importantes do diálogo reflexivo e da inteligência emocional. Não surpreendentemente, o desenvolvimento metacognitivo não termina na infância, pois todos nós podemos continuar aprendendo sobre isso ao longo da vida.

LEMBRANÇAS

É por meio da memória que a mente humana codifica uma experiência, armazena-a e a recupera depois para usá-la como referência em futuras experiências e ações. Há duas formas básicas de memória. O ser humano nasce com capacidades emergentes de memória implícita, que lhe permitem armazenar lembranças comportamentais, emocionais, perceptivas e corporais. A memória implícita também inclui a habilidade de fazer generalizações sobre experiências, as quais se tornam modelos mentais que moldam a percepção individual da realidade.

A memória explícita se desenvolve posteriormente. A memória factual geralmente desperta após o primeiro ano de vida, e a memória autobiográfica, após o segundo. Ao contrário da memória implícita, a memória explícita, a qual é a mais associada à "memória", dá uma sensação interna de que algo está sendo lembrado.

Conversar com os filhos sobre as lembranças deles após as experiências é importante por várias razões. Se os pais "conversam sobre a memória", as crianças de fato se lembram melhor. Nessa co-construção da narrativa, os pais e as crianças criam juntos uma história sobre sua vida cotidiana. Conversas sobre esse tema e a co-construção são um esforço colaborativo para focar na memória e tecer uma história sobre o que é relembrado. Ao ligar passado, presente e futuro na construção conjunta de uma história, pais e filhos se unem e se compreendem melhor no decorrer do tempo. Esse processo de entendimento é um mecanismo central para obter um senso interno coerente do *self*.

CRENÇAS

As crenças estão no cerne de como passamos a nos conhecer e aos outros. "Crenças" são teorias de como o mundo funciona e têm origem nos modelos mentais que moldam a interpretação da nossa percepção construída da realidade. Em parte, as crenças também derivam de experiências que moldaram modelos mentais inconscientes, os quais podem ter efeitos sem que estejamos cientes disso.

Ao refletir sobre crenças com seus filhos, tenha em mente que até crianças pequenas têm teorias sobre como o mundo funciona. É útil explorar isso fazendo algumas perguntas. "Por que você acha que aquilo aconteceu?", "Você tem ideia de como isso funciona?", "Por que você mudou agora de opinião?", "Você sabe por que ela estava chorando na festa?". Há muitas maneiras de focar em crenças. É especialmente importante manter a mente aberta e ouvir o ponto de vista das crianças. Nossas crenças são formadas a partir de muitas coisas que aconteceram no passado e do que está acontecendo atualmente em nossas vidas.

ATITUDES

Mais transitório do que uma crença ou do que um sistema de crenças, o estado mental é evidenciado pela atitude da pessoa em determinado momento. Essa predisposição para perceber, interpretar e responder de uma certa maneira, molda todas as camadas de nossas experiências. A atitude afeta diretamente como abordamos uma situação, moldando como nos sentimos em relação a alguma coisa e como nos comportamos naquele momento. A atitude pode influenciar diretamente o modo de interagir com os outros. É útil conversar com as crianças sobre o que são atitudes e "estado de espírito". Por exemplo, se uma criança está tendo uma crise emocional, posteriormente é importante rotular esse estado com termos que podem ser criados por você e ela, como acesso de raiva, crise, furacão emocional ou erupção vulcânica. Pergunte à criança o que ela sentiu e pensou enquanto estava naquele estado de espírito. Com essa conversa, ela pode passar a entender que os estados mentais e as emoções mudam, e essas mudanças temporárias podem influenciar profundamente nossas atitudes em relação aos outros.

INTENÇÕES

Nossa postura intencional cria o senso do futuro desejado e molda nosso comportamento. No entanto, nem sempre conseguimos coadunar as próprias intenções com os resultados de nossos comportamentos. Às vezes, nossas ações geram um resultado diferente do que pretendíamos. Também é possível ter intenções conflitantes em termos dos resultados desejados, principalmente nas interações complexas entre pais e filhos. Você quer que seu filho "seja feliz", mas também lhe impõe limites para que ele aprenda determinados valores. Você tem múltiplas camadas de intenções que acabam tornando seus comportamentos confusos e conflitantes. Conversar com ele sobre o papel da intenção esclarece qual foi sua verdadeira motivação por trás das ações ou das palavras.

Refletir com seu filho sobre a natureza da intenção o ajuda a entender a diferença entre um desejo e uma consequência real. Por exemplo, se seu filho queria fazer amizade com outra criança, mas teve uma atitude agressiva e a empurrou, é preciso explorar qual era a intenção dele e possíveis ações alternativas no futuro. Seu filho pretendia fazer um gesto amistoso, mas isso foi interpretado pela outra criança como um comportamento hostil. Explicar para a criança que suas intenções podem eventualmente ser mal interpretadas pelos outros é importante para que ela aprenda a negociar no complexo mundo social. Quando reflete com os filhos sobre esses aspectos importantes dos universos internos e interpessoais, você os ajuda a desenvolver habilidades sociais e competência emocional.

DIÁLOGOS REFLEXIVOS

Quando os pais conversam com os filhos e refletem sobre os processos internos da mente humana, as crianças começam a desenvolver a *mindsight*. Se focam apenas no comportamento das crianças sem considerar os processos mentais que motivam aquele comportamento, os pais acabam criando os filhos para resultados de curto prazo e não os ajudam a aprender sobre si mesmos. Eles reagem rapidamente e fazem qualquer coisa para terminar com a própria aflição e a das crianças naquele momento. Nós chamamos esse tipo de parentalidade de "vale qualquer porto em uma tempestade". Quando buscamos o porto mais próximo sempre que as coisas vão mal, dificilmente chegaremos ao destino desejado. Como pais, podemos ter uma postura mais construtiva em relação aos filhos e ajudá-los a desenvolverem habilidades de *mindsight* que facilitarão suas vidas nos anos vindouros. Pensar sobre o que é importante para o desenvolvimento a longo prazo do caráter de seus filhos o torna mais intencional quando reage a eles.

Uma atitude amorosa e paciente consigo mesmo e com os filhos propicia diálogos que valorizam a individualidade de cada um. Pais que respeitam a realidade subjetiva de cada pessoa promovem a *mindsight* nos filhos. Uma maneira de expressar essa intenção é durante diálogos reflexivos com os filhos sobre a natureza da vida mental.

Por exemplo, ao ler uma história para seu filho, você pode dialogar sobre o que as personagens estão pensando ou sentindo. Esse tipo de diálogo ajuda a desenvolver a imaginação empática das crianças e lhes transmite o vocabulário necessário para articular o funcionamento interno da vida mental. A linguagem nos permite representar, processar e comunicar ideias que intensificam a capacidade de imaginar novas possibilidades de como o mundo social funciona. As capacidades de *mindsight* expandem a habilidade de negociar no universo complexo das interações sociais. Usar apropriadamente a linguagem com os filhos cria um novo nível de significado e uma dimensão ampliada para eles passarem a entender suas experiências.

Um estudo comparou as capacidades de *mindsight* de crianças surdas, cujos pais eram fluentes na língua dos sinais, com outras das quais os pais não eram fluentes em tal língua. A *mindsight* era normal nas crianças com pais fluentes; porém, muito fraca nas outras. Segundo os pesquisadores, a causa dessa diferença marcante era que os pais sem domínio da língua dos sinais não tinham facilidade para conversar com os filhos sobre a mente, ao passo que esse tipo de comunicação ocorria entre as crianças com pais fluentes. Em outros estudos, crianças cujos pais conversavam sobre emoções, especialmente focando em suas causas, entendiam melhor o papel das emoções nas vidas das pessoas. Essas conversas, brincadeiras e contações elaborativas de histórias são blocos de construção da *mindsight*.

Pesquisas também descobriram que, em famílias com um grau elevado de tentativas parentais de controlar os comportamentos infantis ou com muitas emoções negativas, as crianças tinham pouca *mindsight*. Outros estudos mostraram que quando os pais se comportam de maneiras intrusivas ou atemorizantes, as crianças também tendem a ter capacidades reflexivas subdesenvolvidas. Pesquisadores descobriram que a emoção intensa por si só não é o problema. Quando os pais dão apoio durante experiências emocionais difíceis, as crianças desenvolvem um entendimento mais sofisticado sobre a mente. Em vez de considerar os atritos cotidianos apenas como problemáticos, os pais podem usar esses momentos de grande tensão emocional como tema de diálogos reflexivos para que as crianças aprofundem suas capacidades de *mindsight*.

A *mindsight* se forma em diálogos reflexivos baseados em palavras, mas não menospreza a importância de respeitar os aspectos inconscientes, viscerais e não verbais de nossas vidas. A linguagem é valiosa, pois permite que a mente desenvolva noções abstratas sobre o mundo. Mas a linguagem baseada em palavras é apenas uma parte do quadro maior: estudos sugerem que as capacidades de *mindsight* dependem bastante do processamento não verbal no hemisfério direito. Na realidade, a *mindsight* requer que as pessoas tenham maneiras fluidas de integrar os aspectos, por vezes ambíguos e sutis nas interações sociais, uma especialidade do hemisfério direito. Criar essas representações e mantê-las na mente por tempo suficiente para processá-las são capacidades complexas. Mentalizar deriva da capacidade integrativa de "coerência central", que surge automática e inconscientemente com um senso do mundo social.

Por exemplo, ao ver sua filha irritada andando pela casa após chegar da escola, você pode pensar, "ela deve estar decepcionada por não ter conseguido um papel na peça da escola e viu que os ensaios começaram hoje". Esse tipo de dedução se baseia em observações das expressões atuais de uma pessoa e em eventos no passado recente. Às vezes, temos uma intuição forte sobre alguma coisa e verbalizamos nossas conclusões, mesmo sem ter provas factuais disso. As sensações internas do corpo são basicamente representadas no processamento do hemisfério direito, o qual emana grande parte do *self* pessoal e da mente social. Prestar atenção nas sensações viscerais nos ajuda a ter abertura para a experiência subjetiva dos outros e a responder às suas mentes, não apenas a seus comportamentos.

Em vez de repreender a filha por estar irascível, você pode conversar e perguntar como ela se sente e qual a causa desse mau humor: "Você teve um dia ruim? Você quer falar a respeito disso?".

Outra maneira de ajudar os filhos a adquirirem autoconhecimento é a contação de histórias. Contar como foi o dia da criança pequena a ajuda a se lembrar e a integrar os eventos em sua vida. As experiências daquele dia são revisitadas de maneira calorosa e imparcial, incluindo os momentos agradáveis e os difíceis. Dessa maneira, os altos e baixos emocionais de um dia normal se integram na memória da criança.

A hora de dormir é oportuna para repassar as atividades daquele dia. Você pode contar como foi o dia da criança pequena estimulando-a a falar de suas lembranças e ideias e fazendo perguntas. "Você fez muitas coisas hoje. Depois do café da manhã, você foi ao parque e gostou muito quando eu lhe impulsionei no balanço. Você conseguiu ir até uma altura bem grande, aí esticava e retraía os pés e começou a se impulsionar sozinho. Como foi essa brincadeira? Você não gostou quando eu disse que era hora de tirar uma soneca. Aí, quando acordou da soneca, você me viu plantando flores no jardim e ficou bravo porque não o chamei, então arrancou algumas flores. Eu fiquei muito brava e falei alto para você parar de fazer isso imediatamente. Você ficou com medo? Só sei que você chorou, depois se acalmou e plantou algumas flores vermelhas ao lado das minhas. Antes do jantar, você me ajudou a lavar e picar as hortaliças para a salada e depois as colocou na tigela. Você se lembra do que o papai disse? Ele disse que a salada estava gostosa e você ficou muito orgulhoso. Você se lembra de mais alguma coisa que aconteceu hoje?".

É melhor abordar questões emocionais difíceis durante o dia, quando a criança e os pais estão mais bem-dispostos. Utilizar desenhos, fantoches e bonecos durante a narrativa ajuda a criança a entender o que aconteceu, a fim de processar e integrar uma experiência difícil. Contar como foi uma certa experiência estressante ajuda a criança a se livrar dos aspectos confusos ou perturbadores daquele acontecimento.

De certa forma, o pai e/ou a mãe é o escriba que registra as experiências da criança e as reflete de volta, para que ela possa entender o que está sentindo. É por meio dessas reflexões parentais, desde cedo, que uma criança aprende quem é e como entender o mundo. Diálogos reflexivos fomentam um senso de coerência, pois ajudam a dar sentido aos processos internos subjacentes aos comportamentos externos.

CRIANDO UMA CULTURA DE COMPAIXÃO

Diálogos reflexivos formam capacidades de *mindsight*, que fomentam uma cultura de compaixão na família. Cultura envolve um conjunto de princípios, valores, expectativas e crenças que moldam como interagimos com os outros e influenciam o que tem sentido em nossas vidas. Na sociedade mais ampla, práticas culturais impactam muitos níveis da vida cotidiana. Valores que enfatizam espiritualidade, altruísmo, educação, materialismo ou competição impregnam os diversos meios em que vivemos. Em casa, nós criamos um mundo no qual valores são expressos diretamente ou indiretamente na linguagem, no modo de agir e na ênfase dada às várias dimensões das nossas vidas e das vidas das nossas crianças. A cultura da compaixão promove a valorização das diferenças, o respeito mútuo, interações compassivas e a compreensão empática entre os membros da família. Com um intento bondoso, podemos escolher os valores que prezamos para criar uma cultura em casa que proporcione sentido para a vida cotidiana de nossos filhos.

A cultura de compaixão em casa reforça o valor positivo de se solidarizar com as emoções, pesares e alegrias dos outros. Ser empático amplia essa ressonância emocional para uma dimensão mais conceitual, na qual a linguagem é usada para aprofundar o diálogo e promover a compreensão. Quando se compreendem e se respeitam, todos os membros da família se importam uns com os outros. A preocupação empática e o comportamento compassivo são tão valorizados em casa quanto as conquistas na escola ou nos esportes. Compaixão e bondade são consequências naturais da integração, do respeito às diferenças e dos vínculos reforçados pela comunicação fluida. Os pais devem mostrar na prática o valor da empatia e compaixão para servir de exemplo para os filhos.

Com a *mindsight*, o entendimento do mundo interior de cada membro da família ganha voz e sentido. Embora cada membro tenha particularidades, todos mantêm conexões compassivas. *Insight*, empatia e integração são os três pilares da *mindsight* para a parentalidade. Conversas em família tecem histórias de vida, usando uma linguagem reflexiva que acolhe os pensamentos e sentimentos de nossa experiência humana partilhada. À medida que a *mindsight* fica evidente nos diálogos reflexivos, uma linguagem comum do mundo interno se torna parte da vida familiar. As agendas atribuladas podem dificultar esse processo, mas a perseverança na manutenção da *mindsight* e na criação compassiva dos filhos aumenta a probabilidade de manter essas comunicações tão importantes para os vínculos. Envolver as crianças em conversas sobre a experiência subjetiva dos outros e estimular sua imaginação empática, por meio de brincadeiras e contação de histórias, permite que elas externem o que se passa em seu interior.

Desenvolver a capacidade de ter diálogos reflexivos enriquece as nossas capacidades de *mindsight* e as de nossos entes queridos. A *mindsight* é uma habilidade que continua se desenvolvendo ao longo da vida, à medida que encontramos conexões novas e mais profundas com os outros. Ao integrar os diálogos reflexivos na vida cotidiana com os filhos, nós nos conectamos com eles no importante processo de desenvolverem suas capacidades de *mindsight* e no senso de proximidade conosco. Essas conexões nos permitem transcender os limites físicos e participar de um "nós" que enriquece nossas vidas e o mundo em que vivemos.

EXERCÍCIOS DE DENTRO PARA FORA

1. Marque uma reunião com a família para saber a opinião e os sentimentos de cada membro em relação a um determinado assunto. Essa é uma oportunidade para fazer perguntas que estimulem a exploração dos elementos da mente e ajudem a desenvolver a *mindsight* em seus filhos. Os assuntos podem incluir coisas que as pessoas apreciam ou não na família ou como elas se sentem em relação a acontecimentos familiares recentes. A reunião deve ser em um horário em que os pais e as crianças estejam bem-dispostos e focados, e no qual não haja interrupções. Todos os membros da família devem comparecer, ouvir com atenção e esperar a hora certa para falar. Não se deve interromper alguém que esteja falando. Certas famílias fazem um rodízio para falar e ouvir, e outras preferem que a pessoa que está falando segure um pequeno objeto. Respeitar o direito de todos falarem em rodízio e serem ouvidos sem interrupções mostra o valor da reflexão em família.

2. Sente-se com seu filho e converse sobre uma experiência partilhada. Note os aspectos diferentes lembrados por cada um. Pegue as deixas do seu filho e reflita de volta elementos das experiências de cada um acerca daquilo que aconteceu. Tente incorporar na conversa um foco nos elementos da mente, não só nos aspectos externos da experiência. O mais importante não é estabelecer um conteúdo acurado, mas usufruir conjuntamente a contação de uma história. O processo é o que vale na experiência co-construtiva. Divirtam-se!

> 3. Crie um livro junto com a família. Cada membro tem direito a um capítulo no qual irá criar uma história com imagens e palavras sobre si mesmo como indivíduo. As inserções podem incluir fotografias, desenhos, histórias e poemas, liberando a expressão da criatividade. Outras páginas podem enfocar experiências em família como: tradições, comemorações, passeios, férias e outras pessoas importantes para o núcleo familiar. Essa história co-construída documenta a vida de sua família e aprofunda os vínculos entre todos os membros.

HOLOFOTE NA CIÊNCIA

LINGUAGEM, CULTURA E *MINDSIGHT*

Os seres humanos são criaturas sociais que evoluíram biologicamente durante milhões de anos, surfando na onda de gerações de espécies anteriores, as quais sobreviveram graças à diversidade gerada por mutações espontâneas que permitiram sua adaptação e reprodução. Mais recentemente, a evolução humana vem sendo mais moldada por novas maneiras de usar a mente do que por mudanças nas informações genéticas e na estrutura corporal. Essa transformação mental, ou evolução cultural, envolve a criação de sentido e o compartilhamento de conhecimentos entre mentes e diferentes gerações.

Em geral, os mamíferos são criaturas sociais, uma característica mediada pelas partes límbicas do cérebro, e primatas são especialmente capazes de espelhar os estados uns dos outros em formas complexas de comunicação que permitem o intricado funcionamento social. Evoluindo a partir de um antepassado em comum com o chimpanzé, há mais de cinco milhões de anos, os humanos formaram novas capacidades mentais que superaram as de seus primos primatas, pois conseguem representar as próprias mentes e as dos outros. Alguns pesquisadores sugerem que, graças a essa habilidade para representar mentes, chamada "teoria da mente", mentalização ou *mindsight*, desenvolvemos também teorias gerais sobre o mundo em geral. Essa capacidade teorizante foi em grande parte possível pelo desenvolvimento das regiões frontais integrativas do córtex, permitindo a criação posterior dos componentes culturais da vida humana: a arte representacional, ideias representacionais sobre o mundo (ciência) e a linguagem representacional (que nos permite escrever e comunicar ideias abstratas aos outros).

O desenvolvimento dessa habilidade humana acelerou a evolução cultural. A seguir, estão transcritos algumas considerações do pesquisador Steve Mithen sobre cultura e o entendimento sobre a mente, (BARON-COHEN *et al.*, 2000, p. 490; todas as fontes citadas a seguir com um número de página estão apenas nesta antologia):

> O ambiente cultural deve ser reconhecido como uma influência sobre a sincronização e a natureza específicas da teoria do desenvolvimento da mente. A teoria da mente realça substancialmente a extensão, detalhamento e precisão das inferências que podem ser feitas. Consequentemente, indivíduos que tinham uma teoria da mente codificada — vigorosamente ou mesmo vagamente — em seus genes teriam tido uma vantagem reprodutiva considerável nas sociedades de nossos antepassados mais remotos. É possível que isso reflita as raízes evolucionárias da linguagem como um meio para manter a coesão social.

Portanto, a linguagem evoluiu tornando-se uma função social. Então, como os tipos de linguagem vivenciados pelas crianças têm influência sobre seu desenvolvimento? Mithen aborda essa questão (MITHEN, 2000, p. 494-496):

> Aos quatro anos de idade, as crianças humanas certamente se entretêm lendo mentes e parece até que fazem isso

contínua e compulsivamente. Sem dúvida, trata-se de uma diferença profunda entre os humanos e os chimpanzés. A presença de feras imaginárias na arte do Paleolítico Superior, além da evidência associada de atividade ritualística — que normalmente envolve tentativas de aparentar várias coisas —, parece uma prova conclusiva de que aqueles pintores das cavernas também eram leitores de mentes. É, portanto, provável que alguma forma de habilidade linguística seja uma pré-condição para a teoria da mente, seja em desenvolvimento ou em evolução.

Essa perspectiva sobre evolução e cultura mostra bem o elo entre o desenvolvimento da linguagem e a capacidade mental de "ver" ou "conceber". O que acontece quando a linguagem de uma cultura não tem palavras sobre a mente? As culturas ocidentais têm termos para "estados mentais", mas isso não ocorre em todas as culturas.

As pesquisadoras culturais Penelope Vinden e Janet Astington notam que foi comprovada a associação entre certos fatores e o desenvolvimento da teoria da mente, incluindo o desenvolvimento da linguagem, os entendimentos das emoções, brincadeiras com encenação, estilo de parentalidade e classe social. Essas pesquisadoras suscitam pontos importantes sobre a necessidade de haver um contexto cultural no qual se possa entender as pesquisas sobre a teoria da mente (VINDED; ASTINGTON, 2000, p. 509-510):

> A linguagem é fundamental porque é por meio dela que criamos cultura. Ela é uma ferramenta para interagir — o uso da linguagem não é um processo individual, e sim uma ação conjunta entre os participantes baseados em um consenso, que em termos mais amplos é formado pelos antecedentes culturais partilhados. Nós adotamos uma postura mentalista conosco e com as outras pessoas, incluindo as mais novas, ou seja, as crianças. Nós lhes atribuímos estados mentais conforme as interações que mantemos e os termos

léxicos que usamos. Assim, ao adquirir nossa linguagem, as crianças adquirem nossa teoria da mente, a qual está incrustada nas práticas da fala.

Dessa forma, as maneiras com que nos envolvemos com os outros na comunicação moldam a natureza da realidade que criamos mutuamente. Para certas culturas, um senso partilhado da existência da mente é inerente aos princípios e crenças de seu sistema social. Para outras, esse senso não faz parte da vida cotidiana de seus membros. Vinden e Astington enfatizam que algumas culturas têm concepções muito diferentes das nossas sobre a mente. Para outros grupos, o conceito de "mente" simplesmente inexiste. No entanto, pode haver abordagens divergentes para explicar os comportamentos que facilitam a interação social sem depender do conceito de mente.

Nas culturas sem termos para estados mentais, os indivíduos geralmente têm mau desempenho em testes da teoria da mente desenvolvidos no Ocidente, a fim de avaliar as capacidades de mentalização. Vinden e Astington afirmam (2000, p. 510): "Talvez, com nosso foco no entendimento da mente, revelamos uma 'obsessão' cultural por mentes que não é universal. Talvez crianças de outras culturas desenvolvam uma teoria do comportamento, uma teoria do corpo, uma teoria de possessão ou múltiplas teorias que são aplicadas em diferentes contextos definidos culturalmente".

Essa é uma perspectiva útil na busca para aplicar sugestões para desenvolver a *mindsight*. Embora todas as culturas pareçam ter a contingência como uma forma essencial de comunicação, nem todas têm noções sofisticadas da mente ou sequer palavras para expressar essas noções. A capacidade genética para a *mindsight* aparentemente é um potencial humano comum — e estudos apontam claramente as estruturas neurais que mediam essas funções —, mas, talvez, nem todas as culturas desenvolvam essa habilidade inata. Experiências partilhadas entre indivíduos na criação de sentido e na definição do que é real são características essenciais da cultura. Vieses culturais permeiam até nossas definições básicas da mente e do *self*, e lembrar-se disso é essencial para interpretar descobertas de pesquisas e avaliar a utilidade de sugestões sobre parentalidade em diferentes meios culturais.

UMA TEORIA SOBRE A TEORIA DA MENTE:
BLOCOS EMPÍRICOS DE CONSTRUÇÃO DA *MINDSIGHT*

Pesquisadores de antropologia e neurociência estão investigando ativamente as origens da habilidade humana de compreensão mútua. Wellman e Lagattuta apontam a abordagem fundamental (2000, p.21):

> Os humanos são criaturas sociais: criamos e somos criados por outros, vivemos em grupos familiares, cooperamos, competimos e nos comunicamos. Não só vivemos socialmente como também pensamos socialmente. Desenvolvemos numerosas concepções sobre as pessoas, sobre os relacionamentos, sobre grupos, instituições sociais, convenções, costumes e moral. A asserção subjacente a pesquisas sobre a "teoria da mente" é que certos entendimentos-chave organizam e possibilitam essa gama de percepções, concepções e crenças sociais. Em especial, a asserção é que o entendimento cotidiano das pessoas é fundamentalmente mentalista; pensamos nas pessoas em termos de seus estados mentais — suas crenças, desejos, esperanças, objetivos e sentimentos internos. Consequentemente, o mentalismo cotidiano é ubíquo e crucial para o entendimento do mundo social.

Simon Baron-Cohen, Helen Tager-Flusberg e Donald Cohen ajudam a definir a importância das capacidades da teoria da mente (BARON-COHEN *et al.*, 2000 p. vii): "Entender as próprias ações e as dos outros em termos de atividades e estados intencionais é fundamental para a socialização de uma criança e para a capacidade dos adultos de formar uma compreensão mútua que seja empática e correta. A capacidade de ler as mentes dos outros é fruto de uma longa história evolucionária, corroborada pela neurobiologia, e se expressa nas primeiras relações sociais íntimas". Experiências que fomentam o autoconhecimento se baseiam na formação da *mindsight*. Entender a própria mente intensifica a capacidade de entender as mentes alheias. Se os pais conversam com os filhos sobre as emoções e seu impacto sobre os comportamentos e pensamentos, essas crianças irão entender mais profundamente as próprias emoções e as dos outros. Qual é a relação entre autoconhecimento e entendimento dos outros? Chris Frith e Uta Frith exploram essa questão examinando alguns mecanismos neurofisiológicos subjacentes à teoria da mente (FRITH; FRITH, 2000, p. 351-352):

> Nós cogitamos que um aspecto da habilidade humana para fazer inferências sobre as intenções alheias evoluiu a partir de um sistema preocupado em analisar os movimentos de outros seres. Essas informações sobre o comportamento alheio são combinadas com informações sobre os próprios estados mentais representados nas áreas pré-frontais mediais. Nós propomos que o mecanismo crucial que permite que os humanos tenham teorias sobre a própria mente e as dos outros resulta do desenvolvimento da introspecção (monitorar a própria mente) e da adaptação de um cérebro social, muito mais antigo e preocupado em monitorar o comportamento dos outros.

Dessa maneira, ligamos nossa experiência interna à nossa percepção sobre o comportamento alheio.

O desenvolvimento humano é impulsionado por experiências sociais. Nossos mundos sociais não são apenas ambientes coincidentes em que vivemos, e sim a matriz social essencial, na qual a mente humana evoluiu e na qual a mente de uma criança se desenvolve.

Rhiannon Corcoran examina como a habilidade cognitiva social de entender mentes pode falhar em algumas situações. Ela propôs um modelo da formação da teoria da mente a cargo de experiências (CORCORAN, 2000, p. 403): "O modelo é o seguinte: quando alguém tenta adivinhar o que outra pessoa está pensando, pretendendo ou acreditando, o passo inicial é a introspecção. Tentamos determinar o que nós mesmos pensamos, pretendemos ou acreditamos no contexto atual, buscando referência nos conteúdos da memória autobiográfica e em quaisquer informações relevantes sobre nós mesmos recuperadas nessa fonte".

Isso sugere que a introspecção (autoconhecimento) é acompanhada pelo entendimento dos outros e da mente. Corcoran nota que pesquisadores desenvolvimentais "enfatizam a proximidade do surgimento das primeiras habilidades para a teoria da mente com o surgimento das primeiras habilidades para recuperação autobiográfica" (405); ver também Howe e Courage 1997; Welch e Melissa 1997. Outros observaram a sobreposição dos processos de *mindsight*, habilidades executivas e memória autobiográfica, todos dependentes do funcionamento intacto da área pré-frontal direita. Funções executivas incluem planejamento, organização e inibição de impulsos, sendo, portanto, uma parte da capacidade para flexibilidade responsiva.

Se as habilidades de *mindsight* estão entrelaçadas com esses importantes processos mentais, quais são as experiências que podem promover seu desenvolvimento? Corcoran afirma que (2000, p. 415):

> Uma das sugestões mais veementes de alguns estudos revisados aqui é que fatores ambientais têm forte influência sobre o funcionamento adequado da teoria da mente. Negligência e abuso parental ou lembranças bizarras são apontados por vários autores como possíveis causas de mentalização deficiente. Os estudos sobre outras amostras clínicas [além daquelas de crianças com autismo que parecem ter uma deficiência neural constitucional nas capacidades para a teoria da mente]

também apontaram claramente que habilidades de mentalização também são adquiridas em resultado de interações interpessoais no ambiente familiar.

Os primeiros elementos essenciais que revelam o surgimento da teoria da mente incluem interações empáticas (partilhar estados emocionais), comunicar-se com sinais não verbais recíprocos (permitindo o intercâmbio de comunicação), atenção conjunta (perceber conjuntamente um terceiro objeto) e brincadeiras com encenação (criar situações imaginárias nas quais objetos inanimados ganham vida). À medida que a criança se desenvolve, as capacidades de *mindsight* se tornam mais evidentes em exemplos de metacognição, ou de pensar sobre o pensamento. O desenvolvimento metacognitivo torna as teorias infantis da mente mais sofisticadas e adaptativas em relação ao complexo mundo social em que as crianças vivem.

MINDSIGHT E O CÉREBRO: O PAPEL INTEGRATIVO
DO HEMISFÉRIO DIREITO E DAS REGIÕES PRÉ-FRONTAIS

Como o cérebro cria a representação de uma mente? Para saber como entendemos as nossas próprias mentes e as dos outros, é preciso examinar como o cérebro processa informações em geral. O termo "coerência central" se refere à noção de Uta Frith, de que circuitos de processamento amplamente distribuídos se interligam como um todo coerente, o qual é essencial para representar outras mentes. Francesca Happé explora essa ideia (2000, p. 215):

> O entendimento social não é independente da coerência — porque, para avaliar os pensamentos e sentimentos das pessoas na vida real, é preciso levar em conta o contexto e integrar diversas informações. Portanto, quando mensuramos o entendimento social, de maneira mais naturalista ou sensível ao contexto, vemos a contribuição da coerência central — e

que indivíduos com pouca coerência central e processamento focado em detalhes são menos aptos a reunir as informações necessárias para a inferência social acurada.

Como a mente adquire essa função integrativa? Os circuitos do cérebro dão alguns indícios: pesquisadores descobriram que o hemisfério direito e as regiões pré-frontais altamente integrativas ficam ativos em processos de mentalização. A teoria da mente pode depender de criar mentalmente representações ou interpretações ambíguas, que não são facilmente definidas, o que parece ser uma especialização do hemisfério direito (BROWNELL *et al.*, 2000, p. 320-323):

> É mais provável que o hemisfério direito, e não o esquerdo, processe significados alternativos com associação fraca ou difusa e de baixa frequência, e que mantenha a ativação por intervalos mais longos do alvo principal. Quando não há uma única interpretação apropriada e altamente ativada, o hemisfério direito sempre terá um papel maior: quando várias considerações precisam ser integradas ou quando uma interpretação inicialmente atrativa deve ser abandonada em favor de outra. O hemisfério direito é necessário para a ativação de amplos conjuntos representacionais e, nesse sentido, para entender o sentido do que está implícito ou é inusitado, em vez daquilo que é explícito e baseado em rotinas existentes. O hemisfério direito demonstra superioridade no que se refere ao significado implícito.

Os autores enfatizam que nem sempre é possível fazer uma diferenciação clara entre as funções das regiões pré-frontais e aquelas do hemisfério direito, conforme reveladas em estudos com escaneamento. Dessa maneira, tanto o hemisfério direito quanto as áreas pré-frontais participam nas tarefas da teoria da mente. Ambas as áreas do cérebro são altamente envolvidas em funções integrativas.

Para executar as funções integrativas necessárias aos processos da teoria da mente, o cérebro liga os hemisférios às regiões pré-frontais.

A fim de adquirir uma função de mentalização, esses circuitos integrativos devem manter representações e processar várias combinações incertas (BROWNELL *et al.*, 2000, p. 323).

A escolha de uma resposta apropriada a uma tarefa ambígua, ou com várias etapas, requer a manutenção de conjuntos representacionais heterogêneos por um longo período de tempo. O grau elevado de conectividade entre as regiões pré-frontais com outras regiões mais posteriores e subcorticais no cérebro, torna essa região mais bem arquitetada para a manutenção da extensa rede necessária para essas computações.

Dependendo da natureza da tarefa interpretativa social, diferentes áreas do cérebro podem se envolver. Segundo os pesquisadores, o processamento neural subjacente às inferências do conteúdo de estados mentais varia conforme a tarefa. Tarefas mais inusitadas que requeiram manter e atualizar dados ambíguos e relacionais precisam da ativação do hemisfério direito, ao passo que tarefas com demandas mais rotineiras e previsíveis podem ser processadas em grande parte por circuitos no hemisfério esquerdo.

Resumindo essa visão da literatura de pesquisas, Brownell e colegas afirmam (2000, p. 326-327):

> Nosso argumento é que o hemisfério direito e as regiões pré-frontais são requeridos para a teoria da mente normal; qualquer deficiência neles pode prejudicar o desempenho de tarefas. A necessidade de manter leituras alternativas de associações tangenciais por períodos de tempo mais longos, a novidade da situação (ou seja, a falta de um algoritmo apropriado para a tomada de decisões), e a marca afetiva de uma alternativa são características que aumentarão a potencial contribuição do hemisfério direito. Em geral, o hemisfério direito ajuda a preservar a matéria-prima à qual as regiões pré-frontais e límbicas recorrem em processos de tomada de decisões.

Segundo essas proposições científicas, mentalizar requer a coordenação de vários circuitos neurais que viabilizam uma forma altamente integrada de cognição social. À medida que esses circuitos se desenvolvem na criança, as experiências em família que promovem seu funcionamento integrativo são aquelas que envolvem diálogos reflexivos e outras comunicações interpessoais, que aprofundam o entendimento da criança sobre si mesma e os outros. Futuras investigações interdisciplinares talvez desvendem totalmente como experiências em família promovem os processos integrativos na região pré-frontal e no hemisfério direito que propiciam o desenvolvimento da capacidade humana para a *mindsight*.

PARA SABER MAIS

ABU-AKEL, A.; SHAMAY-TSOORY, S. Neuroanatomical and Neurochemical Bases of Theory of Mind. *Neuropsychology*, v. 49, n. 11, p. 2971-2984, 2011.

ADOLPHS, R. The Neurobiology of Social Cognition. *Current Opinion in Neurobiology*, v. 11, p. 231-239, 2001.

BARON-COHEN, S.; TAGER-FLUSBERG, H.; COHEN, D. J. (ed.). *Understanding Other Minds*: Perspectives from Developmental Cognitive Neuroscience. Oxford: Oxford University Press, 2000 (vários artigos nesse volume editado são citados na seção "Holofote na Ciência" desse capítulo).

BENBASSAT, N.; PRIEL, B. Parenting and Adolescent Adjustment: The Role of Parental Reflective Function. *Journal of Adolescence*, v. 35, n. 1, p. 163-174, 2012.

BROWNELL. H. et al. Cerebral Lateralization and Theory of Mind. In: BARON-COHEN, S.; TAGER-FLUSBERG, H.; COHEN, D. J. (ed.). *Understanding Other Minds*. Oxford: Oxford University Press, 2000, p. 306-331

COLES, R. *The Moral Intelligence of Children*. Nova York: Penguin/Putnam, 1998.

_____. *Lives We Carry with Us*: Profiles of Moral Courage. Nova York: The New Press, 2010.

CORCORAN R. Theory of Mind in Other Clinical Conditions: Is a Selective "Theory of Mind" Deficit Exclusive to Autism?. In: BARON-COHEN, S.; TAGER-FLUSBERG, H.; COHEN, D. J. (ed.). *Understanding Other Minds*. Oxford: Oxford University Press, 2000, p. 391-421.

DOHERTY, M. J. *Theory of Mind*: How Children Understand Others' Thoughts and Feelings. Nova York: Psychology Press, 2009.

DUNN, J. et al. Young Children's Understanding of Other People's Feelings and Beliefs: Individual Differences and Their Antecedents. *Child Development*, v. 62, p. 1352-1366, 1991.

ENSOR, R.; SPENCER, D.; HUGHES, C. "You Feel Sad?" Emotion Understanding Mediates Effects of Verbal Ability and Mother-Child Mutuality on Prosocial Behaviors: Findings from 2 Years to 4 Years. *Social Development*, v. 20, n. 1, p. 93-110, 2011.

PFONAGY, P. et al. The Capacity for Understanding Mental States: The Reflective Self in Parent and Child and Its Significance for Security of Attachment. *Infant Mental Health Journal*, v. 12, p. 201-218, 1991.

FONAGY, P.; TARGET, M. Attachment and Reflective Function: Their Role in Self-Organization. *Development and Psychopathology*, v. 9, p. 679-700, 1997.

FRITH, C.; FRITH, U. The Physiological Basis of Theory of Mind: Functional Neuroimaging Studies. In: BARON-COHEN, S.; TAGER-FLUSBERG, H.; COHEN, D. J. (ed.). *Understanding Other Minds*. Oxford: Oxford University Press, 2000, p. 334-356.

HAPPÉ, F. Parts and Wholes, Meaning and Minds: Central Coherence and Its Relation to Theory of Mind. In: BARON-COHEN, S.; TAGER-FLUSBERG, H.; COHEN, D. J. (ed.). *Understanding Other Minds*. Oxford: Oxford University Press, 2000, p. 203-221.

HOWE, M. L.; COURAGE, M. L. The Emergence and Early Development of Autobiographical Memory. *Psychological Review*, v. 104, p. 499-523, 1997.

JOHNSON, M. H.; DE HAN, M. *Developmental Cognitive Neuroscience*. 3. ed. Sussex: Wiley-Blackwell, 2011.

KOBAYASHI, F. C.; TEMPLE, E. Cultural Effects on the Neural Basis of Theory of Mind. *Progress in Brain Research*, v. 178, p. 213-223, 2009.

LANE, J. D.; WELLMAN, H. M.; OLSON, S. L.; LABOUNTY, J.; KERR, D. C. Theory of Mind and Emotion Understanding Predict Moral Development in Early Childhood. *British Journal of Developmental Psychology*, v. 28, n. 4, p. 871-889, 2010.

LARANJO, J.; MEINS, E.; CARLSON, S. M. Early Manifestations of Children's Theory of Mind: The Roles of Maternal Mind-Mindedness and Infant Security of Attachment. *Infancy*, v. 15, n. 3, p. 300-323, 2010.

MITHEN, S. Paleoanthropological Perspectives on the Theory of Mind. In: BARON-COHEN, S.; TAGER-FLUSBERG, H.; COHEN, D. J. (ed.). *Understanding Other Minds*. Oxford: Oxford University Press, 2000, p. 488-502.

PETERSON, C. C.; SIEGAL, M. Domain Specificity and Everyday Biological, Physical, and Psychological Thinking in Normal, Autistic, and Deaf Children. *New Directions for Child Development*, v. 75, p. 55-70, 1997.

PETERSON, C. C.; WELLMAN, H. M.; SLAUGHTER, V. The Mind Behind the Message: Advancing Theory-of-Mind Scales for Typically Developing Children, and Those with Deafness, Autism, or Asperger Syndrome. *Child Development*, v. 83, n. 2, p. 469-485, 2012.

SHAHAEIAN, A.; PETERSON, C. C.; SLAUGHTER, V.; WELLMAN, H. M. Culture and the Sequence of Steps in Theory of Mind Development. *Developmental Psychology*, v. 47, n. 5, p. 1239-1247, 2011.

SIEGEL, D. J. *A Mente em Desenvolvimento*: Para Uma Neurobiologia da Experiência Interpessoal. São Paulo: Instituto Piaget do Brasil, 2004, cap. 9.

_____. *The Mindful Brain*. Nova York: W. W. Norton, 2007.

_____. *Mindsight*. Nova York: Random House, 2010.

_____. *Cérebro Adolescente:* O Grande Potencial, a Coragem e a Criatividade da Mente dos 12 aos 24 Anos. São Paulo: Editora nVersos, 2016.

TAUBNER, S.; WHITE, L. O.; ZIMMERMANN, J.; FONAGY, P.; NOLTE, T. Attachment-Related Mentalization Moderates the Relationship Between Psychopathic Traits and Proactive Aggression in Adolescence. *Journal of Abnormal Child Psychology*, v. 41, p. 1-10, 2013.

TOMASELLO, M. *The Cultural Origins of Human Cognition*. Cambridge: Harvard University Press, 1999.

_____. Biological, Cultural and Ontogenetic Processes. In: *Constructing a Language*: A Usage-Based Theory of Language Acquisition. Cambridge: Harvard University Press, 2005, cap. 8.

VINDEN, P. G.; ASTINGTON, J. W. Culture and Understanding Other Minds. In: BARON-COHEN, S.; TAGER-FLUSBERG, H.; COHEN, D. J. (ed.). *Understanding Other Minds*. Oxford: Oxford University Press, 2000, p. 503-520.

VON DEM HAGEN, E. A.; STOYANOVA, R. S.; ROWE, J. B.; BARON-COHEN, S.; CALDER, A. J. Direct Gaze Elicits Atypical Activation of the Theory-of-Mind Network in Autism Spectrum Conditions. *Cerebral Cortex*, 2013.

WELCH, R.; MELISSA, K. Mother-Child Participation in Conversation About the Past: Relationship to Preschoolers' Theory of Mind. *Developmental Psychology*, v. 33, p. 618-629, 1997.

WELLMAN, H. M.; LAGATTUTA, K. H. Developing Understandings of Mind. In: BARON-COHEN, S.; TAGER-FLUSBERG, H.; COHEN, D. J. (ed.). *Understanding Other Minds*. Oxford: Oxford University Press, 2000, p. 21-49.

HWELLMAN, H. M.; FANG, F.; PETERSON, C. C. Sequential Progressions in a Theory-of-Mind Scale: Longitudinal Perspectives. *Child Development*, v. 82, n. 3, p. 780-792, 2011.

REFLEXÕES

A parentalidade é uma oportunidade para a aprendizagem ao longo da vida, pois o relacionamento com as crianças nos estimula a aprofundar as conexões com os outros e conosco. Queremos ser os melhores pais possíveis. Mesmo que nossas experiências de infância não tenham sido as que desejamos para nossos filhos, não estamos fadados a repetir o passado. Ao entender a própria infância, podemos adquirir abertura em relação às próprias experiências e liberdade de escolha nas interações diárias com os filhos. Quando nos livramos da bagagem do passado, vivemos com mais plenitude, espontaneidade e expectativas mais flexíveis.

Questões irresolvidas e pendentes prejudicam a capacidade de propiciar conexões sadias e apegos seguros aos filhos. Com segurança, as crianças têm uma base sólida para o desenvolvimento saudável. A notícia excelente divulgada por pesquisas é que: um indivíduo pode adquirir segurança de apego, graças aos vínculos emocionais em relacionamentos colaborativos. Como pais, queremos prover o quanto antes os ingredientes essenciais para apegos seguros, mas nunca é tarde demais para começar. Quando aprendemos a aplicar os processos de comunicação contingente, flexibilidade responsiva, rompimento e reparação, conexão emocional e diálogos reflexivos às nossas interações com os filhos, nós fomentamos sua segurança em relação ao apego.

Não é preciso ter tido pais excelentes para criar bem os próprios filhos. Ser pai ou mãe é uma chance de nos recriarmos ao entender o sentido das experiências na infância. Esse processo de entender o sentido do passado é altamente benéfico para os nossos filhos, assim como para nós mesmos, pois passamos a ter uma vida mais rica e relevante ao integrarmos as experiências passadas em uma história coerente e contínua de vida.

A descoberta surpreendente de que o melhor indicador do apego infantil é a coerência da narrativa de vida dos pais nos permite entender como fortalecer o apego de nossos filhos por nós. Não estamos fadados a repetir os padrões do passado, pois podemos adquirir segurança na vida adulta entendendo o sentido de nossas experiências de vida. Dessa maneira, mesmo quem teve experiências iniciais difíceis pode criar coerência entendendo o sentido do passado, seu impacto sobre o presente e como isso molda as interações com os filhos. Captar o sentido da própria história de vida permite ter conexões mais profundas com os filhos e ter uma convivência coerente e mais feliz.

A integração pode estar no cerne de levar uma vida coerente. Ter atenção plena, presença parental, viver no aqui e agora e ser aberto e receptivo às próprias experiências e às dos outros fazem parte do processo de aprofundar a autoconsciência. Quando falamos de integração, referimo-nos a um processo que liga o presente com a transcendência do tempo. A integração também envolve conectar nossas emoções e sensações físicas enquanto criamos a história contínua de vida por meio dos pensamentos e ações.

Como a emoção é um processo integrativo, a maneira de equilibrar e partilhar as próprias emoções reflete até que ponto estamos integrados conosco e com os outros. À medida que nos conectamos com os próprios sentimentos, ficamos preparados para nos conectar com os outros. É partilhando sentimentos que criamos conexões significativas. Com a integração e a coerência criada na mente, é fomentado um senso profundo de vitalidade, conexão e sentido.

No modo alto de processamento, damos uma pausa, refletimos, consideramos várias opções de resposta e, então, fazemos nossa opção. A inteligência emocional é sinônimo de *insight*, empatia e flexibilidade. Quando a mente entra no caminho baixo, bloqueamos essas capacidades integrativas e só temos reações automáticas, pois as questões irresolvidas nos deixam encalhados.

Qualquer pessoa pode ter questões irresolvidas que eventualmente a levam para o caminho baixo enquanto não der atenção plena e minuciosa a esses problemas. Se o orgulho ou a vergonha nos impedem de reconhecer esses padrões, acabamos perdendo as capacidades de *mindsight* que poderiam nos libertar da prisão do passado.

A *mindsight* depende de uma forma de integração que nos permite ver a própria mente e as dos outros, e focar nos elementos mentais — pensamentos, sentimentos, percepções, sensações, lembranças, crenças, atitudes e intenções — que são o cerne do mundo subjetivo.

A essência de uma vida coerente está na integração de vários tipos de experiência. Integrar as sensações físicas, as emoções e história de vida está no cerne da *mindsight* e de uma vida com atenção plena. Esse autoconhecimento intensificado nos permite criar um senso de conexão conosco e com os filhos, ligando o presente ao passado e se tornando os autores ativos das próprias histórias contínuas de vida.

O processo de sintonia emocional propicia uma conexão direta com os filhos. Esse alinhamento é uma forma de integração interpessoal. No cerne dessa sintonia está o partilhamento de sinais não verbais, incluindo o tom de voz, o contato visual, as expressões faciais, os gestos e toques, a sincronização e a intensidade de respostas. Estar plenamente atento a esses sinais dos filhos é comparável à própria consciência das sensações corporais. Sensações físicas são uma base importante para saber como nos sentimos e o que tem sentido em nossas vidas. A comunicação emocional nos permite sentir visceralmente a alegria dos filhos, partilhar e aumentar esses estados positivos com eles. Essa junção emocional também nos faz sentir o sofrimento deles e confortá-los com nossa conexão acolhedora, que é a base do amor. A comunicação emocional nos liga mais plenamente com os outros e conosco.

Como autores desse livro, adoramos trabalhar juntos para explicar esses processos. Recorremos ao que aprendemos com a vida, o trabalho e os estudos. Tentar criar coerência é uma tarefa de vida. Em sua forma mais profunda, coerência é a integração da energia, das informações e da essência da mente. Nós fazemos uma viagem no tempo mental ligando passado, presente e futuro, à medida que entendemos o sentido de nossas vidas e aprofundamos o autoconhecimento integrado. Embora palavras sejam bastante limitadas para descrever esse processo, o fato é que nos conectamos uns com os outros além dos limites de tempo e espaço que separam uma mente da outra, e também com nossas histórias de vida enquanto elas se desenrolam ao longo da existência.

Criar coerência é uma aventura perene. Integrar o autoconhecimento é um desafio que jamais tem fim. Fazer desse desafio uma jornada de descobertas requer a abertura ao crescimento e à mudança. Esperamos que esse livro tenha aberto sua mente para novas possibilidades que enriqueçam seu relacionamento com seus filhos, enquanto você continua a jornada para integrar uma vida plena e coerente.

UMA ESPIADA NO CÉREBRO ADOLESCENTE

O GRANDE POTENCIAL, A CORAGEM E A CRIATIVIDADE DA MENTE DOS 12 AOS 24 ANOS

Daniel J. Siegel

A adolescência é uma fase surpreendente da vida que causa muita perplexidade. Situada entre os 12 e 24 anos de idade (sim, isso mesmo, além dos 20 anos!), a adolescência é considerada na maioria das culturas como uma época muito desafiadora para os próprios adolescentes e os adultos que os apoiam. Por isso, espero dar apoio a ambos os lados da divisão geracional. Se você é adolescente e estiver lendo esse livro, espero que o ajude a trilhar melhor sua jornada pessoal, às vezes dolorosa, e por vezes emocionantes. Se você é pai ou mãe de um adolescente, ou professor, terapeuta, treinador esportivo ou mentor de adolescentes, espero que as explorações neste livro sejam proveitosas para ajudar esses jovens não só a sobreviverem, mas também a florescerem nessa época fabulosa de formação.

Para começar, é importante deixar claro que a ciência agora comprova claramente que muitos mitos acerca da adolescência são falsos e dificultam ainda mais a vida dos adolescentes e dos adultos. Portanto, esses mitos precisam ser desconstruídos imediatamente.

Um dos mitos mais persistentes acerca da adolescência é que os hormônios em ebulição fazem os adolescentes "enlouquecerem" ou "perderem a cabeça". Isso é totalmente falso. A atividade hormonal de fato aumenta durante esse período, mas não são os hormônios que determinam o que acontece na adolescência. O que os adolescentes vivenciam basicamente se deve a mudanças no desenvolvimento do cérebro. Saber mais sobre essas mudanças ajuda a vida a fluir melhor, tanto para os adolescentes quanto para os adultos que convivem com eles.

Outro mito é que a adolescência é basicamente uma fase de imaturidade e que a garotada só precisa "crescer". Diante dessa visão tacanha, não surpreende que a adolescência seja considerada como algo que todos precisam suportar, resistir de algum modo e deixar para trás com o mínimo possível de cicatrizes da batalha. Sim, ser adolescente pode ser confuso e apavorante, pois muitas coisas nessa fase são novas e frequentemente intensas. Para os adultos, o que os adolescentes fazem pode parecer estranho e até sem sentido. Como pai de dois adolescentes, sei bem como é. A visão de que a adolescência é algo que todos devemos suportar é muito limitadora. Na verdade, os adolescentes não precisam apenas sobreviver a essa fase, pois podem florescer justamente devido a ela. O que isso quer dizer? A ideia central é que, de várias maneiras-chave, o "trabalho" na adolescência — testar limites e a ânsia de explorar o que é desconhecido e excitante — pode abrir caminho para o desenvolvimento de características fundamentais do caráter que farão os adolescentes seguirem em frente e terem uma existência maravilhosa e plena de aventura e propósito.

O terceiro mito é que o crescimento durante a adolescência implica parar de depender dos adultos e passar a ignorá-los radicalmente. Embora haja um impulso natural e necessário para se tornar independentes dos adultos que os criaram, os adolescentes ainda se beneficiam dos relacionamentos com adultos. A transição saudável para a fase adulta leva à interdependência, não ao isolamento total. A natureza dos vínculos dos adolescentes com os pais como figuras de apego muda, e os amigos se tornam mais importantes durante essa fase. Em última instância, o ser humano começa a vida dependendo do cuidado dos outros durante a infância, afastando-se dos pais e de outros adultos e aprendendo mais com seus pares durante a adolescência, e depois cuidando e recebendo ajuda dos outros. Isso é interdependência. Exploramos nesse livro a natureza desses apegos e como a necessidade de relacionamentos estreitos continua ao longo da vida.

(Ilustração em dois quadros de uma gangorra:

Quadro 1:
— Estou com medo.
— Tudo bem, estou aqui.

Quadro 2:
— Agora eu é que estou com medo.
— Tudo bem, agora eu é que estou aqui.)*

Mudando de Lugar.

Ao desconstruir os mitos, conseguimos enxergar as verdades que eles mascaram, e a vida dos adolescentes e dos adultos envolvidos com eles se torna bem melhor.

Lamentavelmente, a opinião alheia sobre nós pode moldar nossa autoimagem e como nos comportamos. Isso se aplica especialmente aos adolescentes, que "recebem" diretamente ou indiretamente críticas de adultos de que são "descontrolados", "preguiçosos" ou "sem foco". Estudos mostram que quando professores ouviam dizer que certos estudantes tinham "inteligência limitada", esses jovens tinham desempenho pior do que outros cujos professores não haviam recebido informações semelhantes. Mas quando os professores eram informados de que aqueles mesmos estudantes tinham capacidades excepcionais, os jovens tinham melhoras marcantes nas notas das provas. Adolescentes que absorvem mensagens negativas sobre quem eles são e o que se espera deles podem se rebaixar, em vez de atingir seu verdadeiro potencial. Conforme Johann Wolfgang von Goethe escreveu, "trate as pessoas como se elas fossem o que poderiam ser e você as ajudará a se tornarem aquilo que são capazes de ser". A adolescência não é uma época para ser "maluco" ou "imaturo", e sim uma fase essencial e repleta de intensidade emocional, envolvimento social e criatividade. Essa é a essência de como "poderíamos ser", do que somos capazes e do que precisamos como indivíduos integrantes da família humana.

O livro *Cérebro Adolescente* é estruturado da seguinte forma: a primeira parte examina a essência da adolescência e como entender suas dimensões importantes gera vitalidade agora e ao longo da vida. A segunda parte explora o crescimento do cérebro durante a adolescência para que possamos aproveitar ao máximo as oportunidades criadas por essa fase de vida. A terceira parte aborda como relacionamentos moldam o senso de identidade e o que fazer para formar conexões mais fortes com os outros e consigo mesmos. Na quarta parte mostramos que as mudanças e desafios da adolescência podem ser vivenciados de forma melhor se formos presentes e receptivos ao que está acontecendo, e ficarmos cientes dos aspectos internos e interpessoais dessas experiências. Nas seções Ferramentas de *Mindsight* há dicas comprovadas cientificamente para reforçar o cérebro e os relacionamentos.

Como cada pessoa tem uma maneira mais efetiva de aprender, após a primeira parte você pode continuar a leitura desse livro à vontade. Se você prefere aprender mesclando conceitos e fatos com ciência e histórias, é melhor ler o livro na sequência normal. Se prefere aprender na prática, será proveitoso começar pelas quatro seções Ferramentas de *Mindsight* e explorar depois os trechos de ciências e histórias. Eu escrevi o livro de modo que possa ser lido como o leitor quiser. Se deseja saber mais sobre um certo tópico, você pode ler a primeira parte e depois a terceira, que aborda relacionamentos, ou a segunda, que discorre sobre o cérebro. Se você aprecia discussões ilustradas com histórias, leia primeiro a quarta parte, explorando depois as partes anteriores e as dicas práticas. As partes principais e aquelas das Ferramentas se encaixam como um todo, mas fique à vontade para ler a obra na sequência que achar melhor.

Esse livro se propõe a entender e acolher as características essenciais da adolescência para gerar mais saúde e felicidade no mundo para pessoas de todas as idades.

OS BENEFÍCIOS E DESAFIOS DA ADOLESCÊNCIA

As características essenciais da adolescência se devem a mudanças naturais e saudáveis no cérebro. Como ele influencia a mente e os relacionamentos, saber mais sobre o cérebro é útil para as experiências interiores e as conexões sociais. Por isso, vamos mostrar como esse entendimento e a aprendizagem dos passos práticos para fortalecer o cérebro geram uma mente mais resiliente e relacionamentos mais gratificantes com os outros.

Durante a adolescência, a mente muda o modo de pensar, de se lembrar, de raciocinar, de focar a atenção, de tomar decisões e de se relacionar com os outros. Dos 12 aos 24 anos, há uma arrancada assombrosa no crescimento e na maturação. Entender a natureza dessas mudanças ajuda a pavimentar uma jornada de vida mais positiva e produtiva.

Além de ser pai de dois adolescentes, como médico psiquiatra há muito tempo ajudo crianças, adolescentes, adultos, casais e famílias a entenderem o sentido dessa fase empolgante de vida. Atuo também como psicoterapeuta e professor de saúde mental. Portanto, achava inacreditável não haver livros que revelassem que a fase adolescente, na realidade, é a que tem maior potencial de coragem e criatividade. A vida se inflama quando a pessoa entra na adolescência, e essas mudanças devem ser estimuladas, não evitadas ou apenas suportadas. O livro *Cérebro Adolescente* foi motivado por uma necessidade de focar na essência positiva dessa fase de vida para os adolescentes e os adultos.

Os anos da adolescência são desafiadores, mas as mudanças no cérebro que levam ao surgimento da mente adolescente podem gerar qualidades úteis não só nessa época, mas também na entrada na vida adulta. A travessia pelos anos da adolescência tem um impacto direto sobre o restante da vida. Essas qualidades criativas também ajudam o mundo em geral, oferecendo novos *insights* e inovações resultantes da revolta contra o *status quo* e da energia adolescente.

Cada maneira nova de pensar, sentir e se comportar tem pontos positivos e também possíveis desvantagens, mas é possível aprender a aproveitar ao máximo as qualidades importantes da mente adolescente durante essa fase e a usá-las bem na etapa adulta.

Mudanças no cérebro durante o início da adolescência estabelecem quatro tendências mentais ao longo dessa fase: busca por novidades, envolvimento social, mais intensidade emocional e exploração criativa. Mudanças nos circuitos fundamentais do cérebro diferenciam a adolescência da infância. Essas mudanças fazem os adolescentes buscarem recompensas ao experimentar coisas novas, se conectarem de diversas formas com seus pares, sentirem emoções mais intensamente e rejeitarem maneiras estabelecidas de fazer as coisas, criando outras formas de ser e estar no mundo. Tudo isso é necessário e natural durante essa fase, mas essas mudanças positivas também têm possibilidades negativas.

Vejamos como cada uma dessas quatro características do cérebro em crescimento do adolescente tem vantagens e desvantagens, e como trazem benefícios e riscos.

1. A busca por novidades se deve a uma pulsão maior por recompensas nos circuitos do cérebro adolescente, que criam a motivação interna para experimentar coisas novas e sentir a vida mais plenamente. Desvantagem: A busca desenfreada por sensações e o enfrentamento inconsequente de riscos, que geram comportamentos perigosos e danos. A impulsividade para transformar uma ideia em ação, sem uma pausa para refletir sobre as consequências. Vantagem: Estar aberto a mudanças e a viver passionalmente, pois a exploração de novidades envolve uma fascinação pela vida, uma pulsão para inventar novas maneiras de fazer as coisas e ter uma sensação de aventura.

2. O envolvimento social intensifica a conectividade com os pares e a formação de novas amizades. Desvantagem: Adolescentes se isolam dos adultos e se cercam apenas de outros adolescentes correndo mais riscos comportamentais, os quais aumentam em razão da rejeição total aos adultos e a seu conhecimento e raciocínio. Vantagem: A pulsão por conexão social leva à criação de relacionamentos solidários que comprovadamente são os melhores indicadores de bem-estar, longevidade e felicidade ao longo de toda a existência.

3. Mais intensidade emocional aumenta a vitalidade existencial. Desvantagem: Emoções intensas dominam, gerando impulsividade, mudanças de humor e extrema reatividade, muitas vezes desnecessariamente. Vantagem: A intensidade emocional constante é repleta de energia, e uma pulsão vital que gera uma exuberância e deleite por estar vivo no planeta.

4. Exploração criativa com um senso expandido de consciência. O novo pensamento conceitual e raciocínio abstrato

do adolescente o fazem questionar o *status quo*, abordar problemas com estratégias "fora da caixa", ter novas ideias e promover inovações. Desvantagem: A busca pelo sentido da vida durante a adolescência pode gerar uma crise de identidade, vulnerabilidade à pressão dos pares e uma falta de direção e propósito. Vantagem: Se a mente consegue pensar, imaginar, perceber conscientemente o mundo de novas maneiras e explorar criativamente o espectro de experiências possíveis, o senso de tédio e rotina que, às vezes, permeia a vida adulta diminui e a pessoa cultiva a visão de que aquilo que é "comum pode ser extraordinário", o que não é uma má estratégia para ter uma vida plena!

Embora possam ter explosões de novas ideias e partilhá-las colaborativamente durante as explorações criativas e a busca por novidades, os adolescentes também podem ter outro tipo de *brainstorm*, no qual perdem a coordenação e o equilíbrio das emoções e agem inundados por sentimentos, como se houvessem sido engolfados por um *tsunami*. É nesses momentos de excitação mental que também há confusão mental. A adolescência envolve ambos os tipos de *brainstorm*.

Em suma, as mudanças no cérebro durante a adolescência implicam riscos e oportunidades. A travessia pelas águas da adolescência — seja por parte dos jovens nessa fase, ou dos adultos que os acompanham — pode guiar o navio da vida para lugares traiçoeiros ou aventuras empolgantes. A decisão é nossa.

AGRADECIMENTOS

Nosso trabalho conjunto para escrever esse livro jamais teria ocorrido sem o apoio de nossas famílias, amigos e colegas. Somos eternamente gratos por esses relacionamentos duradouros. Devemos muito também às crianças, pais, alunos e professores que contribuíram tanto para nossa aprendizagem sobre a vida e os relacionamentos.

Agradecemos aos pais e ao corpo docente da First Presbyterian Nursery School por sua inspiração e entusiasmo para mesclar arte e ciência que nutriram o cerne deste livro.

Somos gratos a Michael Siegel e Priscilla Cohen por se reunirem conosco durante as fases iniciais de elaboração do livro e por nos apresentarem a maravilhosa agente literária Miriam Altshuler, que batalhou entusiasticamente por essa obra. Reconhecemos que nosso *publisher* na Penguim/Putnam, Jeremy P. Tarcher, enxergou a originalidade desse livro e seu valor para os pais. Foi um grande prazer trabalhar com nossa editora, Sara Carder, que nos ajudou a esculpir o manuscrito e a seguir até sua forma final. O excelente trabalho de copidesque de Katherine L. Scott para o primeiro lançamento ajudou a aparar as arestas. Foi ótimo trabalhar com Joanna Ng na montagem desta edição pelo 10º aniversário.

Nossa gratidão pelas talentosas contribuições fotográficas de Evan Hartzell e a Mark Pagniano por sua *expertise* artística.

Gostaríamos de agradecer a Mary Main, PhD, pelo estímulo para dar teor científico a esse livro. Apreciamos também a colaboração de L. Alan Sroufe, PhD, que revisou o manuscrito final antes do primeiro lançamento, o que foi benéfico para atualizar o livro ao máximo nas áreas de apego e desenvolvimento. Agradecemos também a Deana Eichenstein e Julien Fyrhie pela ajuda na pesquisa dos trabalhos científicos mais recentes para a edição do 10º aniversário.

Ao longo do caminho tivemos *feedbacks* importantes de algumas pessoas que foram extremamente generosas com seu tempo e francas em seus comentários pertinentes. Somos gratos a Jonathan Fried, Jolee Godino, Lisa Lim, Shelly Pusich, Sarah Steinberg, Melissa Thomas e Caroline Welch, que ajudaram a tornar o livro mais acessível e significativo para os pais.

Impressão e Acabamento | Gráfica Viena
Todo papel desta obra possui certificação FSC® do fabricante.
Produzido conforme melhores práticas de gestão ambiental (ISO 14001)
www.graficaviena.com.br